事業用ビル
賃貸借の
退去・精算の
トラブル予防
と解決法

COMMERCIAL BUILDING

弁護士
立川正雄
[著]

税務経理協会

【はじめに】

　当職は、これまで40年以上にわたり、事業用ビル賃貸借のトラブル防止・トラブル解決法の講演を重ねてきた。

　これまでの講演の集大成として、「事業用ビル賃貸借の退去・精算のトラブル予防と解決法」としてまとめ、出版させて頂くことにした。

　本書を執筆するにあたり、以下の点に重きを置いている。

1. 不動産の賃貸実務に携わる現場の担当者の立場で作成した。

2. あまり刊行されていない事業用ビル賃貸借の退去・精算に限定して解説させて頂くことにした。

3. トラブル予防法とトラブルが起きた場合の対処法をわかりやすくQ&A方式により解説する。

4. 賃貸借契約等に関する民法（債権法）の改正が2017年（平成29年）に成立し、2020年4月から施行されており、なるべく民法改正についても、実務家にわかりやすく解説した。

5. 読者が使用している現在の事業用ビル賃貸借契約書を今後の改定するための参考として利用できるよう、モデル契約の案文も示すこととした。

6. 貸主・借主倒産時の処理のようにプロの方にも役立つ解説にしている。

　なお、本書はQ&A方式で各設問のみ拾い読みしても理解できるようにしている。そのため、同じ説明や判例が各設問で重複しているところもあるので、ご了解いただきたい。

　この本が、事業用ビルのオーナー、管理会社、仲介業者、テナントに広く役に立つことを希望している。

2025年（令和7年）4月吉日

弁護士法人 立川・及川・野竹法律事務所

弁護士　立川　正雄

目次

はじめに

第1部　退去（契約終了）と精算トラブルの概観

第1章　事業用ビル賃貸借の退去（契約終了）事由

Ⅰ　事業用ビル賃貸借の終了事由 …………………………………… 2
Ⅱ　貸主側からの一方的終了についての制限 …………………… 3
Ⅲ　自動更新の停止 …………………………………………………… 4
Ⅳ　定期借家契約の終了 ……………………………………………… 5
Ⅴ　マスターリース契約の終了 ……………………………………… 7

第2章　事業用ビル賃貸借の退去精算

Ⅰ　事業用ビル賃貸借の終了時の精算 …………………………… 9
Ⅱ　事業用ビル賃貸借の終了時の精算についての注意 ……… 10

第2部　契約の終了に関する問題点とトラブル

第1章　更新拒絶

Ⅰ　更新拒絶とは ……………………………………………………… 14
Ⅱ　更新拒絶の手続 …………………………………………………… 14
Ⅲ　更新しない旨の特約 ……………………………………………… 16
Ⅳ　2年後の立退き合意の処理 ……………………………………… 16

第2章　借主からの更新拒絶

Ⅰ　借主から行う更新拒絶の手続（更新拒絶の通知期間）
　　…………………………………………………………………… 19

Ⅱ　借主から行う更新拒絶の手続（更新拒絶の通知期間の延長）
　　…………………………………………………………………… 20

Ⅲ　「6ヶ月前までに」の期間計算（逆算）　………… 22

第3章　貸主からの更新拒絶

Ⅰ　貸主から行う更新拒絶の手続（更新拒絶の通知期間）
　　…………………………………………………………………… 23

Ⅱ　耐震性がないことを理由とする明渡しの正当事由　……… 25

Ⅲ　耐震性がないことの程度　……………………………… 26

Ⅳ　立退料　……………………………………………………… 27

Ⅴ　立退きの示談交渉を行う場合の貸主側からの立退料の提案
　　…………………………………………………………………… 30

第4章　法定更新後の借主からの解約

Ⅰ　借主・貸主からの解約手続の違い　…………………… 31

Ⅱ　法定更新後の借主からの解約　………………………… 34

第5章　法定更新後の貸主からの解約

Ⅰ　法定更新後の貸主からの解約手続　…………………… 37

第6章　自動更新の停止

Ⅰ　自動更新の有効性　………………………………………… 39

Ⅱ　自動更新の停止　…………………………………………… 40

目次

第7章　借主からの中途解約

Ⅰ　借主からの中途解約の手続 ……………………………… 43

Ⅱ　借主からの中途解約の撤回 ……………………………… 44

第8章　貸主からの中途解約

Ⅰ　貸主からの中途解約特約 ………………………………… 46

Ⅱ　貸主からの中途解約特約を置く意味 …………………… 47

第9章　建て貸し（建築協力金方式）における中途解約制限特約

Ⅰ　仲介業者として借主からの中途解約制限条項を
定める必要がある場合 …………………………………… 49

Ⅱ　中途解約制限特約 ………………………………………… 50

第10章　違約解除（契約違反による解除）

Ⅰ　違約解除での催告の要否・無催告解除が認められる場合
……………………………………………………………… 52

Ⅱ　解除要件たる信頼関係の破壊 …………………………… 56

Ⅲ　使用目的違反による解除 ………………………………… 58

Ⅳ　無断譲渡を理由とする解除 ……………………………… 60

Ⅴ　会社分割への対処特約 …………………………………… 62

Ⅵ　無断転貸による違約解除 ………………………………… 63

Ⅶ　破産等を理由とする解除の可否 ………………………… 64

第11章　定期借家契約の終了

Ⅰ　定期借家契約の特色 ……………………………………… 67

Ⅱ　定期借家契約をする場合の注意点
（説明書の交付・口頭の説明等） ……………………… 69

Ⅲ　定期借家契約をする場合の仲介業者及び貸主の注意点　72

Ⅳ　定期借家契約をしたときのメリット　……………………　75

第12章　普通借家契約から定期借家契約への切り替え

Ⅰ　賃貸ビル建替えのための普通借家契約から定期借家契約への
　　切り替え　………………………………………………………　77

Ⅱ　普通借家契約から定期借家契約への切り替えと補償
　　……………………………………………………………………　79

Ⅲ　不良入居者への対処方法としての定期借家契約への切り替え
　　……………………………………………………………………　81

Ⅳ　借主からの中途解約　………………………………………　83

Ⅴ　貸主からの中途解約　………………………………………　85

第13章　マスターリース契約の終了

Ⅰ　マスターリース契約の対処　………………………………　87

第3部　原状回復義務

第1章　借主の原状回復義務の法的意味

Ⅰ　本来の原状回復の意味（特約のない場合の原状回復）
　　……………………………………………………………………　92

Ⅱ　ガイドラインと事業用賃貸　………………………………　94

Ⅲ　「壊した」か、「自然損耗」か？　…………………………　95

Ⅳ　原状回復とリフォームの違い　……………………………　97

Ⅴ　民法改正と自然損耗負担特約　……………………………　98

目次

第2章　事業用賃貸建物の原状回復の特約

Ⅰ　居住用と事業用での原状回復特約の有効性についての
　　違いと限界 ……………………………………………… 100

Ⅱ　事業用ビルの原状回復特約の有効要件 ………………… 101

Ⅲ　原状回復の金銭支払 ……………………………………… 103

Ⅳ　原状回復の工事期間中の借主の家賃負担 ……………… 105

Ⅴ　室内クリーニング・エアコン（空調設備等）クリーニング
　　費用 ……………………………………………………… 107

第3章　原状回復義務と残存価格（減価償却）

Ⅰ　借主の原状回復の負担を残存価値で判断することの合理性
　　…………………………………………………………… 109

Ⅱ　減価償却の期間（耐用年数）の基準 …………………… 110

Ⅲ　減価償却の期間（耐用年数）の特約による変更 ……… 115

Ⅳ　クロスの特約 …………………………………………… 116

Ⅴ　Ｐタイル（プラスチックタイル）、
　　タイルカーペットの耐用年数 ………………………… 118

Ⅵ　パーテーション、Ｐタイル、
　　タイルカーペットの原状回復特約 …………………… 119

Ⅶ　シャッターの耐用年数 ………………………………… 121

Ⅷ　耐用年数を変更する特約 ……………………………… 122

Ⅸ　耐用年数を考慮しない特約 …………………………… 124

第4章　原状回復トラブルを回避する方法

Ⅰ　原状回復トラブルの防止法 …………………………… 125

Ⅱ　敷引き（保証引き）による原状回復トラブルの回避方法
　　…………………………………………………………… 126

Ⅲ　コロナ禍によるテナント退店に伴う原状回復 ………… 128

Ⅳ　原状回復義務の争いを理由とする貸主の
　　建物返還拒否と明渡し遅延損害金 ……………………… 130

第5章　借家権譲渡・造作譲渡が行われた際の原状回復条項

第4部　敷金・保証金の精算と返還

第1章　敷金・保証金（民法改正）

Ⅰ　敷金・保証金に関する民法改正 ……………………… 139

Ⅱ　敷金・保証金と返還時期の特約 ……………………… 141

Ⅲ　敷金（保証金）返還請求権の譲渡・担保差し入れ禁止特約
　　………………………………………………………… 143

Ⅳ　敷金（保証金）返還請求権の差押えと家主の回収 …… 146

第2章　敷金・保証金の償却

Ⅰ　退去時の保証金（敷金）の償却と消費税 ……………… 148

Ⅱ　敷金・保証金の更新時償却と消費税 ………………… 150

第3章　借家権・造作譲渡と敷金・保証金

Ⅰ　借家権譲渡と敷金・保証金の承継 …………………… 152

Ⅱ　借家権・造作譲渡の特約 ……………………………… 154

第4章　敷金・保証金を使ったテナント支援

Ⅰ　保証金・敷金充当によるテナント支援 ……………… 158

Ⅱ　保証会社を使ったテナント支援 ……………………… 159

目次

第5部 連帯保証人への請求

第1章　保証人・保証会社

　Ⅰ　事業用賃貸借の保証 …………………………………………… 162
　Ⅱ　保証人の責任の範囲・性質 …………………………………… 164

第2章　連帯保証人を代理人にした明渡し

　Ⅰ　借主代理人たる保証人による明渡し ………………………… 166
　Ⅱ　2022年（令和4年）12月最高裁判決 ………………………… 169

第3章　民法改正による個人根保証人の保護

　Ⅰ　民法改正（2020年施行の債権法の改正）による
　　　保証人の保護の趣旨 …………………………………………… 171
　Ⅱ　民法改正（2020年施行の債権法の改正）による
　　　保証人の保護の内容 …………………………………………… 172
　Ⅲ　根保証人の保護のための民法改正の歴史 …………………… 174

第4章　極度額による個人根保証人の保護

　Ⅰ　民法改正による個人根保証人についての極度額設定
　　　………………………………………………………………… 178
　Ⅱ　極度額の定め方 ………………………………………………… 185

第5章　元本確定による個人根保証人の保護

　Ⅰ　借主死亡による連帯保証人の責任の確定 …………………… 187
　Ⅱ　保証人死亡による元本の確定 ………………………………… 189
　Ⅲ　個人根保証人の元本の確定を排除する特約 ………………… 191

第6章　借主の財務状況の説明による個人根保証人の保護

Ⅰ　保証人に対する契約締結時の借主の財務状況の説明
.... 193

第7章　保証人からの問い合わせに対する貸主の回答義務

Ⅰ　貸主から連帯保証人への家賃滞納の連絡 196

Ⅱ　貸主から連帯保証人への期限の利益喪失の連絡 197

第8章　更新と連帯保証

Ⅰ　普通借家の連帯保証人の責任の継続
（法定更新と連帯保証）................................. 199

Ⅱ　普通借家の連帯保証人の責任の継続
（合意更新と連帯保証）................................. 201

Ⅲ　定期借家の連帯保証人 202

Ⅳ　連帯保証人の辞任（保証契約の解除）................ 203

第9章　改正民法（債権法）施行後の更新と連帯保証

Ⅰ　普通借家の連帯保証人の責任の継続
（合意更新と連帯保証）................................. 204

第6部　早期解約違約金・フリーレント

第1章　早期解約違約金・フリーレント

Ⅰ　早期解約違約金の特約が必要な場合 208

Ⅱ　フリーレントの特約と精算 210

第7部　退去（明渡し）

第1章　明渡しを担保する契約条項（原状回復特約）

- Ⅰ　明渡しを担保する契約条項 …… 212
- Ⅱ　原状回復工事を借主側で行う場合 …… 214
- Ⅲ　原状回復工事を貸主側で行う場合 …… 216
- Ⅳ　明渡し遅延の違約金（遅延損害金）…… 217
- Ⅴ　入居予定テナントとの特約条項 …… 219

第2章　原状回復の履行と明渡し

- Ⅰ　原状回復の上、明渡し（返還）を求める行為 …… 221
- Ⅱ　貸主側で原状回復工事をする場合の工事期間中の家賃 …… 222

第3章　ビル建替えのための立退き

- Ⅰ　ビル建替えのための立退きの契約方法 …… 224
- Ⅱ　長期的な準備 …… 225

第4章　明渡訴訟を使わない退去

- Ⅰ　裁判をせずに立退きをしてもらう方法 …… 227
- Ⅱ　家賃滞納者の退去法 …… 230

第5章　自力救済

- Ⅰ　特約による貸主の自力救済 …… 233
- Ⅱ　自力救済が許される場合 …… 234

第8部 マスターリース・サブリースの終了と精算

第1章 マスターリースの終了とサブリースの終了

Ⅰ オーナーとサブリース会社、サブリース会社と転借人の法律関係 ……………… 236

Ⅱ 転借人テナントがサブリース会社の違約があっても立ち退かされない特約 ……………… 238

Ⅲ マスターリース契約終了時のオーナーへの敷金（保証金）の移管 ……………… 240

Ⅳ 正当事由によるサブリース会社の保護（オーナーの更新拒絶） ……………… 243

Ⅴ サブリース会社排除の方法 ……………… 244

第2章 マスターリース終了時の精算

Ⅰ 管理のためのマスターリースでの契約終了時の原状回復義務 ……………… 246

Ⅱ 旧来のマスターリースでの契約終了時の原状回復義務 ……………… 249

第3章 転借人テナントの失火・事故責任

Ⅰ 転借人の失火で建物を損傷した場合の管理のためのサブリース会社の責任 ……………… 251

Ⅱ 旧来のマスターリースでの転借人の失火で建物を損傷した場合 ……………… 256

第9部　明渡しの強制執行

第1章　明渡しの最終交渉

Ⅰ　家賃滞納等による不良入居者に対する訴訟の決断 …… 260
Ⅱ　強制執行前の最終交渉 ……………………………………… 261

第2章　明渡しの強制執行をする為の準備

Ⅰ　明渡しの強制執行ができる書類 ………………………… 263
Ⅱ　賃貸借契約についての公正証書の作成 ………………… 264
Ⅲ　契約途中の公正証書作成 ………………………………… 265

第3章　即決和解

第4章　明渡訴訟・強制執行

Ⅰ　明渡訴訟 …………………………………………………… 269
Ⅱ　明渡訴訟・強制執行の費用 ……………………………… 269
Ⅲ　明渡しの強制執行の手順 ………………………………… 272

第10部　借主・貸主の倒産と退去・精算

第1章　借主破産時の貸主・管理業者の対応

Ⅰ　借主が破産した場合の貸主側の対応 …………………… 278
Ⅱ　倒産（破産・民事再生・会社更生手続）解除特約の効力
　　………………………………………………………………… 280
Ⅲ　貸主から破産管財人への催告権 ………………………… 282
Ⅳ　未払家賃による破産会社の動産差押え ………………… 284

Ⅴ 破産開始後の家賃 ……………………………………………… 286

Ⅵ 破産と敷金・保証金の充当 ……………………………… 288

Ⅶ 借主破産管財人の解除と

中途解約違約金・原状回復費用 ……………………… 289

Ⅷ 借主の破産と連帯保証人への請求 ………………… 292

第2章　借主の民事再生・会社更生時の貸主・管理業者の対応

Ⅰ 民事再生になった借主側からのテナント契約の解除

……………………………………………………………… 293

Ⅱ 貸主側からのテナント契約の解除 ………………… 294

Ⅲ 民事再生になった借主が貸主に差し入れた敷金・保証金

……………………………………………………………… 296

第3章　貸主破産時の借主・管理業者の対応

Ⅰ 貸主破産時の借家権 ……………………………………… 298

Ⅱ 貸主破産時の寄託による保証金の回収 ………… 306

Ⅲ 寄託制度の盲点 ……………………………………………… 308

第4章　貸主民事再生・会社更生時の借主・管理業者の対応

Ⅰ 貸主民事再生時の借家権 ……………………………… 311

Ⅱ 貸主会社更生時の借家権 ……………………………… 317

索引（特約等、コラム） …………………………………… 321

本書を活用するにあたって

1　税法通達等の表記

法令	略称
借地借家法	法
2020 年 4 月施行後民法（債権法改正）	改正民法
減価償却資産の耐用年数等に関する省令別表	耐用年数表
建築物の耐震改修の促進に関する法律	耐震改修促進法
デジタル社会の形成を図るための関係法律の整備に関する法律	デジタル社会化法
宅地建物取引業法	宅建業法
宅地建物取引業法施行規則	宅建業規

2　注目して欲しい文言について

　本文の網かけ部分は注目して欲しい文言です。

　特約条項・合意書・契約書、法令、判例、注釈にはアンダーラインを引いています。

　※法令内の【】とアンダーラインは筆者。

3　巻末索引

　必要な特約の文例にアクセスしやすいよう巻末に索引を掲載しています。是非、ご活用ください。

第1部

退去(契約終了)と精算トラブルの概観

第1章 事業用ビル賃貸借の退去（契約終了）事由

I 事業用ビル賃貸借の終了事由

問1 事業用ビル賃貸借の終了事由にはどのようなものがあるか？

【答】

1 更新拒絶

契約で賃貸期間が決まっている場合は、その期間満了時点で借主は無条件で、貸主は正当事由があれば、更新拒絶で契約を終了させることができる。

2 法定更新後の解約

貸主・借主間で契約が合意更新されず、借地借家法の規定で法定更新された場合、法定更新後の契約期間は、「定めのない」ものとなる。この場合、中途解約の条項が定められていなくとも、借主は3ヶ月前の予告で、貸主は正当事由があれば6ヶ月前の予告で解約が可能となる。

3 中途解約

契約期間を定めた賃貸借契約は、中途解約の特約がないと、貸主も借主も自己の都合で解約できない。ところが、中途解約の特約があれば、借主はその条件に従い、自由に解約することができ、貸主は正当事由があれば、中途解約に条件にしたがって解約することができる。

4 違約解除（契約違反による解除）

借家契約の違約解除はほとんどが貸主側から行われるが、借地借家法は借主

保護の立場に立っているため、借主に契約違反があっても貸主からの解除は簡単にはできず、「借主との信頼関係が破壊された場合に限り解除できる」（信頼関係破壊の理論）に過ぎない。簡旦にいえば、裁判所から見て「借主は保護しなければならないが、こんなにひどい違約をしているなら解除もやむを得ない」という状況がないと解除できない。

5　定期借家契約の終了

　近時、定期借家による店舗賃貸も増えている。定期借家契約は、期間満了により終了するために、借主の保護のため、事前説明書の交付と説明、契約書の作成、終了通知などの特殊な手続と文書作成が法定されている。

6　マスターリース契約の終了

　ビルオーナーの管理の煩わしさを代行するため、サブリース会社がビルオーナーから、ビルをマスターリース契約で借り上げ、転借人テナントに転貸（サブリース契約）する管理形態も多くなっている。この場合、ビルオーナーとサブリース会社とのマスターリース契約が終了した場合、転借人テナントの借家権（転借権）がどのようになるかが問題となる。

Ⅱ　貸主側からの一方的終了についての制限

> **問2**　貸主側からの事業用ビル賃貸借の一方的終了については、制限があるか？

【答】

　事業用ビルの借主についても、居住用借主と同じく借地借家法で保護されている。

　事業用ビルの貸主側から一方的に契約を終了させる場合、後に解説する「正当事由」「信頼関係の破壊」の理論で貸主側からの解除・更新拒絶は制限されて

第1部　退去（契約終了）と精算トラブルの概観　　3

いる。

　したがって、貸主側から退去を求める場合、解除・更新拒絶が難しいことを前提に慎重に対応する必要がある。

Ⅲ　自動更新の停止

> **問3**　自動更新の特約があるが、事業用ビル賃貸借を更新拒絶で終了させる場合、どのような対処が必要か？

【答】

　契約書に自動更新の定めがあり、自動更新後の契約期間が定まっている場合は、解約するには、まず、自動更新を停止しなければならない。

　自動更新は特約で認められるものなので、特約の中に下記のように「自動更新の停止」をするときは、通常「期間満了〇ヶ月前までに、貸主・借主いずれかから、異議の通知を相手方に送付する」という手続で自動更新が停止できるよう定められている。

【文例】自動更新特約

> 第〇条（自動更新特約）
> 　本契約の期間満了３ヶ月前までに、貸主・借主いずれかから、異議の通知が相手方に通知されないときは、本契約は、従前の契約と同一の条件・同一の期間をもって自動的に更新されものとし、以後も同様とします。

　この自動更新は、貸主・借主から「自動更新しない」という通知さえすれば、停止できる。貸主が自動更新を停止する場合でも「正当事由」はいらない。

ただ、自動更新は簡単に止められても、法定更新は別なので、法定更新を阻止する手続（更新拒絶の手続）をしないと、法定更新されてしまう。そのために、

① 借主からも、法定更新させたくなければ、期間満了6ヶ月前までに、更新拒絶の通知を貸主に送る必要がある。

② 貸主が、法定更新されたくないのであれば、期間満了6ヶ月前までに、更新拒絶の通知を借主に送る必要がある。また、更新拒絶には正当事由の要件が必要となる。

Ⅳ 定期借家契約の終了

> **問4** 定期借家契約で、必ず期間満了で契約を終了させるために注意しなければならない点はあるか？

【答】

定期借家契約は、普通借家契約と異なり、期間満了で契約が終了してしまい、法定更新で借家人が保護されない。

そのため、借地借家法ではいくつかの借主保護の手続を定めている。

① 最初に契約を締結する前に、貸主から借主に「定期借家契約で更新がなく、期間満了で退去が必要である」旨の事前説明書を交付し、口頭での説明が必要である。この事前説明は、仲介・管理業者が貸主の代理人として説明することもできる。実務では、仲介・管理業者が貸主の代理人として説明する場合が多いと思われる。

② 1年以上の契約期間の定期借家では、期間満了の1年前から6ヶ月前までに、貸主から借主に退去の準備をさせるため「終了予告」の通知を出しておく必要があり、6ヶ月前までの通知が遅れると、通知から6ヶ月経過しないと定期借家契約が終了しない（借地借家法第38条第6項）。

③ なお、①の事前説明を怠ると「法定更新がある普通借家」になってしまう（定期借家の定めが無効になる。借地借家法第38条第5項）が、②の終了通知を出し遅れても終了時期がずれるだけで、定期借家契約の効力は変わらない。

第1部 退去(契約終了)と精算トラブルの概観　5

法 第38条（定期建物賃貸借）

1　期間の定めがある建物の賃貸借をする場合においては、公正証書による等書面によって契約をするときに限り、第30条の規定にかかわらず、契約の更新がないこととする旨を定めることができる。この場合には、第29条第1項の規定を適用しない。

2　前項の規定による建物の賃貸借の契約がその内容を記録した電磁的記録によってされたときは、その契約は、書面によってされたものとみなして、同項の規定を適用する。

3　【事前説明書】第1項の規定による建物の賃貸借をしようとするときは、建物の賃貸人は、あらかじめ、建物の賃借人に対し、同項の規定による建物の賃貸借は契約の更新がなく、期間の満了により当該建物の賃貸借は終了することについて、その旨を記載した書面を交付して説明しなければならない。

4　建物の賃貸人は、前項の規定による書面の交付に代えて、政令で定めるところにより、建物の賃借人の承諾を得て、当該書面に記載すべき事項を電磁的方法（電子情報処理組織を使用する方法その他の情報通信の技術を利用する方法であって法務省令で定めるものをいう。）により提供することができる。この場合において、当該建物の賃貸人は、当該書面を交付したものとみなす。

5　建物の賃貸人が第3項の規定による説明をしなかったときは、契約の更新がないこととする旨の定めは、無効とする。

6　【終了通知】第1項の規定による建物の賃貸借において、期間が1年以上である場合には、建物の賃貸人は、期間の満了の1年前から6月前までの間（以下この項において「通知期間」という。）に建物の賃借人に対し期間の満了により建物の賃貸借が終了する旨の通知をしなければ、その終了を建物の賃借人に対抗することができない。ただし、建物の賃貸人が通知期間の経過後建物の賃借人に対しその旨の通知をした場合においては、その通知の日から六月を経過した後は、この限りでない。

（注）デジタル社会の形成を図るための関係法律の整備に関する法律（「デジタル化法」という）により、定期借家契約を定めた借地借家法第38条は第2項と第4項が追加された（令和4年5月18日から施行）ので、これまで定期借家契約を使用していた会社は、新たに契約書を作成したり、更新契約書を作成するときは条文の番号の変更を契約書に反映させることを忘れないでいただきたい。

V　マスターリース契約の終了

問5　当社は、賃貸管理のためマスターリース契約で事業用ビルのオーナーからビル1棟を借り上げ、これを複数のテナントに事務所・店舗として転貸（サブリース）をしている。このたび、ビルオーナーから、ビルを売却するので当社とのマスターリース契約を期間途中ではあるが、中途解約の特約で終了させたいとの申出があった。どのように対応すればよいか？

【答】

　法律上、マスターリース契約も借家契約であり、借地借家法でサブリース会社は、借家人として保護されている。

　したがって、オーナーがビルを売却しても、マスターリース契約の貸主の地位はビルの買主に引き継がれ、サブリース会社はマスターリースの解約に応じる義務はない。

　ただ、マスターリース契約は、設問のように賃貸管理として使われており、サブリース会社は賃貸管理業者としての立場なので、借家人としての法的立場を盾に契約継続をオーナーに主張するのも好ましくない（サブリース会社は借家人としての立場を利用して契約継続を主張するという風評が立てば、賃貸管理方法としてのサブリース方式が普及しない）。

　したがって、当職としては、サブリース会社はオーナーからの解約の希望があれば、応じるべきとアドバイスしている。

ただし、事務所や店舗を実際に使用している転借人テナントが退去しなくて
よいように、当社の転貸人の地位をオーナーか新しいサブリース会社が引き継
ぐように、サブリース会社とオーナーとのマスターリース契約と、当社サブ
リース会社と転借人テナントとの転貸借契約に当社が抜けた（マスターリース
契約が解消した）場合の対応条項をあらかじめ定めておく必要がある。

第2章 事業用ビル賃貸借の退去精算

I 事業用ビル賃貸借の終了時の精算

問6 事業用ビル賃貸借の終了時の精算についてのトラブルには、どのようなものがあるか？

【答】
　事業用ビル賃貸借の終了時の精算についてのトラブルには以下のようなものがある。

1 原状回復

　退居時に壁のクロスは日焼けで黄色くなっていて、次に貸す場合には張り替えが必要になっていても、原則として、借主に対してこのような経年劣化は原状回復費用として請求できない。貸主は家賃を取って貸しているからである。
　問題は、事業用賃貸借で、特約をすればどの程度この原則を修正できるか、どのような精算ができるかである。各論で解説する。

2 敷金・保証金の精算返還

　敷金（保証金）については、どのような性質を持つのか、いつ精算返金するのかなどについて、これまで民法に規定がなかった。
　判例・学説により敷金の性質・取扱い方法（例えば、貸主が消費してよい預り金であるとか、賃貸建物の返還を受けた後、敷金を返還すればよい等）や処理方法（退去した後に返せばよい等）が定まっていたが、改正民法で敷金に関する条文が明文化された。

3　早期解約違約金

　当初の賃貸から1年以内の解約については、借主の中途解約の場合も借主の違約による解約の場合も、2ヶ月分程度の違約金を取るような、早期に契約が終了した場合の違約金の支払条項を「早期解約違約金条項」という。

　これを請求したいなら、必ず特約を置かなければならない。

4　フリーレントの精算

　フリーレントの特約を定める場合、共益費や電気・ガス・水道等の光熱費の実費についても、免除するかどうか明記する必要がある。

　また、①契約期間借りてくれない（中途解約した）、②違約されたので解除した、③賃料の支払が遅れたような場合にはフリーレント分の賃料免除を取り消して払ってもらう条項を入れておくべきである。

5　不退去の違約金

　「契約が終了したにもかかわらず、立ち退かない場合は、賃料の倍額の違約金を請求できる」との特約は有効である。

　立ち退かない場合は、賃料の倍額の違約金は連帯保証人に対しても請求できるが、保証人がこの違約条項を認識している必要がある。

Ⅱ　事業用ビル賃貸借の終了時の精算についての注意

> **問7**
> 　事業用ビル賃貸借の終了時の精算については、居住用賃貸借終了時の精算と比べ、何か注意すべき点はあるか？

【答】

　居住用物件の契約終了時の精算については、居住用であることから退去者の社会的弱者としての保護が強く意識される。これに対し、事業用ビルなど事業用物件の賃貸借の終了時の精算については、借主が事業者であることから、消

費者契約法の適用がなく、ある程度特約により退去事業者に重い負担を求めることが認められている。

　例えば、特約により退去者の原状回復義務を重く定めることができる。

第1部　退去（契約終了）と精算トラブルの概観　11

第2部

契約の終了に関する問題点とトラブル

この第2部では、契約の終了に関する問題点とトラブル・トラブル対処法・解決法等を解説する。

第1章 更新拒絶

I 更新拒絶とは

問8 借地借家法の適用されるビル賃貸借契約について更新拒絶の方法を簡単に教えて欲しい。借主からの更新拒絶と貸主からの更新拒絶とで違いがあるのか？

【答】

　ビル賃貸借契約の終了事由として、まず問題となるのが、期間満了による更新拒絶である。

　通常の普通借家契約によるビル賃貸借では、中途解約の特約がないと契約違反による解約がされない限り、この更新拒絶による終了しか終了事由はない。

　借家契約の更新拒絶とは、契約期間が定まっている場合に、貸主又は借主から一方的に契約期間満了で契約を終了させる行為である。

　更新拒絶は、借主から行うものと、貸主から行うものとがあり、それぞれ要件が異なる。

　特に貸主から行う更新拒絶には正当事由が必要となり、どのような事由が正当事由になるか、正当事由としてどこまでの事情が必要かが問題となる。

II 更新拒絶の手続

問9 更新拒絶の借地借家上の手続は？

【答】

　上記のとおり、更新拒絶は契約期間が定まっている場合に、貸主又は借主から一方的に契約期間満了で契約を終了させる行為である。したがって、後に解説する更新後の契約のように契約期間が定まっていない（期間の定めのない）借家契約の場合、更新拒絶で契約を終了させることはできない。

　借家人（テナント）からの更新拒絶により借家契約を一方的に終了させる場合、理由は不要であり、期間満了6ヶ月前までに貸主に更新拒絶（更新しない旨の）の通知をすればたりる。

　これに対し、貸主から更新拒絶により借家契約を終了させるには、以下の手続と要件を備えることが必要になる。

　まず、期間満了6ヶ月前までに借主に更新拒絶（更新しない旨の）通知をする。

　借主に更新拒絶（更新しない旨の）通知をしたにもかかわらず、契約期間満了後も借主が借家の使用を継続する場合には、貸主は遅滞なく、使用継続に対する異議を述べる必要がある。

　借家人保護のため、貸主からの更新拒絶には正当事由が要求される。

法 第26条（建物賃貸借契約の更新等）

1　建物の賃貸借について期間の定めがある場合において、当事者が期間の満了の1年前から6月前までの間に相手方に対して更新をしない旨の通知又は条件を変更しなければ更新をしない旨の通知をしなかったときは、従前の契約と同一の条件で契約を更新したものとみなす。ただし、その期間は、定めがないものとする。

2　前項の通知をした場合であっても、建物の賃貸借の期間が満了した後建物の賃借人が使用を継続する場合において、建物の賃貸人が遅滞なく異議を述べなかったときも、同項と同様とする。

3　建物の転貸借がされている場合においては、建物の転借人がする建物の使用の継続を建物の賃借人がする建物の使用の継続とみなして、建物の賃借人と賃貸人との間について前項の規定を適用する。

第2部　契約の終了に関する問題点とトラブル　　15

Ⅲ 更新しない旨の特約

> **問 10**
>
> 次の特約は有効？
>
> 【文例】次回の更新はしない特約
>
> > 第○条
> > 　今回は 2 年間で更新するが、次回の更新はないものとし、借主は合意更新後の期間満了（2 年後）により立ち退かなければならない。

【答】

　今回契約を更新しておいて、「次回の更新はしない」という特約は、借地借家法第 26 条（法定更新）に反して無効である。したがって、次回の更新時に貸主が反対しても法定更新されてしまう。

　更新（法定更新）の制度は、借家人の半永久的な使用を保護するものであり、「次回の期間満了時には更新しない」という特約は、借主に不利な特約になる。

　そのため更新しない特約は、借地借家法第 30 条（強行規定）の「この節の規定（借家の更新に関する規定）に反する特約で建物の賃借人に不利なもの」に該当するので、特約は無効となる。

Ⅳ 2 年後の立退き合意の処理

> **問11**
>
> 　今回更新拒絶で立退きを要請したところ、借主から「あと 2 年間営業させてくれれば、2 年後には必ず立ち退く」といわれた。2 年後には必ず立ち退いてもらうには、どのような処理をすればよいか？

【答】

「2年後には立ち退く」という合意ができた時点で、「借家契約は、本日合意解約する。2年間立退きを猶予し、2年後に立ち退く」という立退き合意書を作成する。

更新のある普通借家契約を「必ず2年後に立ち退く」という立退き合意書に改訂するのであるから、借主への十分な説明と合意書の作成など証拠の保存が必要である。

なお、この立退き合意書には、立退き猶予の2年間の賃料相当損害金や立退き時の残置動産の処理などの一連の約定が必要である。

【立退き合意書】

合　意　書

貸主　　　　　（甲）と借主　　　　　（乙）とは、甲・乙間の下記建物賃貸借契約（以下、「本契約」という）につき、以下の通り合意した。

【建物賃貸契約】

① 契約日　20○○年　月　日。ただし、20○○年　年　月　日更新。
② 建物賃料　1ヶ月金○○万円（消費税別途）。
　　　　　　　　毎月末日限り、翌月分前払。
③ 預かり敷金　金○○万○○○○円
④ 目的物（以下、本件建物という）
　　　　　名　称
　　　　　所在地
　　　　　構　造
　　　　　床面積

第1条　甲・乙は本契約を本日合意解除し、甲は乙に対し、20○○年　月　日まで、2年間本件建物の明渡しを猶予する。

第2条　乙は甲に対し、前項の明渡猶予期間中、本件建物の賃料相当損害金として、1ヶ月当たり金○○万円及び消費税10％○○○○円、合計金○

第2部　契約の終了に関する問題点とトラブル　　17

○万○○○○円を甲の下記口座に送金して支払う。ただし、翌月分を前月末日払いとし、送金手数料は乙の負担とする。

（注）インボイス制度導入による適格請求書の様式を満たすため、税抜き価格・消費税率・税額を記載している。

第3条　乙は甲に対し、第1条の明渡猶予期間の末日までに本件建物から退去して、本件建物を明け渡す。

第4条　甲は乙に対し、前条の明渡しと引換えに、下記立退料等を支払う。ただし、第2条の賃料相当損害金の未払があれば、甲は控除することができる。
①　立退料金○○万○○○○円
②　預かり敷金　金○○万○○○○円

第5条　乙は甲に対し、本書に定める以外、立退料・引越料・造作の代金等一切の請求をせず、乙は原状回復義務を負わないものとする。ただし、乙は本件建物内の乙所有動産類を撤去し、本件建物明渡し後、本件建物内に残置した動産類があれば、その所有権を放棄するものとし、甲が任意に破棄処分しても異議は述べないものとする。なお、甲の行った処分費用は乙の負担とする。

第7条　本契約の解除については、甲・乙は本書に定める以外に何らの債権・債務関係のないことを相互に確認する。

　　　　　　　　　　　　　　　　　　　　　　　20○○年　月　　日

住　所

　甲　株式会社　○○○○
　　　代表取締役　　　　　　　　　　　　　　　　　　　印
　　　適格請求書発行事業者登録番号：T1234567890123（13桁法人登記の法人番号）

住　所

　乙　　　　　　　　　　　　　　　　　　　　実印
　　　　　　　　　　　　　　　　　　　　（印鑑証明書添付）

第2章 借主からの更新拒絶

I 借主から行う更新拒絶の手続（更新拒絶の通知期間）

> **問 12**　当社が借りている事務所ビルは、「契約期間の途中で解約するには3ヶ月前に予告して解約できる」という中途解約の定めがある。今回中途解約ではなく、契約期間満了で退去したい。契約期間満了による退去については契約に何も定めがない。
> 　3ヶ月前に「更新はしない。期間満了で退去する」と通知すればよいのか？

【答】

　契約書（特約）で借主の更新拒絶の通知期間が「契約期間満了の3ヶ月前」というように、短く特約されていない限り、借地借家法第26条第1項により、借主から「更新拒絶をするには、期間の満了の1年前から6月前までの間」にしなければならない。

法 第26条（建物賃貸借契約の更新等）
1　建物の賃貸借について期間の定めがある場合において、当事者が期間の満了の1年前から6月前までの間に相手方に対して更新をしない旨の通知又は条件を変更しなければ更新をしない旨の通知をしなかったときは、従前の契約と同一の条件で契約を更新したものとみなす。ただし、その期間は、定めがないものとする。

　更新拒絶の期間を短くすることは借主保護に反しないので、以下のように最

初に契約で特約すれば、「契約期間満了の3ヶ月前」までに借主からの更新拒絶が可能となる。

【文例】更新拒絶期間短縮特約

> 第○条
> ○ 借主は貸主に対し、契約期間満了の1年前から3ヶ月前までに、本契約を更新しない旨の通知をすることにより、期間満了で本契約を終了させることができます。

　そのため、更新拒絶で終了させるには、特約がない限り、6ヶ月前までに貸主へ通知する必要があるが、3ヶ月前までにできるとの特約があれば、「期間満了の3ヶ月前に期間満了で解約する」との通知も有効と解される。貸主は3ヶ月前に予告され、退去されることを覚悟しているからである。

　もし、貸主から「期間満了で終了したければ、6ヶ月前の更新拒絶が必要だ」と反論されてトラブルになるのを避けたいなら、期間満了の1日前に中途解約の効力が生じるように、3ヶ月と1日前に中途解約をする方法もある。

　例えば、6月30日に期間満了日で、6月29日に中途解約したければ、3ヶ月前である4月29日の前日（4月28日）までに中途解約の通知が貸主に届くように中途解約の通知を出せばよい。もちろん余裕を持って、4月20日頃に貸主に解約通知を送り、「6月29日をもって中途解約する」と記載してもよい。

Ⅱ　借主から行う更新拒絶の手続（更新拒絶の通知期間の延長）

問13　　当社が貸している店舗ビルは、特殊なので次のテナントを募集するのに時間がかかる。そのため「契約期間の途中で借主が解約するには1年前に予告しなければならない」という中途解約の定めがある。契約期間満了でテナントが退去する場合にも特約で「2年前から1年前

まで」に更新拒絶の通知をするよう義務づけたいが可能か？

【答】

　「借主からの更新拒絶の通知は期間満了の2年前から1年前までにしなければならない」という特約は、借地借家法第26条の借主からの更新拒絶期間（1年前から6ヶ月前までに）を、借主に不利に限定してしまうもので、借主が更新拒絶をしにくくなるから、有効な特約とはならない（期間満了7ヶ月前に期間満了で退去したいと思っても退去できなくなるからである）。

　借地借家法第30条は、更新について借家人に不利な特約は無効とするが、借家人からの更新拒絶の通知期間について、「1年前までにしなければならない」という特約も、借家人の更新拒絶による退去を制限するから無効である。

　前問のように、借家人が期間満了間際でも（6ヶ月を切ってしまっても）退去できるように、更新拒絶の通知期間を3ヶ月というように短く特約することは、借主に有利（借主が期間満了4ヶ月前に期間満了で退去したいと思えばできる）ので、借地借家法第30条により無効とならず、有効である。

　法 第26条（建物賃貸借契約の更新等）

　1　建物の賃貸借について期間の定めがある場合において、当事者が期間の満了の1年前から6月前までの間に相手方に対して更新をしない旨の通知又は条件を変更しなければ更新をしない旨の通知をしなかったときは、従前の契約と同一の条件で契約を更新したものとみなす。ただし、その期間は、定めがないものとする。

　法 第30条（強行規定）

　この節の規定【上記第26条の更新の規定も入る】に反する特約で建物の賃借人に不利なものは、無効とする。

第2部　契約の終了に関する問題点とトラブル　　21

Ⅲ 「6ヶ月前までに」の期間計算（逆算）

> **問14** 当社が借りている店舗ビルは、今年の8月31日が期間満了である。更新をせず、退店する検討をしているが、借地借家法で「期間満了6ヶ月前までに更新拒絶の通知」が必要だと聞いた。もう2月に入っているが、ギリギリ、2月の何日までに更新拒絶の通知を貸主に届ければよいか？

【答】

　8月31日が期間満了日ということは、8月31日の夜12時（24時）に契約が終了することを意味する。

　「期間満了6ヶ月前までに更新拒絶の通知が必要」というのは、貸主が借主から更新の拒絶通知を受領した日の翌日から満6ヶ月目が8月31日になればよい。

　そのようにするには、2月28日（閏年なら2月29日）までに借主からの更新拒絶通知が貸主に届けばよい。

　更新拒絶通知は1日の途中のどこかで届くが、初日不算入の原則があるので、翌3月1日から起算し、終了日の8月31日まで丸6ヶ月の間をとればよい。

　もし、8月15日が契約期間満了日なら、その6ヶ月前は2月15日になるので、2月15日までに借主からの更新拒絶通知が貸主に届けば、2月16日から起算し、6ヶ月後は8月15日になる。

　上記の計算は難しいし、ギリギリに通知する必要もないので余裕を持って更新拒絶の通知をすべきである。

　また、期間満了日（満了時間）までに借主は貸主に借家を返還する（明け渡す）必要があるので、現実には鍵を期間満了日である8月31日の貸主の営業時間内（例えば、貸主会社の営業時間が18時なら、それまでに）に持参して返還する必要がある。

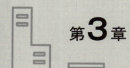

第3章 貸主からの更新拒絶

I 貸主から行う更新拒絶の手続（更新拒絶の通知期間）

> **問15** 当社が貸している事務所ビルは、特に契約期間満了による退去についての手続は契約書に何も定めがない。ビルも建築後60年以上経過し、建替えの必要が出てきたので、テナントに対し期間満了で次の更新はしない（更新拒絶）旨通知したい。
> この更新拒絶通知で契約を終了させることはできるのか？

【答】

　借主からの更新拒絶には正当事由がいらないが、貸主からの更新拒絶には「正当事由」が必要になり、貸主からの更新拒絶は制限されている（逆に、借主側からは、法定更新を認められやすい）。

　設問のように、「ビルが建築後60年以上経過し、建替えの必要が出てきた」程度では、貸主が更新拒絶する場合の正当事由にならない。借地借家法第28条は正当事由を以下のように定めているが、この中で、特に裁判所が重要視するのが、以下の2点である。

・本当にテナントを立ち退かせる必要があるのか
・提案された立退料が十分か

法 第28条（建物賃貸借契約の更新拒絶等の要件）
　建物の賃貸人による第26条第1項の通知又は建物の賃貸借の解約の申入れは、建物の賃貸人及び賃借人（転借人を含む。以下この条において同じ。）が

建物の使用を必要とする事情のほか、建物の賃貸借に関する従前の経過、建物の利用状況及び建物の現況並びに建物の賃貸人が建物の明渡しの条件として又は建物の明渡しと引換えに建物の賃借人に対して財産上の給付をする旨の申出【(注) 立退料の提案】をした場合におけるその申出を考慮して、<u>正当の事由があると認められる場合でなければ、することができない</u>。

　裁判所はテナント保護の観点から「テナントが立ち退かないと問題が解決しないか。テナントの保護は十分か」を検討する。

　例えば、古いビルが賃貸中で「ビルが建築後60年以上経過し、建替えの必要が出てきた」と主張して貸主が更新を拒絶したとしても、裁判所は、以下の事情を総合考慮する。
　・テナントを立ち退かせないで（借家契約を継続して）、改修・リフォームできないか？
　・テナントは借りた当初に内装等の投資をしているか？　その内装等の投資は今回の契約期間満了で終了した場合、回収できているか？
　・テナントは立ち退くことで費用の負担を強いられるか？
　・事業用の場合、テナントは営業的損失を被るか？

　裁判所が仮に建物が古く、修理では維持できないと考え、立退きはやむを得ないと考えても、テナント保護のためテナントの損失についての補償（立退料の支払）を求める。
　特に事業用の賃貸建物では、テナントの営業損失を考え、また、貸主は建て替えると、収益性が上がることを考慮し、立退料は当然に高くなる。
　事業用ビルの賃貸では、貸主側から「ビルが古く、テナントが集まりにくくなってきた」とか、「収益が上がらなくなってきた」ことを理由に建替えのため貸主から更新拒絶をすることが多い。しかし、このような場合、通常、裁判所は借主保護のため更新拒絶を認めない。どうしても、借家契約を終わらせる合理的な理由・必要が正当事由として必要になる。さらに、実務では、仮に借

家契約を終わらせる合理的な理由・必要があっても、退去する借主（テナント）の損失を補うため、貸主からの立退料の支払が必要になる。

Ⅱ　耐震性がないことを理由とする明渡しの正当事由

問16
「ビルが古く、耐震性がないため建替えの必要がある」という状況があれば、裁判で更新拒絶の正当事由は認められるか？（借主・テナントに期間満了で立ち退いてもらえるか？）

【答】

「ビルが古く、テナントが集まりにくくなってきた」とか、「収益が上がらなくなってきた」という貸主側の事情だけでは裁判所は原則として更新拒絶の正当事由を認めない。ただ、近時、「耐震性がないことで建替えの必要がある」場合には、テナントや来訪者の安全確保のため、更新拒絶の正当事由を認める傾向に変わりつつある。

裁判所が耐震性がないことを正当事由として認める傾向にあるのは、阪神淡路大震災や東日本大震災以降、建物の安全確保の必要が問題となり、国も耐震改修や建替えを推進しているためである。

ただし、「ビルが古く、耐震性がない」ことだけでは正当事由（明渡しの必要性）の要件を満たすには不十分で、「耐震補強工事に莫大な費用がかかり、経済合理性がない（又は物理的に改修が不可能である）ため建替えの必要がある」という状況までないと、裁判所は「正当事由」（明渡しの必要性）を認めてくれない。

さらに、裁判所は「建替えの必要があるため明渡しの必要がある」という状況があっても、テナント保護のためテナントの損失についての補償提案（立退料の支払提案）がないと、正当事由を認めてくれない。

要するに、最終的に裁判所に更新拒絶の正当事由を認めてもらうには、以下の事由がそろうことが必要になる。

第2部　契約の終了に関する問題点とトラブル　25

① 「ビルが古く、耐震性がないこと」を証明するため耐震診断報告書を作成する。

② 仮に、現在のビルで耐震補強をした場合に莫大な補修費がかかることを証明するための、耐震補強計画書及び見積書を取得する。

③ 又は、耐震補強計画を立てても実現不可能な補強計画になってしまうことの説明書を作成する。例えば、古いビルで耐震補強工事をしようとすると、ビルの中央に耐震壁を作らざるをえず、ビルとして使い物にならないこと等を証明する。

④ 借主（テナント）を立ち退かせる必要性が認められる場合には、相当額の立退料が支払われること。

Ⅲ　耐震性がないことの程度

問17
「ビルが古く、耐震性がないことで建替えの必要がある」という状況があれば、正当事由は認められやすいことはわかったが、「耐震性がない」ことはどのように証明するのか？

【答】

ビルの耐震診断を行い、証明することになる。

耐震診断は、既存のビルを、現行の構造基準（新耐震基準）で調査し、耐震性の有無・程度を確認する。

【耐震診断の読み方】

耐震診断では、「is 値」（Seismic＝地震の Index＝指標 of Structure＝構造）が使われるが、is 値とは構造耐震指標のことをいう。「is 値」は、地震力に対する建物の強度、靭性（じんせい：変形能力、粘り強さ）を考慮し、建築物の階ごとに算出する。

「建築物の耐震改修の促進に関する法律」（耐震改修促進法）の告示（平成18

年度国土交通省告示 第184号と第185号）により、震度6〜7程度の規模の地震に対するis値の評価（基準）については、以下のように定められている。例えば、文部科学省では学校の耐震強度はより安全性を配慮して、Is値0.7以上を保つよう求めている。

is値が0.6以上	倒壊、又は崩壊する危険性が低い
is値が0.3以上0.6未満	倒壊、又は崩壊する危険性がある
is値が0.3未満	倒壊、又は崩壊する危険性が高い

（注）したがって、「耐震性能がある」というためには、各階のis値が原則0.6以上あることが耐震性判定で必要である。ただ、総合的な安全の判定基準は、地域指標、地盤指標、用途指標を加味して判断される。

地域指標	地域の地震活動度や想定する地震動の強さによって定められた指標
地盤指標	表層地盤の増幅特性、地形効果、地盤と建物の相互作用等によって定められた指標
用途指標	建物の用途等によって定められた指標

　is値が0.6未満で、かつ、「耐震補強が物理的・構造上できない」とか「耐震補強が物理的・構造上できるが、莫大な補強工事費用が必要であり、収支採算に合わない（既存テナントには退去してもらい建替えが相当である）」という状況が認められ、さらに借主の不利益を補うために「相当額の立退料」が支払われれば、更新拒絶や解除の正当事由が認められやすい。

Ⅳ　立退料

問18　「ビルが古く、耐震性がないことで建替えの必要がある」という状況があった場合、最終的に正当事由を認めてもらうには、どの程度の立退料を提案すればよいか？

【答】

立退料は理論的には以下のような費用を含む。

① 移転費用の補償（引越料・仲介手数料・礼金等移転先の確保の費用）

② 営業補償

③ 失う借家権の補償（安い家賃で借りているための借家人の借得分）

借主の使用の必要性が低ければ（例えば倉庫としてしか使っていない）、立退料は安くなる。旧耐震のビルで、賃料 10 ヶ月分の立退料で明渡しを認めた例（東京地裁平成 29 年 2 月 14 日判決）もある。

借主が内装等の経費をかけていれば、その補償のため、立退料は当然高くなる。

貸主が新築ビルで多額の収入を得る見込みがあれば、立退料は高くなる。

建替え目的で古いビルを購入した買主からの立退きは、立退料も見込んでビルを買ったとみられるので、当然立退料は高くなる。

裁判では、「裁判所が相当とする立退料の支払と引換えに、賃貸建物の明渡しを求める」ことができる。

旧耐震のビルで、賃料 10 ヶ月分の立退料で明渡しを認めた例

東京地裁平成 29 年 2 月 14 日判決

【事案】 旧耐震のビル。建替えのため期間満了の更新拒絶で、同建物の明渡しを求めた事案。裁判所は、本件建物を含む本件ビルの建替えの必要性など原告側の使用の必要性はそれほど高いとはいえないが、それ以上に、被告側の使用の必要性が低い（書類の保管場所等の倉庫代わり）と言わざるを得ないところ、原告が賃料 10 ヶ月相当分（43 万 2,000 円）の立退料の提供を主張していることは、本件更新拒絶の正当事由を補完するものとして十分といえるとし、当該立退料の支払と引換えに明渡請求を認容した事例

東京都千代田区の木造アパートを賃貸マンションに建て替えるために立退き請求。
家賃9万円で、350万円（現家賃の約（39ヶ月分）の立退料で立退きを命じた例

東京地裁平成28年12月22日判決

【事案】　昭和48年新築の木造アパートの貸主が、予備的に、裁判所が相当とする
金額と引換えに、本件建物の明渡しを求めた事案。裁判所は、本件木造アパート
が経済的効用を既に果たし、原告の土地有効利用（賃貸マンションに建替え）に
も十分な合理性があるのに対し、被告は住居としての建物使用の必要性に尽きる
もので、本件賃貸借を継続させるのは相当ではないが、立退料なくしては正当事
由が具備されたとはいえないとし、原告の予備的請求に従って、350万円と引換え
に明渡請求を認めた事例

耐震診断で耐震性がないとされた昭和41年新築のビル。
家賃約19万円に対し500万円(現家賃の約28ヶ月分)の立退料で立退きを命じた例

東京地裁平成28年8月26日判決

【事案】　貸主が法定更新後の6ヶ月の解約告知をした。借主は本件建物で平成7年
から継続して公認会計士・税理士事務所を営業しており、従前の状況を継続する
期待は高いと認められるが、本件建物は建築後45年を経過し、耐震性に重大な問
題を抱える一方、補強工事には5,000万円を超える費用が見込まれ、建替えに相応
の合理性がある上、テナントのうち被告以外の者の多くに退去が見込まれる状態
にあること等から、500万円の立退料の支払を受けるのと引換えに正当事由が具
備されるとして、明渡しを認めた事例

耐震診断で耐震性がないとされた昭和39年新築のビル。
家賃約125万円に対し、約1億3,300万円（現家賃の約106ヶ月分）の立退料で
立退きを命じた例

東京地裁平成28年5月12日判決

【事案】　裁判所は、原告が、解約申入れの正当事由を具備するには、金銭的対価で
補完する必要があるとし、マンガ喫茶を営業する借主の設備工事関係費用、（移転

第2部　契約の終了に関する問題点とトラブル　29

先）家賃増額分の補填、営業補償等を考慮してとして、現家賃の約106ヵ月分1億3,300万円あまりの立退料を算出し、その支払と引換えに各建物の明渡しを認容した。

Ⅴ　立退きの示談交渉を行う場合の貸主側からの立退料の提案

問19
東京都内の古いビルで「耐震性がなく、建替えの必要がある」という状況があるので、立退きの示談交渉をしたい。どの程度の立退料を提案すればよいか？

【答】

状況によるが、最初の交渉での提案は賃料の40ヶ月程度から始める。

最初の交渉において賃料の60〜80ヶ月でまとまらないなら、弁護士に依頼して調停・訴訟を申立て、その中の話合い・和解で、100ヶ月〜120ヶ月程度で、まとめる努力をする。

訴訟の中の和解で、まとまらないなら、判決をもらうことも決断する。

もちろん、賃貸物件の場所・地価（東京都心か地方都市か）、貸主・借主の状況（例えば、貸主は大手のデベロッパー、借主は零細な飲食店か）、建替計画の内容（例えば、大きな商業ビルを建てるための立退き）等でこの提案は大きく変わる。また、耐震性能がなく危険であり、耐震補強ができない場合には、立退料は安くなる傾向にある。

第4章 法定更新後の借主からの解約

I 借主・貸主からの解約手続の違い

問20 借地借家法が適用されるビル賃貸借契約が、法定更新で契約が続いている。中途解約の特約がないが、この契約を終了させるにはどのようにしたらよいか？
借主からの解約と貸主からの解約とで要件に違いがあるのか？

【答】
　建物の賃貸借契約は、期間満了時に合意で更新されることも多いが、貸主が更新を認めず退去を求めたり、家賃等の契約条件で貸主・借主の合意がまとまらず、合意更新ができない場合がある。
　更新時に、借地借家法の定める要件を備えることで、貸主・借主の合意によることなく、借家契約が借地借家法により更に延長されることを法定更新（法律による更新）という。
　法定更新により、「家主の反対（更新拒絶）があっても借家契約が借地借家法により更に延長される（終了しない）」ことになる。
　法定更新された後の契約は、更新前の賃料等の契約条件が更新後の適用されるが、契約期間だけは、更新前の契約期間とは同じにならず、「期間の定めのない借家契約」となる。
　法定更新後期間の定めのない契約になった場合、中途解約の特約があれば、この特約も使えるが、借家人は民法（第617条第1項第2号）により、3ヶ月の予告で借家契約を終了させることができ、貸主は借地借家法（第27条第1項）により、6ヶ月の予告で借家契約の解約通知ができるが、貸主からの解約

第2部　契約の終了に関する問題点とトラブル　　31

が認められるには「正当事由」が必要である。

法 第26条（建物賃貸借契約の更新等）
1 建物の賃貸借について期間の定めがある場合において、当事者が期間の満了の1年前から6月前までの間に相手方に対して更新をしない旨の通知又は条件を変更しなければ更新をしない旨の通知をしなかったときは、<u>従前の契約と同一の条件で契約を更新したものとみなす。ただし、その期間は、定めがないものとする。</u>
2 前項の通知をした場合であっても、建物の賃貸借の期間が満了した後建物の借主が使用を継続する場合において、建物の賃貸人が遅滞なく異議を述べなかったときも、同項と同様とする。

民法 第617条（期間の定めのない賃貸借の解約の申入れ）
1 <u>当事者が賃貸借の期間を定めなかったときは</u>、各当事者は、いつでも解約の申入れをすることができる。この場合においては、次の各号に掲げる賃貸借は、解約の申入れの日からそれぞれ当該各号に定める期間を経過することによって終了する。
一 土地の賃貸借 1年
二 <u>建物の賃貸借 3箇月</u>

（注）この民法第617条は、「期限の定めがない賃貸借契約の場合の解約権」を定めたものであるが、期限の定めがない建物賃貸借契約についての貸主からの解約権は、下記の借地借家法に特別規定があるので、貸主からの解約には民法の規定ではなく借地借家法の定めが適用される。

法 第27条（解約による建物賃貸借の終了）
1 <u>建物の賃貸人</u>が賃貸借の解約の申入れをした場合においては、建物の賃貸借は、<u>解約の申入れの日から6月を経過することによって終了する。</u>

（注）条文を読んでも「期限の定めがない借家契約の場合」という文言がないのでわかりにくいが、この条文は「期限の定めがない借家契約の場合の解約条項」と解されている。

> **コラム** **解約と解除**
>
> どちらも、契約関係を消滅させる効果がある。ただ、正確にいえば、契約の「解除」は、解除の意思表示によって、契約の効力が最初から存在しなかったことになる（「遡及効がある」と説明される）。これに対し、契約の「解約」は、賃貸借契約のような継続的な契約関係の場合に、将来に向かってのみ効力を消滅させることをいう。
>
> 売買契約の解除は、契約の効力が最初から存在しなかったことになるので、売主・買主は原状回復を行うことになり、売主は代金返還、買主は移転登記の抹消、売買物件の返還等を行う。
>
> 賃貸借契約のような継続的な契約関係の場合、これまで、使用して家賃を払っていた状況を原状回復することは不可能なので、将来に向かってのみ効力を消滅させる（貸主は解約以後貸さなくてよい、借主は家賃を払わないでよい）効果しかない。
>
> したがって、賃貸借では全て「解約」のはずであるが、実務でもあまり使い方は区別されておらず、「違約解除」などと使われることが多い。本書でも、実務に従い、厳密に区別せず使用する。

Ⅱ　法定更新後の借主からの解約

問21　当社はビルの１階の店舗を借りているが、２年前に貸主と家賃の値上げで対立し、合意更新できないまま法定更新で借り続けている。このたび、この店舗を閉鎖することになった。どのような手続をすれば借家契約を終了させて退店できるか？　なお、法定更新になる前の借家契約には「契約期間の途中で解約するには６ヶ月前に予告して解約できる」という中途解約の定めがある。

【答】

　法定更新された借家契約を借主側から解約するには、解約通知をすればよく、解約通知が貸主に届いてから３ヶ月後に、借家契約は終了する。

　借家契約は法定更新されると「期限の定めのない借家契約」になる。

法　第26条（建物賃貸借契約の更新等）

1　建物の賃貸借について期間の定めがある場合において、当事者が期間の満了の１年前から６月前までの間に相手方に対して更新をしない旨の通知又は条件を変更しなければ更新をしない旨の通知をしなかったときは、<u>従前の契約と同一の条件で契約を更新したものとみなす</u>。ただし、<u>その期間は、定めがないものとする</u>。

3　期限の定めのない借家契約を借主から解除するには、民法第617条（期間の定めのない賃貸借の解約の申入れ）により、解約通知をすると、３ヶ月後に終了する。

民法　第617条（期間の定めのない賃貸借の解約の申入れ）

1　当事者が賃貸借の期間を定めなかったときは、各当事者は、いつでも解約の申入れをすることができる。この場合においては、次の各号に掲げる賃貸

借は、解約の申入れの日からそれぞれ当該各号に定める期間を経過することによって終了する。
一　土地の賃貸借　1年
二　建物の賃貸借　3箇月

　例えば、5月8日に借主が法定更新された借家契約を解約するという通知を貸主に郵送し、5月10日に貸主に届いたとする。届いた日から賃貸借契約は3ヶ月後に終了する。
　5月10日は1日の途中のどこかで届くので、初日不算入の原則により、5月11日から起算して3ヶ月の8月11日の夜12時（24時）に借家契約は終了する。
　ただ、借主は8月10日の夜12時（24時）までに店舗を貸主に返還する必要があるので、貸主の営業時間内に（例えば夜6時までに）店舗の明渡し（鍵の返還）をしなければならない。

（注）3ヶ月という月単位の期間計算は、原則として最初の日は入れず（初日不算入）、3ヶ月後の起算日の前日が満了日になる。

民法　第140条
　日、週、月又は年によって期間を定めたときは、期間の初日は、算入しない。

民法　第143条
1　週、月又は年によって期間を定めたときは、その期間は、暦に従って計算する。
2　週、月又は年の初めから期間を起算しないときは、その期間は、最後の週、月又は年においてその起算日に応当する日（起算日と同じ数字の日）の前日に満了する。

　ところで、借地借家法第26条により、法定更新前の契約は法定更新後も同一条件で継続することになる（契約期間のみ「期限の定めのない契約」となる）。

したがって、「6ヶ月の予告で中途解約できる」という特約も法定更新後の契約条項になっている。

　しかし、法定更新後の解約権を使えば、3ヶ月後にいつでも解約できるのであるから、約定の「6ヶ月の予告の中途解約権」を使う必要はない。

　もちろん借主からの法定更新後の解除権なので、正当事由はいらない。

第5章 法定更新後の貸主からの解約

I 法定更新後の貸主からの解約手続

問22 当社のビルの1階を3年契約で店舗に貸している。あと8ヶ月で3年の更新時期を迎える。2年後にビルの建替計画が持ち上がったので、「2年後には立ち退いてもらいたい。2年間だけ貸す」と提案したところ、テナントから強硬に3年の更新をしてくれと要求された。8ヶ月後の更新はどのようにしたらよいか？ なお、契約書に貸主からの中途解約を認める特約はない。

【答】

3年の更新は合意せず、そのまま法定更新にしてしまう。

テナントの要求に負けて、今回合意更新をしてしまうと、(貸主からの中途解約条項がないので)3年後の更新拒絶しか解除のチャンスがなくなってしまう。後に説明する「貸主からの契約期間中の中途解約の特約」があればまだ対処の方法もあるが、この特約がない場合も多いので、法定更新にさせるのがいちばん良い。

法定更新後の契約条件は更新前の契約と同じであるが、契約条件のうちただ1つの例外として、期間だけは更新前の契約と同じにならず「期限の定めのない契約」となる。

期限の定めのない借家契約は、貸主から解約通知をすれば解約通知が借主に届いた日の翌日から6ヶ月に契約が終了する(借地借家法第27条)。ただし、貸主の解約が認められるためには、更新拒絶と同様、明渡しの正当事由が必要となる。

借地借家法第 27 条は、明文にないが「期限の定めのない借家契約」で、同条に「賃貸人が賃貸借の解約の申入れをした場合」とあるとおり「貸主が解約する場合の条文」であり、かつ、この解約をするには、借家人保護のため、借地借家法第28条の貸主からの更新拒絶等の要件である「正当事由」が必要だと解されている。

法 第 27 条（解約による建物賃貸借の終了）
　建物の賃貸人が賃貸借の解約の申入れをした場合においては、建物の賃貸借は、解約の申入れの日から 6 月を経過することによって終了する。

法定更新後の「期限の定めのない借家契約」は、借主から解約する場合には、3ヶ月後に解約、貸主から解約する場合には、6ヶ月後に解約と差が出るのは、借主保護のためである。

第6章 自動更新の停止

I 自動更新の有効性

問23 以下のような自動更新条項を定めると、法定更新で更新されることが少なくなると思われるが、借地借家法上有効か？ 借地借家法第30条（強行規定）では、「この節の規定（借家の更新に関する規定）に反する特約で建物の賃借人に不利なものは、無効とする」とあるが、法定更新とは異なる効果を定める自動更新の特約は、同条に違反して無効にならないか？

【文例】自動更新の特約

> 第○条（自動更新の特約）
> 　本契約の期間満了3ヶ月前までに、貸主・借主いずれかから、異議の通知が相手方に通知されないときは、本契約は、従前の契約と同一の条件・同一の期間をもって自動的に更新される。以後も同様とする。

【答】

　自動更新の規定は、借地借家法第30条の強行規定（借家人に不利な更新の特約）により無効にならない。自動更新自体は、合意更新の代わりとなり、借主に不利な特約とはいえないからである。

　自動更新では期間が特約で自動的に設定されるが、期間が設定されると、法定更新とは異なり、その期間満了まで、（中途解約の特約がない限り）貸主から解約の申入れができない（法定更新ならば貸主はいつでも6ヶ月の予告で解

約の申入れができる）。したがって、法定更新より、期間の定めがある自動更新の方が借主の地位は強固になる。したがって、「借家人に不利な特約」にならないので、借地借家法第30条には違反せず有効とされる。

　自動更新は、更新料を授受する慣習のない地域の契約とか、敷引きがあるため更新料が授受されない契約に多い。更新時に、更新料の授受がないため、あえて更新の契約書を作るのは煩雑だからである。ただ、自動更新に更新料の支払義務を定める例がないわけではない（定めておけば、合意更新と同様更新料をとりやすくなる）。

法 第30条（強行規定）

　この節の規定（更新に関する規定）に反する特約で建物の賃借人に不利なものは、無効とする。

Ⅱ　自動更新の停止

> **問24**　ビルのテナントとの賃貸借契約書では、「第○条　本物件の賃貸借期間は標記の期間（3年）とし、期間満了の3ヶ月前までに貸主・借主いずれからも契約を更新しない旨の申出がない場合、本契約はさらに標記の期間自動的に更新される」との定めがある。期間満了日まであと4ヶ月しかないが、期間満了の3ヶ月前までに貸主の方から「3ヶ月後の更新はしない」と通知すれば、更新拒絶の手続としては正しいか？

【答】

　誤っている。期間満了の3ヶ月前までに貸主の方からこのような通知をしても、法律上の更新拒絶の手続にならない。

　この条項は、「自動更新の条項」である。自動更新は、特約による更新条項で、

合意更新とも法定更新とも異なる。

① 自動更新は、合意更新のように更新時に改めて更新の合意をしなくとも、更新後の期間が設定された更新が行われる。

② 自動更新は、契約時の特約で更新が行われるもので、法定更新のように法律の規定を根拠に行われる更新ではなく、更新後の期間の定めがある。

自動更新は、合意更新や法定更新のように借地借家法にこれを認める明文はないが、特約として有効である。

自動更新を停止するには、この特約にあるとおり、「期間満了の3ヶ月前までに貸主又は借主から（自動更新を使わない ＝ 停止させる）通知をすればよい。

自動更新が停止されると、借地借家法の「合意更新」か「法定更新」のいずれかで更新が行われる。

本件では、期間満了4ヶ月前になっている。そのため、借地借家法により「法定更新」を阻止したければ、借地借家法による更新拒絶の手続（①6ヶ月前までの更新拒絶通知と②更新後の異議通知）をしなければならないが、4ヶ月しかないので、自動更新は停止できるが、更新拒絶はできない。

ところが、設問の事案では貸主は、「自動更新停止の通知 ＝ 3ヶ月前までの通知」と更新拒絶の手続（①6ヶ月前までの更新拒絶通知と②更新後の異議通知）を混同しており、3ヶ月前までの通知では、更新拒絶はできない。

設問の事案で貸主が、「自動更新の停止」と「借地借家法による更新拒絶の手続」を一緒にしたければ、期間満了の6ヶ月前までに「自動更新の停止の通知」と「借地借家法による更新拒絶の通知」（1通の通知書で兼ねることができる）を出し、かつ、期間満了後も借主が使用を継続するなら、使用継続に対する異議通知を送付すれば手続としては完璧である。あとは正当事由があるか否かを争えばよい。

なお、期間満了の3ヶ月前までの通知について、特約で期間を短縮して借地借家法の「更新拒絶通知」とすることは認められない。借地借家法第26条第1

第2部 契約の終了に関する問題点とトラブル 41

項は更新拒絶のためには6ヶ月前までの更新拒絶通知が必要としており、借地借家法第30条は借主に不利な特約は無効としており、更新拒絶通知を特約で3ヶ月に期間短縮はできない。

法 第26条（建物賃貸借契約の更新等）
1 建物の賃貸借について期間の定めがある場合において、当事者が期間の満了の1年前から6月前までの間に相手方に対して更新をしない旨の通知又は条件を変更しなければ更新をしない旨の通知をしなかったときは、従前の契約と同一の条件で契約を更新したものとみなす。ただし、その期間は、定めがないものとする。
2 前項の通知をした場合であっても、建物の賃貸借の期間が満了した後建物の賃借人が使用を継続する場合において、建物の賃貸人が遅滞なく異議を述べなかったときも、同項と同様とする。

法 第28条（建物賃貸借契約の更新拒絶等の要件）
建物の賃貸人による第26条第1項の通知又は建物の賃貸借の解約の申入れは、建物の賃貸人及び賃借人（転借人を含む。以下この条において同じ。）が建物の使用を必要とする事情のほか、建物の賃貸借に関する従前の経過、建物の利用状況及び建物の現況並びに建物の賃貸人が建物の明渡しの条件として又は建物の明渡しと引換えに建物の賃借人に対して財産上の給付をする旨の申出をした場合におけるその申出を考慮して、正当の事由があると認められる場合でなければ、することができない。

法 第30条（強行規定）
この節の規定に反する特約で建物の賃借人に不利なものは、無効とする。

第7章 借主からの中途解約

I　借主からの中途解約の手続

問25　当社が貸主になっている３年契約の店舗の賃貸借契約書で、以下のように借主からの中途解約を認める条項がある。このような中途解約の条項がないと、借主は契約期間の３年間は借り続けなければならないのか？　それは、なぜか？

> 第○条（中途解約）
> 　契約期間途中であっても、借主は３ヶ月の予告をもって本契約を解約することができる。

【答】

　そもそも、例えば３年間という期間を定めた借家契約は、借主からすれば「少なくとも貸主は３年間は異議を述べず貸してくれる」という契約である。逆に、貸主からしても「少なくとも借主は３年間は継続して借りてくれる」という契約である。貸主も、借主も３年間は使える、使ってくれるなら貸そう、借りようという合意をしている。

　３年間という期間を定めた借家契約は、借主からすれば、この期間借り続ける義務を負うが、現実には、営業の廃止・撤退・転換等で、中途解約の必要が出る場合も多い。それでも、３年間は借り続ける必要があると契約書で縛るとトラブルが生じる。そこで、実務では、特約で借主に中途解約を認める例が多い。

　言い換えると、中途解約の特約がないと中途解約はできず、期間満了前に解

約したければ、貸主の同意を得て（貸主の提案する解除条件をのんで）合意解約してもらうしかない。

Ⅱ　借主からの中途解約の撤回

> **問26**　当社が貸主になっている 3 年契約の店舗の賃貸借契約書で、「借主は 3 ヶ月の予告をもって本契約を解約することができる」という中途解約の特約がある。今回、2 年経過した時点で、借主から「3 ヶ月後に退去したい」という申入れがあった。ところが、その申出があった日から 2 ヶ月後に借主から「中途解約はしないことにした。期間満了までは借りたい」との連絡があった。借主の「中途解約はしないことにした」という主張は認められるのか？

【答】

　借主の主張は認められない。借主の主張は、「中途解約の撤回」といわれるものである。

　しかし、借主の中途解約の撤回は、借主が勝手にすることはできず、貸主の同意なき限り、この店舗賃貸借契約は、借主の解約申入れから 3 ヶ月後に終了する。

　そもそも借主の中途解約権は、借主の貸主に対する一方的な意思表示（通知）によって発生するものであり、「借主が 3 ヶ月後に退去したい」という申し入れをしたことによって、3 ヶ月後の契約終了という効果は当然に発生する。

　借主の中途解約の申出により、貸主は次のテナントを探し、賃貸借契約をするなどの準備をするので、借主は一方的にこの中途解約の意思表示を取り消すことはできない。

　この考え方は法理論上認められるものである（契約条項に中途解約の撤回はできない旨の定めが置かれていなくても、撤回はできない）が、中途解約の撤回のトラブルを避けるために、念のために次のような契約条項を置く場合もある。

44

【文例】中途解約の特約

第○条（中途解約の特約）
1　借主は、貸主に対し、賃貸借期間中であっても、3ヶ月前に解約の申入れを行うことにより、本契約を解約することができるものとします。
2　前項の規定にかかわらず、借主は、解約申入れの予告期間が3ヶ月に不足する場合であっても、不足する日数分の賃料等相当額を違約金として貸主に支払うことにより、予告期間の満了又は予告期間の満了前でも随時に本契約をもって、本契約を解約することができるものとします。
3　借主は、本条による解約申入れを貸主の承諾なくして変更、撤回することはできないものとします。

第2部　契約の終了に関する問題点とトラブル　　45

第8章 貸主からの中途解約

I 貸主からの中途解約特約

問27 一般的に使われている契約書で、以下のように借主からの中途解約は認めるが、貸主からの中途解約は認めない契約案文が多いがなぜか？

> 第○条（中途解約）
> 契約期間途中であっても、<u>借主は</u> 3 ヶ月の予告をもって本契約を解約することができる。

【答】

普通借家契約に貸主からの中途解約の特約が定めてある場合、この中途解約の特約が有効かどうかの争いがある。

期間の定めのある借家契約では、期限を定めたのに、貸主が中途解約できると、借主が不利益を受けるので、借主保護のため、一切特約による中途解約を認めないとの判例もある（東京地裁昭和 27 年 2 月 13 日判決下民集 3 巻 2 号 191 頁）。

逆に、期間の定めがある普通借家契約でも、貸主は特約で中途解約できると定めれば、中途解約の特約自体は有効であると認めた判例もある（東京地裁昭和 36 年 5 月 10 日判決判時 262 号 22 頁）。この判例の立場でも、貸主側からの解約には正当事由が必要であることは異論がない。

貸主が解約するときに限り、借主の保護のため更新拒絶と同様、「6 ヶ月の予告期間」と「明渡しの正当事由」が必要と解すれば、借主の保護として十分で

あるから、期間の定めがある普通借家契約に中途解約の特約があれば、有効と解すべきである。

　ただ、実務では貸主からの解約の正当事由はほとんど認められない。また、借主保護の観点から好ましくないということで、国交省は賃貸住宅標準契約書において、貸主からの中途解約条項は定めていない。さらに、仲介・管理業者としても、貸主から「契約書に6ヶ月の予告で解約できる、と書いてあるのだからこのとおり解約してくれ」と要求されて、困ることがある。そこで、業界団体も国交省の契約書にならい、貸主からの中途解約条項は定めていない。

【賃貸住宅標準契約書】

> 第11条（借主からの解約）
> 　借主は、貸主に対して少なくとも30日前に解約の申入れを行うことにより、本契約を解約することができる。

Ⅱ　貸主からの中途解約特約を置く意味

問28　事業用賃貸借で、貸主からの中途解約特約を定める実務上の有用性が認められるのはどんな場合か？

【答】

　事業用賃貸借では、例えば5年、10年、20年契約など、比較的長い契約期間が定められることも多い。例えば、「1年ほど前、5年で合意更新契約をしたが、耐震性に問題があることが判明したので、急にビルの建替計画が持ち上がった」という場合、4年後の更新まで待てないということもある。

　古いビルで耐震性がないことによる解約が必要な場合に、契約書に以下のような貸主側から期間途中で解約ができる特約が定められていないと、貸主は次

第2部　契約の終了に関する問題点とトラブル　47

の更新時に更新拒絶をする以外、ビルの建替えができなくなってしまう。

【文例】貸主からの中途解約も認める特約

第○条（中途解約）
　契約期間途中であっても、<u>貸主は6ヶ月</u>、借主は3ヶ月の予告をもって本契約を解約することができる。

　当職は、賃貸ビルが古く、建替計画ができあがった時点で貸主から中途解約したいと考えている場合、特に、5年契約など比較的長期に賃貸しているような場合には、特に、以下のような貸主側からも中途解約できるように特約（契約案文）を作成しておくべきとアドバイスしている。

第○条（中途解約）
　契約期間途中であっても、貸主は6ヶ月、借主は3ヶ月の予告をもって本契約を解約することができる。

第9章 建て貸し(建築協力金方式)における中途解約制限特約

I 仲介業者として借主からの中途解約制限条項を定める必要がある場合

問29

貸主が保有していた倉庫を、ある運送会社が自社が希望する増改築(請負代金約3,300万円余り)をしてくれれば、月額家賃85万円で、9年間借りたいとの申入れを仲介業者を通じて行った。貸主と借主は、借主が提供した予約契約書により賃貸借契約の予約契約を締結した。この予約契約書には、運送会社が予約契約を解除したときには、予約金(680万円)の没収のほか、本件建物の増改築に要した実費と原状回復費用を貸主に支払わなければならないとの条項が設けられていた。増改築が完了したため、仲介業者は自社の加入している団体の店舗事務所用建物賃貸借契約書のひな型を使用して本契約を締結させたが、この本契約書には、借主(運送会社)による中途解約制限条項は含まれておらず、事前通告による解約条項があった。仲介業者は、上記事情の下で賃貸借契約書を作成する場合、中途解約制限条項(開始から〇年間は借主から中途解約できないとか、借主から中途解約した場合には、借主は違約金〇〇万円を支払う等)を入れなかった場合、責任を問われるか?

【答】

　設例のような賃貸借契約を仲介する業者は、中途解約制限条項(開始から〇年間は借主から中途解約できないとか、借主から中途解約した場合には、借主は違約金〇〇万円を支払う等)を入れなかった場合、責任を問われる可能性が非常に高い。

設例は、福岡地裁平成19年4月26日判決の事例である。 設例の事案では、中途解約制限条項がなかったため、借主は最初9年間借りる意向を示していたが、3年で中途解約してしまった。

借主は、本件運送会社の要望した増改築をするため銀行から3,000万円の借り入れをしており、3年で中途解約されると銀行返済にも困る状態になっていた。

ただ、この貸主側も本件賃貸借契約を締結する前の契約では、新築して貸すため、貸主の建築資金の回収を保証するため、「借主において中途解約しても10年間分の賃料を保証する」旨の中途解約制限条項があった契約を締結していた。

そのような前例が貸主側にもあったため、過失相殺で貸主側の損害賠償額（2,000万円を請求）は減らされたが、それでも仲介業者は約400万円の賠償を命じられている。

仲介業者は、契約当事者の正当な利益を保護すべき善管注意義務があり、建て貸し（建築協力金方式）においては、貸主が不利益を受けないように、公平妥当な特約を説明し、双方の承諾を得て、契約書に特約を定めるべきである。

Ⅱ　中途解約制限特約

問30　前問では、どのような中途解約制限条項を定めるべきだったのか？

【答】

以下のような定め方がある。

1　中途解約ができない特約

【文例】貸主からの中途解約ができない特約

第○条（期間・中途解約）
1　本契約の期間は9年間とする。

2　借主は、前項の期間内に本契約を中途解約することはできないものとする。

（注）中途解約条項自体「特約」で、「中途解約できる」条項を定めなければ、法律上は中途解約できない。しかし、借主からの中途解約条項があるのが当たり前になっているので、あえて「中途解約できない」特約を定めている（厳密には特約とはいえない）。

2　中途解約をすると違約金が発生する特約

【文例】貸主からの中途解約は違約金が発生する特約

第○条（期間・中途解約）
1　本契約の期間は9年間とする。
2　借主は、本契約の期間中6ヶ月前に予告することで本契約を解約することができる。
3　借主が、前項により中途解約した場合、借主は貸主に以下の違約金を支払うものとする。
　①2年以内の中途解約：違約金○○万円
　②4年以内の中途解約：違約金○○万円
　③6年以内の中途解約：違約金○○万円
　④8年以内の中途解約：違約金○○万円

第10章

違約解除
（契約違反による解除）

I　違約解除での催告の要否・無催告解除が認められる場合

問31　事業用賃貸借契約の解除条項としては、一般的に以下のような条項が契約にあるが、違約解除での催告は必ず必要なのか？

第○条（契約の解除）
1　貸主は、借主が次の各号に該当した場合において、<u>貸主が相当の期間を定めて当該義務の履行を催告したにもかかわらず、その期間内に当該義務が履行されないときは</u>、本契約を解除することができます。
　① 借主が賃料等の支払を2ヶ月以上怠ったとき。
　② 本件建物を第○条の使用目的以外に使用したとき。
　③ 借主の故意又は過失により生じた修繕費用等の負担を怠ったとき。
　④ 第○条（制限・禁止行為）第1項各号の一（無断転貸・無断改装等）に該当したとき。
　⑤ 第○条（制限・禁止行為）第2項4（悪臭の発生）、5（騒音の発生）、8（物品の放置）、9（近隣迷惑）号の一に該当したとき。
　⑥ その他借主が本契約の各条項に違反したとき。
2　貸主は、借主が次の各号に該当した場合で、かつ、<u>当該事由により本契約を継続することが困難であると認められるに至ったときは</u>、催告することなく、本契約を解除することができます。
　① 第○条（制限・禁止行為）第2項各号（4、5、8、9号を除きます）の一に該当したとき。

（注）①危険物の製造・保管等、②危険ドラッグの製造・販売等、③増改築・模様替え等は無催告解除できる。

② 賃貸申込書の記載事項に重大な虚偽があったとき。
③ 借主に経済的、社会的信用失墜行為があったとき。

第○条（制限・禁止行為）
1 乙が、次の各号に掲げる行為をするときは、あらかじめ甲の書面による承諾を得るものとします。
　① 賃借権の全部若しくは一部を譲渡又は担保提供し、又は本件建物を転貸（使用貸借、共同使用その他これに準ずる一切の行為を含みます）すること。なお、合併・会社分割・代表者等役員の変更、株式譲渡等による経営主体の実質的変更、又は、これらにより、借主の資力・信用が低下する場合は賃借権の譲渡とみなすものとします。
　② 本件建物の使用目的を変更すること。
　③ 本件建物の増築、改築、移転、改造、模様替え、造作の新設その他現状を変更すること。
　④ 電気、ガス、給排水、電話等に関し、設備、機器等を新設、付加、除去し、又は変更すること。
　⑤ 本件建物の内外及び共用部分、敷地内等に看板、掲示板、広告標識、その他これらに類するものを設置、貼付、又は記入すること。
　⑥ 犬猫・は虫類等動物を飼育（一時預かりも含みます）すること。
　⑦ 本件建物の内外に大型の金庫・書庫その他の重量物を搬入し、又は備え付けること。
　⑧ 石油ストーブを使用すること。
　⑨ 乙以外の名義を表示すること。
2 乙は、次の各号に掲げる行為をしてはならないものとします。
　① 鉄砲、刀剣類又は爆破性、発火性を有する危険な物品等を製造又は保管すること。

③ 風俗営業等の規制及び業務の適正化等に関する法律に違反する行為、賭博行為及び売春行為等違法行為をすること。

④ 悪臭を発生させること。

⑤ 楽器演奏、音響製品（カラオケも含みます）の使用により近隣に音の迷惑をかけること。

⑥ 衛生上有害となる行為をすること。

⑦ 法令に違反する行為、公序良俗に反する行為、又は風紀を乱す行為をすること。

⑧ 指定された場所以外に物品等を設置すること。

⑨ その他近隣に迷惑をかける行為をすること。

【答】

　本条は、賃貸借契約の違約解除（契約違反による解除・債務不履行解除）に関する契約案文である。

1 催告の要否について

　上記第○条（契約の解除）は、借主に契約違反等があった場合に貸主が本契約を解除できることを定めた条文である。この契約条文では、解除の要件として催告が必要なものを第1項に、第2項には無催告で解除できる契約違反を列記してある。

　そもそも、契約違反による契約解除は催告解除が原則である。違反者に一度は翻意して契約に従った行動を取るように催告して、催告しても違反が継続する場合に、初めて解除できる。民法でも、催告による解除が原則になっている（民法第541条）。

民法 第541条（催告による解除）

　当事者の一方がその債務を履行しない場合において、相手方が相当の期間を定めてその履行の催告をし、その期間内に履行がないときは、相手方は、契約

の解除をすることができる。ただし、その期間を経過した時における債務の不履行がその契約及び取引上の社会通念に照らして軽微であるときは、この限りでない。

催告による解除の原則に対し、例外として、催告しないで解除できる「無催告解除」も認められている。

もともと民法の条文上では、無催告解除を認める条文はなかったが、最高裁は、建物賃貸借契約で、下記のように判示して無催告解除を認めた。

（最高裁昭和43年11月21日判決要旨）

家屋の賃貸借契約において、一般に、賃借人が賃料を一箇月分でも滞納したときは催告を要せず契約を解除することができる旨を定めた特約条項は、賃貸借契約が当事者間の信頼関係を基礎とする継続的債権関係であることにかんがみれば、賃料が約定の期日に支払われず、これがため契約を解除するに当たり催告をしなくてもあながち不合理とは認められないような事情が存する場合には、無催告で解除権を行使することが許される旨を定めた約定であると解するのが相当である。

この最高裁判例の事案は、昭和38年11月分から同39年3月分まで、6ヶ月分の家賃を払わなかった事例で、「借家人が賃料を1ヶ月分でも滞納したときは催告を要せず契約を解除することができる」旨を定めた特約条項があった事案である。

ただ、注意すべきは、無催告解除が認められるのは単に、「無催告解除ができる特約が定められている」だけではなく、契約違反の程度が重く（この事案では、1ヶ月どころか6ヶ月も滞納が続いている）、もはや、催告する意味がない程の違反になっていることが、無催告解除が有効となる要件になっていることである。

逆に、「借家人が賃料を1ヶ月分でも賃料を滞納したときは催告を要せず契約を解除することができる」旨を定めた特約条項があっても、上記1〜2ヶ月程度の滞納では、無催告解除は認められない点に注意しておく必要がある。

第2部　契約の終了に関する問題点とトラブル　　55

そのため、上記設問のひな形では、「2ヶ月家賃を滞納した場合には、催告の上、それでも滞納家賃を払わない場合は解除できる」と特約している。

2020年4月1日施行の改正民法（債権法の改正）では、この最高裁の判例の趣旨をわかりやすくするため、以下のように民法の条文を新たに定めている。

改正民法　第542条（催告によらない解除）

1　次に掲げる場合には、債権者は、前条の催告をすることなく、直ちに契約の解除をすることができる。

一　債務の全部の履行が不能であるとき。

二　債務者がその債務の全部の履行を拒絶する意思を明確に表示したとき。

三　債務の一部の履行が不能である場合又は債務者がその債務の一部の履行を拒絶する意思を明確に表示した場合において、残存する部分のみでは契約をした目的を達することができないとき。

四　契約の性質又は当事者の意思表示により、特定の日時又は一定の期間内に履行をしなければ契約をした目的を達することができない場合において、債務者が履行をしないでその時期を経過したとき。

五　前各号に掲げる場合のほか、債務者がその債務の履行をせず、債権者が前条の催告をしても契約をした目的を達するのに足りる履行がされる見込みがないことが明らかであるとき。

2　次に掲げる場合には、債権者は、前条の催告をすることなく、直ちに契約の一部の解除をすることができる。

一　債務の一部の履行が不能であるとき。

二　債務者がその債務の一部の履行を拒絶する意思を明確に表示したとき。

Ⅱ　解除要件たる信頼関係の破壊

問32　事業用賃貸借契約の違約解除事由として、「借主が賃料等の支払を2ヶ月以上怠ったとき」は催告の上、それでも払わなければ、解除で

きるとあるが、この違約解除事由に該当した場合に、現実に解除は可能なのか？

【答】

　貸主からの賃貸借契約の違約解除については、借家人保護のため貸主の解除権が制限され、「貸主と借主の信頼関係の破壊」が認められないと解除が認められない。

　「貸主と借主の信頼関係の破壊」が貸主側からの解除の要件になるのは次のような理由による。

・貸主と借主の賃貸借契約は、売買のように1回の取引で終了するものではなく、継続的に長い間続くものであるから、1〜2回家賃を払わなくても、貸主は借主の契約違反を容認すべきものである（解除は認められない）。
・賃貸借契約で契約の解除が容易に認められると、借主の生活の拠点・事業の拠点がなくなることになり、路頭に迷う借主が多数生じてしまう。
・借家人保護の観点から、契約解除して立ち退かせるのは、「裁判所からみて、こんなひどい違約をしているなら立ち退かせてもかまわない」という場合に限定すべきで、解除できるのは「信頼関係の破壊」が認められる場合に限られる。

　解除事由としての「貸主と借主の信頼関係の破壊」は、家賃不払の問題ばかりでなく、貸主側から解除の解除する場合の解除事由全てで解除の要件になる。

　最高裁も昭和51年12月17日判決で、「賃貸借当事者間の信頼関係が賃貸借契約の当然解除を相当とする程度にまで破棄されたとはいえないときは、右解除条項に基づき賃貸借契約が当然に解除されたものとは認められない」と判示して、賃料不払による解除は、不払の事実だけでは足りず、信頼関係の破壊まで認められないと、解除は有効にならないとした。

　この最高裁判例の事案では、先に家賃不払で明渡訴訟を提起された借家人が、裁判上の和解で「賃料の支払を1ヶ月分でも怠ったときは賃貸借契約は当然解

第2部　契約の終了に関する問題点とトラブル　　57

除となる」旨の定めを承諾したのに、その後家賃の支払を1ヶ月分怠った（それ以外は2年間家賃を遅れることなく支払った）場合、「裁判上の和解で、1ヶ月分でも怠ったときは当然に解除になる」と定められても、別途、解除の要件として信頼関係の破壊が必要であるとして、当該事案の解除を認めなかった。

Ⅲ　使用目的違反による解除

> **問33**　事業用賃貸借契約の解除条項として、以下のような使用目的違反による解除条項が契約書にあるが、使用目的を営業所事務所と約定して貸したのに借主が店舗として使用している場合、使用目的違反による解除は可能なのか？

【答】

　使用目的違反として、「信頼関係の破壊」に当たり、最終的に解除が認められるかどうかは、以下のような点も考慮のうえ判断される。

　まず、建物の使用目的を「営業所事務所」に限定した場合であっても、物品を販売することが予定されていたときは、そもそも「使用目的違反にならない」と判断されることもある。

1　使用目的に反するか否か

　使用目的に反するか否かは、まず、契約の使用目的を解釈し、どこまでが使用目的に含まれるかを判断しなければならない。

　例えば、宝石の加工販売をする会社に、使用目的を「事務所使用」に限定して、賃貸借契約を締結しても、賃貸建物が御徒町付近の宝石問屋街にあり、周辺の事務所では多数の宝石問屋が事務所を構え、事務所内で宝石加工を行って販売する形態が多いことを承知して貸していれば、宝石加工場として使用することも「事務所使用」の目的に含まれていると判断される（東京地裁平成16年1月30日判決参照）。

58

2 「貸主と借主の信頼関係の破壊」に当たるかどうか

　次に、契約の解釈としては、「使用目的違反」と判断せざるを得ない場合でも、「貸主と借主の信頼関係の破壊」に当たるかどうかが問題になる。

　例えば、使用目的を「飲食店店舗」に限定して賃貸借契約を締結したところ、借主が繊維品格納用倉庫に使用した場合、

①　貸主は以前、半分を衣料品屋に、半分を自分の長男の豆腐製造販売に使わせていたこと。

②　飲食店から倉庫に転用するにあたり、カウンターは取り除いたものの、他に改造した点はないこと。

③　貸主は借主が繊維品格納用倉庫に転用したことで別に困らず、借主の倉庫使用に異議を述べたこともないこと。

④　飲食店よりも倉庫の方が建物損傷の度合いも遙かに少ないこと。

等を考慮して解除原因とならないものとした判例（東京高裁昭和 41 年 6 月 17 日）がある。

3 「使用目的違反違反」で解除が認められた事例

　上記と同じように、事務所を倉庫に転用した事例で、「使用目的違反」で契約解除が認められた以下のような裁判例（東京地裁平成 17 年 8 月 22 日判決）もある。

①　1 階が店舗・上階が共同住宅の 4 階建てのビルの 1 階部分の事務所賃貸で、使用目的を「事務所」に限定して賃貸借契約を締結した。

②　飲食店を経営していた借主は、契約から 1 年ほどたった後から厨房器具の倉庫として建物を利用した。

③　貸主は 1 回目の更新後に倉庫利用の事実を知り、2 回目の更新前に仲介の不動産業者を介して倉庫としての使用に異議を唱え、「賃貸物件のグレードが下がるような（倉庫としての）使い方はやめて、事務所として使って欲しい」という申入れをしたが、借主は倉庫として使い続けた。

　　この事案では、裁判所は「使用目的違反」による解除を認めた。この賃貸ビルは上階が賃貸マンションであり、1 階が倉庫として利用されていると、

第 2 部　契約の終了に関する問題点とトラブル　　59

グレードが下がり、貸主に不利益を及ぼすことが考慮されている。

　このように、借主の「使用目的違反」が貸主に不利益を及ぼしているかどうかが、「貸主と借主の信頼関係の破壊」の認定（解除の可否）に影響している。

Ⅳ　無断譲渡を理由とする解除

> **問34**　　当社はある大手の持ち帰り寿司等のチェーン店を運営する会社に、当社の保有するビルの1階店舗を賃貸している。この事業用賃貸借契約には、賃借権の無断譲渡・転貸を禁止する条項と、この違反を理由とする解除条項が定められている。この度、チェーン店を運営する会社から「持ち帰り寿司を運用する部門を会社分割で独立させた」との連絡が来た。当社としては、様々な飲食部門をもつ運営会社なので安心して貸したが、会社分割でできた会社は資本金1,000万円の小さな会社である。
>
> 　「会社分割が無断譲渡になる」という特約は特にないが、このような会社分割は「無断譲渡になる」として契約を解除できないか？

【答】

　そもそも、契約書で借家権の譲渡が禁じられていなくても、借家権の譲渡・転貸は原則できず、借家権の譲渡・転貸を行うには貸主の承諾が必要である。この原則は、借家契約の借主の地位が契約上の地位に過ぎず、契約上の地位を譲渡するには相手方である貸主の承諾が必要となるからである。民法では、この原則を以下の条文として定めている。

民法 第612条（賃借権の譲渡及び転貸の制限）

1　賃借人は、賃貸人の承諾を得なければ、その賃借権を譲り渡し、又は賃借物を転貸することができない。

60

2　賃借人が前項の規定に違反して第三者に賃借物の使用又は収益をさせた
　　ときは、賃貸人は、契約の解除をすることができる。

　会社分割は、理論的には「借家権の譲渡」に該当しない。

　会社分割とは、会社の法人格を分ける会社法上の手続で、会社分割により、会社の事業が分割された会社に引き継がれる。ただ、会社の特定の事業（持ち帰り寿司の店舗借家権・什器備品）が新しい分割された会社に引き継がれるといっても、分割される前の会社がもともと借主だったので、事業譲渡とは異なり、「借家権が元の借主法人から新設分割でできた法人に移転する」わけではない。そのため、理論的には「借家権の譲渡」に該当しない。

　そのため、会社分割により賃貸建物の使用態様・使用方法が変更され、貸主が不利益を受ける場合は別として、原則として、会社分割を借家権の譲渡として禁止したり、貸主の同意を得ていないことを理由に解除することはできない。

　ただし、会社分割によって借主の資力が大幅に減り、貸主会社が不利益を受けることがある。例えば、借主の要請を受けて借主の希望するビルを建てて貸している場合、貸主は建築費の回収のため、20年以上の長い賃貸借契約を締結し、もし契約期間満了前に賃貸借契約が終了したら、多額の違約金が発生するような契約をすることがある。この場合、この違約金債務を免れる目的で、会社分割を行い、借主の地位を資力のない新設分割の会社に承継させたような場合は、分割前の会社に違約金を請求できるとした最高裁判例（最高裁平成29年12月19日）がある。

　この最高裁判例の趣旨からすると、新設分割により具体的に貸主が不利益を受ける場合は、会社分割を借家権譲渡とみなすという特約がなくても、例外的に「借家権の無断譲渡」として、契約解除が認められる可能性もある。

第2部　契約の終了に関する問題点とトラブル　　61

V　会社分割への対処特約

> **問35**　前問において、貸主側が借主の会社分割への対応を行いやすくするためには、どのような特約を定めればよいか？

【答】

　前問のとおり、会社分割で資力・信用のない新設　会社に借家権を承継されても、原則として契約違反にできないので、以下のような特約を定め、一方的な会社分割を阻止できるようにしておくべきである。

【文例】会社分割・役員の変更にも貸主の承諾が必要とする特約

第○条（制限・禁止行為）
1　乙が、次の各号に掲げる行為をするときは、あらかじめ甲の書面による承諾を得るものとします。
　①賃借権の全部若しくは一部を譲渡又は担保提供し、又は本件建物を転貸（使用貸借、共同使用その他これに準ずる一切の行為を含みます）すること。なお、合併・会社分割・代表者等役員の変更、株式譲渡等による経営主体の実質的変更、又は、これらにより、借主の資力・信用が低下する場合は賃借権の譲渡とみなすものとします。

第○条（契約の解除）
1　貸主は、借主が次の各号に該当した場合において、貸主が相当の期間を定めて当該義務の履行を催告したにもかかわらず、その期間内に当該義務が履行されないときは、本契約を解除することができます。

　⑤第○条（制限・禁止行為）第1項各号の一（無断転貸・無断改装等）に該当したとき

上記第○条（制限・禁止行為）の第1項①号本文は、一般的な借家権の譲渡等を禁止している。

さらに、第○条（制限・禁止行為）の第1項①号のなお書き（アンダーラインの部分）は、「合併・会社分割・代表者等役員の変更、株式譲渡等」により「経営主体が実質的に変更された場合」又は「これらにより、借主の資力・信用が低下する場合」には、「借家権譲渡とみなす」旨を記載している。

このような特約を置いておけば、個々の事案で、対処がしやすくなる。例えば、会社分割により貸主が著しい不利益を受け、「貸主と借主の信頼関係が破壊される」ような場合には、契約解除が認められやすくなる。ただ、このような特約を置いても、通常のビル賃貸では、敷金・保証金が差し入れられているので、これら敷金・保証金の金額あるいは保証人の有無等を考慮しても会社分割で貸主が受ける不利益が大きくないと解除までは認められないことが多いと思われる。

また、会社分割により借主の資力・信用が低下する可能性があるので、会社法には、会社分割の際の債権者保護手続がある（貸主も債権者である）。借主から貸主へ、会社分割をする旨の通知があるので、通知から1ヶ月以内に異議（会社法第810条第1項）を述べると、借主から敷金・保証金の積み増し等の担保の提供を受けることができる（会社法第810条第5項）。借主側から会社分割の通知が来て、異議を出すかどうかの判断は難しいので、専門家に相談する必要がある。

Ⅵ　無断転貸による違約解除

問36

貸主 X 社は昭和 37 年に建築したビルの 1 階を昭和 58 年に Y に貸し、Y は昼間、定食屋を経営していた。その後更新を重ねていたが、平成 13 年頃からこれまでの店名とは異なる店名で夜間から深夜に営業するカフェに業態転換した。平成 14 年頃からは、A が他の男性 1 名と同店の営業を行っていた。貸主 X 社は、本件ビルの建替えのため

第 2 部　契約の終了に関する問題点とトラブル　　63

立退き交渉をしており、退去の話がつかなかった借主Yに対し、平成18年に明渡訴訟を提起した。借主Xが平成14年頃からカフェを自ら営業しておらず、A等に無断転貸していた場合、無断転貸による違約解除は認められるか？

【答】

　そもそも借家契約は、「この借主が使うなら貸す」という借主の個性に着目して契約するものなので、借家の転貸についても、法理論的に貸主の承諾がなければできない。

　民法の条文でも、借家権の譲渡と同様に転貸は制限されている。

民法 第612条（賃借権の譲渡及び転貸の制限）
1　賃借人は、賃貸人の承諾を得なければ、その賃借権を譲り渡し、又は賃借物を転貸することができない。
2　賃借人が前項の規定に違反して第三者に賃借物の使用又は収益をさせたときは、賃貸人は、契約の解除をすることができる。

　無断譲渡と同様、無断転貸についても、違反行為であることが明白なので、比較的解除が認められやすい。

　設問は、東京地裁平成20年2月7日判決の事案であるが、無断転貸が認められれば、「それが背信行為ではないとされる特段の事情がない限り、これを理由とする解除は有効である」という判断をしている。

Ⅶ　破産等を理由とする解除の可否

問37　　一般の事務所賃貸借契約書の解除事由には、以下のような破産等を理由とする解除事由が定められている場合が多いが、借主が破産や民事再生になった場合には解除が認められるのか？

【文例】破産解除特約

第○条（契約の解除）

2　貸主は、借主が次の各号に該当した場合には、催告することなく、本契約を解除することができます。

①　破産・民事再生・会社更生・特別清算の手続が開始したとき、又はこれらの申立てをされたとき

②　強制執行申立て、仮差押え・仮処分の命令を受けたとき

③　銀行取引が停止されたとき

【答】

　一般の契約書では、「破産申立て、仮差押え、仮処分、強制執行、滞納処分を受け、又は支払停止の状態、銀行取引停止の状態となった場合」が債務不履行解除の事由として定められていることがある。

　しかし、借主に破産・民事再生・会社更生・特別清算手続等が開始されたからといって、直ちに借主が賃料を支払えなくなるわけではない。

　例えば、破産が開始し、破産管財人が選任されている場合、破産管財業務の遂行のために賃貸物件を利用する必要がある場合には、借主の賃貸借契約を継続して家賃を払い続けることがある。

　このように破産管財人には、破産後に賃貸借契約を解除するか継続するかの選択権が破産法上認められているので（破産法第53条第1項）、貸主側からの解除を認めてしまうと、破産管財人に借家契約を継続するか解除するかの判断を委ねた意味を失わせることになる。

　そのため、旧民法第621条は借主が破産した場合、貸主に解除権を認めていたが、平成16年の破産法改正を機に、この旧民法第621条は廃止（削除）された。

　なお、当然のことであるが、破産手続開始後に借主の破産管財人が賃料の支払を怠れば、貸主は賃料不払により賃貸借契約を解除することができる。

　判例も、破産申立てを理由とする解除条項は合理性のない解除条項として効

第2部　契約の終了に関する問題点とトラブル　　65

力を否定し（最判昭和 43 年 11 月 21 日）、裁判例では借主の破産を解除原因とする特約は無効であると判示している（東京地判平成 21 年 1 月 16 日判決）。

　以上の理由から、破産を解除事由にすることは妥当ではない。

　また、民事再生についても、これから再生手続で再出発しようとする借主を解除により立ち退かせるのは妥当ではない。

　民事再生法では、民事再生が開始された賃借人は賃貸借契約を双方未履行の双務契約として、契約の解除又は履行継続のいずれも選択的に請求できるという定めがある（民事再生法第 49 条第 1 項）。

　また、ファイナンス・リース契約の事案ではあるが、ユーザーについて民事再生手続開始の申立があったことを契約の解除事由とする旨の特約があっても、この特約は無効であるとの判例もある（最判平成 20 年 12 月 16 日）。

　借主会社が会社更生になった場合も同様である。会社更生で買主たる株式会社に更生手続開始の申立の原因となるべき事実が生じたことを売買契約解除の事由とする旨の特約があっても、この特約は無効であるとの最高裁判例もある（最判昭和 57 年 3 月 30 日）。

　以上から、賃貸借契約の解除事由として民事再生・会社更生の場合も解除事由として定める意味がないので、このような条項は削除することをおすすめする。また、実務上、これらの解除事由を削除しても、例えば、再生会社において継続的に賃料が支払われなくなれば、賃料不払により解除ができる。

　破産に至らない強制執行や仮差押え・銀行取引停止等では、なおさら解除を認める必要性は低く、実務上、実際に解除が認められるのは、仮差押え等を受けて、長期間にわたる賃料の不払等が発生した場合に限られる。

第11章 定期借家契約の終了

I 定期借家契約の特色

問38 5年〜10年後にビルの建替えを計画しているので、定期借家契約を使い、既存ビルのテナントの立退き交渉時に立退料を多額に負担せず、スムーズな立退きをしてもらいたい。このような場合、建替えまでの期間定期借家で貸すことは有効か？

【答】

　定期借家契約とは、「契約期限が来れば更新されず、必ず契約が終了する」建物賃貸借契約である。すなわち「法定更新されない借家契約」のことをいう。

　「10年後に必ず建替えをする」と確定しているなら、今年新規に貸すなら、10年間の定期借家契約、来年（建替えまで残9年）新規に貸すなら、9年間の定期借家と契約期間を定めればよい。既存テナントが退去して建替えまでに数年空くなら、空いた部屋は定期借家で募集するとよい。

　ところが、5年〜10年後に建替えという不確定な場合、今年新規に貸すなら、5年間の定期借家、来年（建替えまで残4年）新規に貸すなら、4年間の定期借家と契約期間を定めることになる。

　ただ、5年経過したが、まだ数年先に建替計画を実現するという場合で、既に5年の定期借家が期間満了を迎えるときは、2年とか1年の再契約で定期借家を延長してもらうことになる。この場合、延長のために使うのは「再契約」であって「更新」ではない。

　5年の定期借家で契約する場合も、3ヶ月程度の予告期間で借主側から中途解約できる特約は必要である。テナント側は5年借り続けなければならないと

第2部　契約の終了に関する問題点とトラブル

いう縛りでは、テナント募集が困難になるからである。中途解約で解約された部屋も、2〜3年の期間を定めないと、テナント募集が困難になる。短い期間の定期借家は家賃を安くする必要が出てくる場合もある。

　なお、更新と再契約の違いは以下のとおりである。

　「更新」とは、旧契約と同一内容の契約を継続し、期間を再設定することをいう。旧契約と新契約とは基本的には同一の契約であり、期間の始期・終期が異なるのみである。

　「再契約」とは、貸主と借主とが、新たに「貸すか否か」、「貸す条件」について意思決定して契約を新規に行うことをいう。そのため、旧契約と新契約の内容が同一になる場合もあれば、異なる場合もある。当初の定期借家契約終了時に建替えをするなら、再契約はできない。

　建替えのため再契約しない前提の定期借家契約の条項は以下のように作成する。

　理想的には以下のA案となる。

第○条（再契約A案）
　1　本件建物は、契約終了後建替え予定のため、再契約はしないものとします。

　建替えの着工時期が確定せず、既存の契約を再契約する可能性が高い場合には、当初の定期借家契約や再契約の契約書には以下のB案を入れる。

第○条（再契約B案）
　1　本契約の期間が満了したときは、貸主・借主の双方が合意したときに限り再契約ができるのもとします。

　普通借家の「法定更新」は、借家権の保護から認められたものである。貸主の更新拒絶が認められるためには、「更新拒絶の正当事由」が必要になる（借

地借家法第28条）。「更新拒絶の正当事由」は、実務上ほとんど認められないので、法定更新は、借家権の半永久的な継続を保障している。

法 第28条（建物賃貸借契約の更新拒絶等の要件）

　建物の賃貸人による第26条第1項の通知又は建物の賃貸借の解約の申入れは、建物の賃貸人及び賃借人（転借人を含む。以下この条において同じ。）が建物の使用を必要とする事情のほか、建物の賃貸借に関する従前の経過、建物の利用状況及び建物の現況並びに建物の賃貸人が建物の明渡しの条件として又は建物の明渡しと引換えに建物の賃借人に対して財産上の給付をする旨の申出をした場合におけるその申出を考慮して、正当の事由があると認められる場合でなければ、することができない。

　これに対し、定期借家契約には、「法定更新」の制度はなく、終了の手続さえ怠らなければ、期間満了で契約を終了させることができる。設問のような建替計画がある場合や、将来の事業拡張で、この建物を自社で使う可能性がある場合には、法定更新のない定期借家契約を使わなければならない。

Ⅱ　定期借家契約をする場合の注意点（説明書の交付・口頭の説明等）

問39　賃貸人として定期借家契約を締結するにあたり、どのような点に注意すれば良いか？　知人から『定期借家契約であることの事前の説明を絶対に忘れるな』とのアドバイスを受けたが、何故か？

【答】

　定期借家契約書を作成し、契約締結前に、契約書とは別の定期借家であることの説明書を交付した上で口頭での説明義務が課されている点に注意を要する。

第2部　契約の終了に関する問題点とトラブル　69

1　契約書の作成

　定期借家契約を締結するには、契約書を作成しなければならない（借地借家法38条第1項本文）。したがって、口頭にて定期で契約が終了する旨の合意をしていても、定期借家契約とはならず、普通借家契約となってしまうので注意が必要である。

　なお、条文上、公正証書「等」と記載されており、契約書を、必ず公正証書にて作成しなければならないわけではない。私製の書面を作れば足りる。

法　第38条（定期建物賃貸借）

1　期間の定めがある建物の賃貸借をする場合においては、<u>公正証書による等書面によって契約をするときに限り</u>、第30条の規定にかかわらず、契約の更新がないこととする旨を定めることができる。この場合には、第29条第1項の規定を適用しない。

2　契約書の必要記載事項

　契約書には、更新がなく、期間の満了により終了する旨を記載しなければならない。

　この契約満了の「期間」は、「貸主が本件建物の建替えをするまで」といった不確定期限は許されない（普通借家では有効である）。借主が退去の時期を予測できないからである。

3　契約の更新がない旨の事前説明

　更に、貸主は、契約書とは別に、契約締結前に、契約の更新がなく、期間満了によって契約が終了する旨を説明する書面（定期借家の事前説明書）を交付し、口頭で説明をしなければならない（借地借家法第38条第3項）。

法　第38条（定期建物賃貸借）

3　第1項の規定による建物の賃貸借（定期借家契約）をしようとするとき

は、建物の賃貸人は、あらかじめ、建物の賃借人に対し、同項の規定による
建物の賃貸借は契約の更新がなく、期間の満了により当該建物の賃貸借は終
了することについて、その旨を記載した書面を交付して説明しなければなら
ない。

なお、一般的には、口頭の説明をする際、「面談」までは必要ないと解されて
いる。例えば、電話による説明でも良いとされている。但し、当職はできる限
り面談で説明することを推奨している。

定期借家契約であることの説明書は、契約書とは別に作成する必要がある。

賃借人に対し契約書とは別の書面を交付しての説明がない限り、定期借家契
約の効力は認められないとした最高裁判決（最判平成 22 年 7 月 16 日）がある。

借地借家法第 38 条第 3 項では、事前説明の主体を「建物の賃貸人」と定めて
おり、賃貸人に定期借家契約であることの説明義務が課されているが、必ず貸
主自らがしなければならないわけではない。仲介業者が貸主から委任を受け、
代理人として、借主に定期借家権であることの説明をすればよい。

口頭での事前説明を怠ったり、定期借家契約であることの説明書を交付する
のを忘れた場合、契約が普通借家となり（定期借家契約であることを借主に対
して主張できなくなり）、法定更新されてしまうので注意が必要である（借地
借家法第 38 条第 5 項）。

借地借家法 第 38 条（定期建物賃貸借）
5　建物の賃貸人が前項の規定による説明をしなかったときは、契約の更新が
　ないこととする旨の定めは、無効とする。

4　終了通知

更に、定期借家の期間が 1 年以上の場合、期間満了 6 ヶ月前までに、終了通
知を出しておく必要がある（借地借家法第 38 条第 6 項）。借主に、退去の準備
をさせるためである。

定期借家契約の事前説明書とは異なり、この終了通知を忘れても、普通借家

になるわけではなく、期間満了6ヶ月前を経過してから終了通知をしても、通知時点から6ヶ月の経過で契約は終了する。

　なお、定期借家契約が終了する時点で、建替計画が延期され、そのため、貸主の都合のよい時点まで定期借家を継続したいとの考えから、あえて、終了通知を出さず、その後、例えば5年経って建替計画が具体化したので、終了通知を出して立退きができるかについては、できないと考えておいた方が良い。終了通知を送付することなく建物の賃貸関係が継続している場合、期間満了後は普通賃貸借契約になるという学説もあるし、終了通知を脱法的に使う貸主を裁判所は保護しないと思われるからである。

法　第38条（定期建物賃貸借）
　6　第1項の規定による建物の賃貸借において、<u>期間が1年以上である場合に</u>は、建物の賃貸人は、期間の満了の1年前から6月前までの間（以下この項において「通知期間」という。）に建物の賃借人に対し期間の満了により建物の賃貸借が終了する旨の通知をしなければ、その終了を建物の賃借人に対抗することができない。ただし、建物の賃貸人が通知期間の経過後建物の賃借人に対しその旨の通知をした場合においては、その通知の日から6月を経過した後は、この限りでない。

Ⅲ　定期借家契約をする場合の仲介業者及び貸主の注意点

問40　当社は不動産仲介業者である。顧客が所有するビル1階を店舗として定期借家契約で貸すことになった。普通借家契約の場合と比べ、仲介業者としてはどのような点に注意すれば良いか？

【答】
1　定期借家契約であることの重要事項説明
　仲介業者は、賃貸借契約の媒介をした際は、契約書を作成するとともに、重

要事項について書面を交付して説明をしなければならない（宅建業法第35条第1項第14号）。賃貸借契約の内容が定期借家契約であることは、国土交通省令（宅建業規第16条の4の3の第9号）で説明すべき重要事項に該当する。

　令和4年5月18日施行された宅建業法の改正で、重要事項説明書は「電磁的方法での提供」が認められ（宅建業法第35条第8項）、またIT重説も認められるようになった。

宅地建物取引業法　第35条（重要事項の説明等）
1　宅地建物取引業者は、宅地若しくは建物の売買、交換若しくは貸借の相手方若しくは代理を依頼した者又は宅地建物取引業者が行う媒介に係る売買、交換若しくは貸借の各当事者（以下「宅地建物取引業者の相手方等」という。）に対して、その者が取得し、又は借りようとしている宅地又は建物に関し、その売買、交換又は貸借の契約が成立するまでの間に、取引主任者をして、少なくとも次に掲げる事項について、これらの事項を記載した書面（第5号において図面を必要とするときは、図面）を交付して説明をさせなければならない。

14　その他宅地建物取引業者の相手方等の保護の必要性及び契約内容の別を勘案して国土交通省令で定める事項
　　以下略

宅地建物取引業法施行規則
第16条の4の3（法第35条第1項第14号の国土交通省令で定める事項）
　　法第35条第1項第14号の国土交通省令で定める事項は、宅地の売買又は交換の契約にあつては第1号及び第2号に掲げるもの、建物の売買又は交換の契約にあつては第1号から第5号までに掲げるもの、宅地の貸借の契約にあつては第1号、第2号及び第7号から第12号までに掲げるもの、建物の貸借の契約にあつては第1号から第4号まで及び第6号から第11号までに掲げるものとする。

第2部　契約の終了に関する問題点とトラブル　　73

1ないし8号略

9　借地借家法（平成3年法律第90号）第2条第1号に規定する借地権で同法第22条の規定の適用を受けるもの（定期借地権）を設定しようとするとき、又は建物の賃貸借で同法第38条第1項（定期借家権）若しくは高齢者の居住の安定確保に関する法律（平成13年法律第26号）第52条第1項 の規定の適用を受けるもの（終身定期賃貸借）をしようとするときは、その旨

以下略

2　貸主の定期借家であることの事前説明義務（法第38条第3項）

　この説明義務は、貸主の義務であるが、仲介業者が貸主の代理人として行うのが通常である。そのため、仲介業者は、賃貸人から、定期借家契約であることを説明することを依頼する旨の委任状を貰っておくべきである。

　定期借家であることの説明書面は、重要事項説明書とは別に作成するのが望ましい。ただし、国交省は平成30年2月28日付国土交通省通知（国土動第133号・国住賃第23号）において、①賃貸人から代理権を授与された宅建士は、②重要事項説明書の中で、事前説明を行うことで③貸主の代理として事前説明書の交付及び事前説明を兼ねることが可能としている。

　なお、国交省は、代理人となった宅建士は、後日の契約に関する紛争防止の観点から、必ず借主より「貸主から、宅建士に対する代理権授与の書面提示があり、重要事項説明書を借地借家法第38条第2項の事前説明の書面を兼ねるものとして受領し、事前説明を受けた」旨の、記名押印を得ておくよう指導している。

　上記の国交省の見解はあるが、当職は、

①　重要事項説明は、仲介業者の説明書面であるが、定期借家であることの説明は、貸主の代理人として説明すべきものであること

②　定期借家の事前説明を重説の中で行うと、定期借家の説明が重要事項の説明に紛れて、はっきり借主に認識されない恐れがあること

から、定期借家の事前説明は、重要事項説明書とは別の書類で交付し、宅建士が説明するようにアドバイスしている。

国交省が認める方法でも、当職が推奨する方法でも、定期借家契約であることの事前説明の手続を完璧に履行しないと、普通借家契約となってしまい契約期間が終了しても立ち退かせることができなくなり、仲介業者は貸主から責任を追及されるので、注意しなければならない。

Ⅳ　定期借家契約をしたときのメリット

> **問41**　建替え予定の古いビルを5年の定期借家で安く貸したい。相場より安く貸すので、貸主としては、せめて家賃据え置きの特約をしたいが法律上可能か？　また、このような貸し方で、借主募集ができるか心配である。募集のため何かアピールできることはないか？

【答】

　普通借家契約では家賃据え置きの特約は無効であり、貸主はこの特約をすると値上げ請求はできないが、借主から値下げ請求だけはされてしまうことになる。借地借家法第32条（借賃増減請求権）第1項但し書は、値上げしない旨の特約のみ有効として、値下げしない特約は無効としている。

（注）貸主が希望する「家賃据え置き特約」は据え置きの期間、値上もしないが、値下げもできない特約をいう。

法　第32条（借賃増減請求権）
1　建物の借賃が、土地若しくは建物に対する租税その他の負担の増減により、土地若しくは建物の価格の上昇若しくは低下その他の経済事情の変動により、又は近傍同種の建物の借賃に比較して不相当となったときは、契約の条件にかかわらず、当事者は、将来に向かって建物の借賃の額の増減を請求することができる。ただし、一定の期間建物の借賃を値上げしない旨の特約

第2部　契約の終了に関する問題点とトラブル　　75

> がある場合には、その定めに従う。
>
> 2〜3項略

　ところが定期借家契約では、家賃の値上げ・値下げについて、借地借家法第32条の規定を排除できるので据え置き特約が有効となる。

　店舗等を貸す場合、定期借家だと家賃が普通借家より安くなる傾向があるが、その場合には家賃据え置き特約を利用すると良い。

【文例】据え置き特約

第○条（賃料等の据え置き特約）

　本契約の賃料、共益費等は、本契約期間中据え置く（値上げも値下げもしない）ものとし、本契約に借地借家法第32条（家賃増減額請求権）の適用はないものとする。

4　借主募集のためのアピール

　取壊し予定の建物ならば、募集条件に「原状回復義務なし。持ち込み資産の撤去のみで可」という条件で募集できる。

　取壊予定のビルであれば、借主に原状回復義務を負わせる必要がないためである。ただし、動産をそのまま残置されると処分費用が嵩んでしまうので、持ち込み資産は撤去させる条件をつけている。

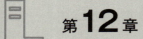

第12章 普通借家契約から定期借家契約への切り替え

I 賃貸ビル建替えのための普通借家契約から定期借家契約への切り替え

問42 築30年の賃貸オフィスビルを普通借家契約で貸しているが、建物が古くなってきたので、5〜6年後の建替えを検討している。今後は新規テナントには定期借家契約で貸そうと思うが、当社のオフィスビルには長期の入居テナントが多く、またテナント数も多いので、新規のテナントの定期借家契約で、建替え時の退去がうまくいくとは思えない。このような場合に、現在の既存テナントの普通借家契約を定期借家契約に切り替えることはできるか？

【答】
　店舗・事務所・工場など「居住用」以外の普通借家契約であれば、入居の時期にかかわらず借主の同意を得て、普通借家契約を定期借家契約へ変更すること（切替）は可能である。

1　既存の普通借家契約から定期借家契約への切替特約の効力

　定期借家契約の制度が施行される前（平成12年2月29日まで）に締結された居住用の普通借家契約は、借主の同意を得ても定期借家契約へ変更すること（切替）はできない。

　借地借家法は、居住者の保護のため、定期借家契約の制度が施行された平成12年3月1日前に成立した居住用の借家契約（つまり、定期借家が施行されていないので契約時に定期借家で契約することはあり得なかった契約）を定期借家契約に切り替えることを禁じている。これは、あまり知識がない借主が、定

期借家への切り替えをしてしまわないよう切り替え自体をできないようにした
ためである。

法 附則 第3条（平成 11 年 12 月 15 日法律第 153 号）

　第5条の規定【定期借家契約を新設した法律】の施行前【平成 12 年3月1日
前】にされた居住の用に供する建物の賃貸借（旧法第 38 条第1項の規定によ
る賃貸借【賃貸人不在期間限定の建物賃貸借、リロケーション】を除く。）の
当事者が、その賃貸借を合意により終了させ、引き続き新たに同一の建物を目
的とする賃貸借をする場合には、当分の間、第5条の規定による改正後の借地
借家法第 38 条の規定【定期借家契約】は、適用しない。

　これに対し、事務所・店舗等、居住用以外の借家契約は、定期借家契約の制
度が施行される前（平成 12 年3月1日以前）に締結されていたとしても、定期
借家への切り替えが可能である。事業用の普通借家の借主は、損得の判断がで
きるからである。

　なお、定期借家施行後（平成 12 年3月1日以降）に締結された借家契約であ
れば、居住用の借家契約でも借主の同意を得ることで定期借家への切り替えが
できる。

　上記附則第3条の規定の反対解釈によれば、切り替え可能であるし、実際上
も定期借家契約の施行後の契約は、もともと借主は定期借家契約を選択した可
能性もあったのだから切り替えを認めても借主を害さないと考えたからである。

3　切り替えのチャンス

　普通借家は、法定更新で継続が保障されているので、再契約が保障されてい
ない定期借家への切替には通常、テナントは同意しない。もっとも、以下のよ
うな場合は切り替えのチャンスがある。

①　テナントの経営が苦しく、家賃の値下げを提案されたら、家賃値下げを
　　承諾する代わりに、普通借家契約から比較的期間の長い（5年〜10 年）定
　　期借家契約へ切り替える。

② 家賃滞納等契約違反を許す代わりに、普通借家契約から定期借家契約へ
　切り替える。

③ 更新拒絶を争った際に、定期借家契約に切り替えて和解をする。将来の
　定期借家終了時の立退料相当額を約束してもよい。

　テナントが、家賃滞納等重大な契約違反をした場合、貸主が契約解除を直ち
に行わない代わりに、定期借家権への切り替えを提案する場合は、借主が同意
する可能性が高い。この場合は、定期借家契約の切り替えの補償を支払わない
で済む場合が多い。この切り替えについては、次の設問で説明する。

　貸主と借主が更新するか否かで争っている場合、借主から「あと4年使わせ
てもらえば、立ち退いてもよい。ただし、移転費用の実費程度は出して欲し
い」という提案があれば、定期借家権への切り替えができる。

　また、貸主と借主が更新するか否かで争っている場合、「すぐ立ち退いて欲
しい」と要求しても、借主の反発が強く話がまとまらないが、「4年後に立ち退
いて欲しい。立退き時には○○円の立退料を出す。4年間は定期借家で貸す」
という提案の方が借主に受け入れられやすい。

　賃貸マンションの建替えの際など、更新拒絶を理由に立退きを要求すると、
借主から、「子供があと3年で小学校を卒業するので、それまで貸してほしい」
などと要望が出されることがある。

　このような場合、居住用の賃貸でも、平成12年3月1日以降に成立した居住
用の普通借家契約であれば、定期借家への切り替えが可能となる。

　以上のように、チャンスを逃さず、こまめに定期借家の切り替えを長い期間
かけて努力すれば、かなりのテナントを円満に退去させることができる。

Ⅱ　普通借家契約から定期借家契約への切り替えと補償

問43　現在、築50年の賃貸オフィスビルを普通借家契約で貸しているが、
将来建替えをしたいので、テナントの整理を始めようかと考えてい
る。テナントに、定期借家への切り替えをお願いしたところ、「建替

第2部　契約の終了に関する問題点とトラブル　　79

えまではいさせてほしい。立ち退くときはあらかじめ合意した立退料を払ってほしい。保証金の償却は行わず、全額返還してほしい。原状回復義務も免除してほしい」との回答であった。定期借家契約にどのような特約を入れればよいか？

【答】

　賃貸借契約に原状回復義務の定めがあっても、取壊し予定建物については、借主は原状回復義務を負わない。

　次のような、特約を定期借家契約に定めればよい。

【文例】建替えまでの定期借家再契約

第○条（再契約・立退き）
1　第○条の期間満了時の1ヶ月前の時点において、貸主が本件建物の建替えのための解体計画を決定していない場合は、貸主・借主は1年毎に、本件建物の建替えのための解体まで再契約を締結するものとする。
2　前項により再契約を締結しない場合は、本契約終了による貸室明渡しと引換えに、貸主は借主に対し、立退料として、金○○万円を支払うものとする。
3　貸主は借主に対し、前項の貸室明渡しと引換えに、第○条の預かり保証金を返還するものとする。保証金の返還にあたり、貸主は無条件償却は行わないものとするが、未払家賃等の債務については控除できるものとする。
4　第2項により、再契約を行わない場合は、貸主は借主に対し、第○条の原状回復義務を免除する。

Ⅲ　不良入居者への対処方法としての定期借家契約への切り替え

> **問44**　家賃を遅滞するテナントへの対処
>
> 　現在、築40年の賃貸オフィスビルを普通借家契約で貸しているが、将来建替えをしたいので、テナントの整理を始めようかと考えている。テナントの中のある入居者が、度々家賃を滞納している。現在も2ヶ月の家賃滞納があるが、呼び出して催促をすると支払があるような状況である。今後も、家賃の支払をさせるために、度々呼び出して交渉をするのでは管理に手間がかかってしまうし、将来の建替えを考えると、家賃滞納を理由に立退き交渉をしようかとも考えている。どのような対処をしたらよいか？

【答】

　普通借家契約から定期借家契約に切り替える下記の提案をする。

・普通借家契約から定期借家契約へ切り替える。

・定期借家契約の期間は1年とし、その間に現在の2ヶ月の滞納を解消できなかった場合、又は、今後1年間の支払のうち、2回分を支払期日に支払わなかった場合には、再契約はしない。

・将来、貸主がビル建替えを実行する場合も再契約はしない。

　普通借家契約の場合、①賃借人の債務不履行により賃貸借契約を解除し、賃借人を退去させるには、訴訟において「賃貸人・賃借人間の信頼関係が破壊された」という認定を裁判所にしてもらわなければならない。②期間満了により契約を終了させる場合にも、訴訟において、「更新拒絶に正当事由が具備されている」旨を裁判所に認定してもらう必要がある。もっとも、裁判所は、賃借人保護の要請から①信頼関係破壊、②正当事由の具備を容易には認めない。また、訴訟で徹底的に争われた場合に、1年程度の期間はあっという間にかかってしまう。

第2部　契約の終了に関する問題点とトラブル　　81

これに対し、定期借家契約は、法定更新がなく、期間満了により契約が終了する。賃借人が期間満了時に任意の明渡しをしない場合には、訴訟提起・強制執行を行わなければならない点は普通借家契約と同じであるが、①信頼関係破壊、②正当事由具備という裁判所がなかなか認めない事情を主張・立証する必要はない。有効に成立した定期借家契約であること、定期借家契約終了の手続をきちんと踏んでいること、契約期間を徒過しているにもかかわらず、賃借人が占有を継続していることを主張・立証すれば足りる。

　また借主も、直ちに退去を要求されると、経済的に困っているので、居直ってしまうが、定期借家契約の切り替えに応じれば、入居の継続が果たせるので、比較的提案を受け入れやすい。

　普通借家契約を１年契約の定期借家契約に切り替え、その間に現在の滞納を解消できなかった場合や、新たな賃料滞納があった場合に再契約を行わないという手段を用いることで、困難な訴訟を行わずして賃借人の退去を実現することができる。

　もっとも、当然のことながら、普通借家契約から定期借家契約への切り替えを強制することはできない。普通借家契約の賃借人は、正当事由なき限り契約の更新を続けられる立場にあり、容易にその地位を手放すとも思えないが、賃料滞納を解決した場合に再契約する旨を約束したり、現在の滞納が続きがちな状況を交渉材料としたりして、普通借家契約から定期借家契約への切り替えを模索する方が、すぐに訴訟提起するよりも明渡しを実現しやすいことも考えられる。

　貸主にとっても、テナントの賃料支払が遅滞した程度では、裁判を起こしても退去させることは難しいし、裁判費用もかかる。一度、我慢して定期借家契約に切り替えた方が明渡しを比較的容易に実現することができる。

Ⅳ　借主からの中途解約

> **問45**　自社のビルは築 40 年を超え、そろそろ建替えも検討する時期に入った。今回、1 階の店舗が空いたので、定期借家契約で賃貸したいと考え、募集を出したが、「店舗で内装もするので定期借家なら最低 10 年の期間で貸して欲しい。ただ、契約期間は 10 年間にするが、長期の契約なので、万が一うまくいかなかったら借主から半年前の予告で契約を解約できるようにして欲しい」との要望があった。定期借家で貸す場合、「借主から半年前の予告で契約を解約できる特約」は有効か？

【答】

1　借家契約の期間と中途解約

　そもそも、借家契約において期間を定めた場合、普通借家契約においても定期借家契約においても、特約なき限り、貸主からも借主からも中途解約はできない。

　しかし、普通借家契約でも定期借家契約でも長期の契約をした場合、退店を希望するテナントに継続的な使用や賃料の支払を強要しても、トラブルになるだけである。

　そこで、借主の中途解約を認める特約を置く例が多い。

2　居住用の定期借家契約の例外（法定の中途解約権）

　借地借家法第 38 条第 7 項は、居住用の定期借家契約（ただし、賃借面積が 200 ㎡未満）の場合、中途解約の特約がない場合でも、一定のやむを得ない事情がある場合の中途解約権を認めている。

第 2 部　契約の終了に関する問題点とトラブル　　83

法 第38条（定期建物賃貸借）

7　第1項の規定による居住の用に供する建物の賃貸借（床面積（建物の一部分を賃貸借の目的とする場合にあっては、当該一部分の床面積）が200平方メートル未満の建物に係るものに限る。）において、転勤、療養、親族の介護その他のやむを得ない事情により、建物の賃借人が建物を自己の生活の本拠として使用することが困難となったときは、建物の賃借人は、建物の賃貸借の解約の申入れをすることができる。この場合においては、建物の賃貸借は、解約の申入れの日から1月を経過することによって終了する。

　この趣旨は、定期借家契約においても長期の契約がなされることが予想され、中途解約の特約の必要性を分かっていない居住目的の借主が、長期の定期借家契約に縛られてしまうおそれがあり、その場合、必要もない賃料を支払い続けさせるのは借主に酷になると考えられたことにある。

　そこで、居住用の定期借家契約に限り、やむを得ない事情によって生活の本拠として使用することが困難となった場合には、中途解約の特約がない場合でも、法の定めにより、中途解約を認めることとした。

　借地借家法第38条第7項があるため、ときどき居住用の定期借家は中途解約が認められるが、事業用定期借家契約では中途解約が、認められないと誤解する者もいるが、そうではない。この規定は「中途解約の特約がなくても、居住用なら一定の要件の下で中途解約が認められる」というものである。

　したがって、本件のように事業用の定期借家契約では、特約がないと中途解約は認められないし、逆に、中途解約の特約を定めれば、事業用でも中途解約が認められる。

　10年間という長期間にわたる契約で中途解約条項の定めがない場合、テナントが中途で退店できないことを危惧し、募集が困難になる危険もあるし、退店を希望するテナントに継続的な使用や賃料の支払を強要しても、トラブルになるだけである。貸主としては、中途解約条項をつけてテナントの便宜を図る方が合理性があると考えられる。

中途解約条項を作成する場合には、以下の点に注意すべきである。なお、この特約は、普通借家契約にも使用できる。

① 中途解約で、貸主に損害が生じるときは、ペナルティ条項（違約金の支払条項）をつける。

② 保証金・敷金の返還時期を遅らせる特約も可能である。たとえば、期間満了時の退店の場合、明け渡してから1ヶ月後に返還する約定の場合、中途解約では3〜6ヶ月後に遅らせることも考えられる。

③ 中途解約の場合、保証金の償却分を増やしてペナルティにすることもある。

【文例】

第○条（中途解約）

1　借主は、本件契約期間中であっても、6ヶ月前に貸主に通知することにより、本件契約を中途解約することができる。

2　借主は、前項の予告に代え、6ヶ月の予告期間不足分の賃料相当額を貸主に支払うことにより、6ヶ月の予告期間満了前に本件契約を終了させることができる。

3　前2項の場合、貸主は第○条の規定に関わらず、保証金から金○円を償却して取得することができる。

4　第1項・第2項の場合、貸主は、第○条の規定に関わらず、第○条の保証金精算金を、借主が本件店舗を明け渡した日から○ヶ月以内に貸主の住所地にて返還する。

V　貸主からの中途解約

問46　今回当社保有の店舗ビルの1階をテナントに10年の定期借家で貸したい。契約書に「貸主に正当事由があれば、6ヶ月の予告で中途解約できる」という特約を入れたいが問題はないか？

第2部　契約の終了に関する問題点とトラブル　85

【答】

定期借家契約は法定更新で借家権の永続性が保障されないという点で、借主に不利な契約である。

定期借家契約は決められた契約期間で退去の必要があるが、さらに貸主からの中途解約ができる特約が定められると、当初最低保障として約定された定期借家の賃貸期間すら保障されず、中途解約には「正当事由」が必要と定めても、借主が普通借家契約より余計に不利益を受ける。

そのため、東京地裁平成25年8月20日判決は居住用ではあるが「定期借家での貸主からの中途解約権の特約」は借地借家法第30条に違反し無効としている。この裁判例の事案は貸主が海外転勤のため、当初5年の定期借家契約を締結し、期間満了を迎えたが、貸主の海外転勤が続いたため、さらに4年半の定期借家の再契約を行い、さらに貸主の海外転勤が続いたため、平成23年に2度目の再契約を2年の定期借家契約で行ったが、その際、貸主の帰国が実現する可能性があったため、貸主から3ヶ月前予告の中途解除を特約した事案である。

したがって、仲介管理業者は、定期借家で「貸主からの中途解約権の特約」を入れなくて済むように、状況に応じた期間設定をして定期借家契約を締結すべきである。例えば、上記の裁判例の事案であれば、平成23年に2度目の再契約をする際、期間を6ヶ月又は1年とする定期借家契約にしておけば、中途解約の特約を定めなくとも、帰国時に近い時点で契約を終了させることができたはずである。

法 第30条（強行規定）
　この節の規定に反する特約で建物の賃借人に不利なものは、無効とする。

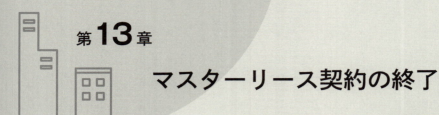

第13章 マスターリース契約の終了

I　マスターリース契約の対処

問47　賃貸オフィスビルをサブリース会社に一括マスターリース契約で貸しており、当社とサブリース会社、サブリース会社と転借人(入居テナント)との間は、いずれも普通借家契約である。この度、ビル建替えのため、サブリース会社との契約を後3年で終了させたいので、サブリース会社との普通借家契約を3年の定期借家契約に切り替えたい。

マスターリース契約は、無条件に定期借家に切替ができるか？また、サブリース会社との間で定期借家契約に切り替えをすると、転借人(入居テナント)も、3年で退去してもらえるか？

【答】

　マスターリース契約で建物を借りているサブリース会社も、判例上、一応、借家人の地位が認められている。

　賃貸管理のマスターリース契約はその実態が賃貸管理のためのものであり、借家人としての保護を与える合理性はない。

　ただし、最高裁判例で借家人であると認められているため、中小のサブリース会社の中には、利益(将来の差額賃料)や立退料目当てに、建替えを理由とする解約を申し出ても応じない業者もいる。

　そこで、将来建替えが迫ったときに、サブリース会社から借家権を主張されないようにするため、マスターリース契約を一般管理に変更するか、定期借家に変更する必要がある。

　定期借家への切り替えを拒否するサブリース会社は、建替え時の合意解約に

も応じない可能性が高い。

　ただ、サブリース会社とのマスターリース契約を普通借家契約から定期借家契約に切り替えることができても、サブリース会社と転借人（入居テナント）との関係は、普通借家契約のまま残る。したがって、転借人（入居テナント）を３年で退去させることは難しい。

　一見、オーナーとサブリース会社との賃貸借契約が終了すると、サブリース会社と転借人（入居テナント）との賃貸借契約の基礎となる契約が終了してしまうので、サブリース会社と転借人（入居テナント）との賃貸借契約も終了してしまうのではないかという問題がある。

　この点、判例は、承諾転貸の場合は、転借人を保護する必要があり、また、転貸を承諾した貸主は、転借人をも保護する負担を受けても良いと考えるので、貸主と借主（転貸人）が合意により賃貸借契約を終了させたとしても、貸主と借主との間の賃貸借契約の終了を転借人に対抗することができないとしている。改正民法では、この判例の考え方が明文化されている（民法第613条第3項）。

民法　第613条（転貸の効果）
1　賃借人が適法に賃借物を転貸したときは、転借人は、賃貸人と賃借人との間の賃貸借に基づく賃借人の債務の範囲を限度として、賃貸人に対して転貸借に基づく債務を直接履行する義務を負う。この場合においては、賃料の前払をもって賃貸人に対抗することができない。
2　前項の規定は、賃貸人が賃借人に対してその権利を行使することを妨げない。
3　賃借人が適法に賃借物を転貸した場合には、賃貸人は、賃借人との間の賃貸借を合意により解除したことをもって転借人に対抗することができない。ただし、その解除の当時、賃貸人が賃借人の債務不履行による解除権を有していたときは、この限りでない。

　本件でも、貸主とサブリース会社は、定期借家契約に切り替える旨の合意をしているが、これは、定期に契約を終了させる合意、すなわち一種の解約合意

と考えることができる。したがって、定期借家契約期間満了による契約終了は、転借人に対抗することができない（その結果、転借人（入居テナント）は、貸主とサブリース会社の定期借家契約が終了しても、転借権を貸主とサブリース会社に主張することができ、退去する義務を負わない）。

（注）これに対し、サブリース会社が貸主オーナーに賃料を支払わないで、オーナーからマスターリース契約を解除された場合、オーナーは転借人入居者に対し法律上立退きを請求できるので注意されたい。

そして、もともと、サブリース会社と転借人（入居テナント）との間では普通借家契約が締結されていたのであるから、オーナーとサブリース会社との定期借家契約が終了した時点で、オーナーは、サブリース会社の転借人（入居テナント）に対する普通借家契約上の貸主の地位を引き継ぐことになる。

したがって、3年後に転借人（入居テナント）にも退去してもらいたいのであれば、サブリース会社との普通借家契約を定期借家契約に切り替える際、サブリース会社に、前記の転借人（入居テナント）との間の契約を定期借家契約に切り替える交渉を行ってもらう必要がある。

サブリース会社にこのような交渉を行ってもらうためには、転借人（入居テナント）の契約切り替えの際に支払う立退料を含めた、立退料の提供が必要になってくると思われる。この立退料や交渉費用はオーナー（貸主）が負担せざるを得ない。

また、マスターリースの契約の中には、ほとんどの場合、「オーナーとサブリース会社との間のマスターリース契約が終了した場合、オーナーはサブリース会社と転借人入居者との転貸借上の貸主の地位を引き継ぐものとする」との特約が定められている。この定めがなくても、法律上同じ結果となり、オーナーは転借人入居者との転貸借上の貸主の地位を引き継がなければならない。したがって、当然に転借人入居者に3年後の立退きを請求できない。

そのため、ビル建替えのためのテナント退去を実現したいなら、貸主とサブリース会社間のマスターリース契約もサブリース会社・転借人（入居テナント）のサブリース契約も順次定期借家契約に切り替えるか、転借人（入居テナ

第2部　契約の終了に関する問題点とトラブル

ント）との退去交渉（立退料を支払い、合意解除する）を行うしかない。

　ちなみに、ビル建替えで立退き合意をする場合は、賃貸ビルを解体するのだから、原則として原状回復義務を退去テナントに請求できない。

第3部

原状回復義務

第1章 借主の原状回復義務の法的意味

I　本来の原状回復の意味（特約のない場合の原状回復）

問48　事業用賃貸借では、法律上の（本来の）原状回復義務として、どこまで退去時の原状回復工事を行えばよいのか？

【答】

特約がない場合の原状回復（法律上の原状回復）とは、借りた最初の原状に以下の内容で戻すことをいう。この考え方は、居住用でも事業用賃貸でも同じである。

① 「借主が設置したものを取り除く」ことで原状に回復する。
② 「壊したものは修復する」ことで原状に回復する。

なお、「借主が設置したものを取り除く」というのは、改正民法第622条・第599条に定めがある。

民法　第622条（使用貸借の規定の準用）
　第597条第1項、第599条第1項及び第2項（借主による収去等）並びに第600条（損害賠償及び費用の償還の請求権についての期間の制限）の規定は、賃貸借について準用する。

民法　第599条（借主による収去等）
1　借主は、借用物を受け取った後にこれに附属させた物がある場合において、使用貸借が終了したときは、その附属させた物を収去する義務を負う。ただし、借用物から分離することができない物又は分離するのに過分の費用

を要する物については、この限りでない。
　２　借主は、借用物を受け取った後にこれに附属させた物を収去することができる。

（注）第２項は、借主が設置した造作等は借主の権利として撤去できるという定めである。

　「古くなったもの」、「自然損耗（そんもう）」は、法律上の原状回復の対象とならない。自然損耗とは、貸家・貸室が自然に汚れたり、磨り減ったりすることをいう。
　借家契約は、家を借りることの代わりに家賃を支払う契約であるから、借りることに当然に伴う自然損耗は家賃でカバーされるべきものである。
　その結果、自然に汚れたり、古くなったりしたため、再度貸すときにリフォームする費用は、貸主が既に受領した家賃でまかなわなければならない（貸主にとってはこのリフォーム費用は新たに借主を募集するための投下資本となる）。
　したがって、「借主の居住、使用により発生した損耗を復旧すること」は原状回復の本来の義務には含まれない。
　「壊したものは修復する。自然損耗は原状回復に含まれない」という意味での原状回復の定義については、下記改正民法第621条（賃借人の原状回復義務）に条文が新設された。

改正民法　第621条（賃借人の原状回復義務）
　賃借人は、賃借物を受け取った後にこれに生じた損傷（通常の使用及び収益によって生じた賃借物の損耗並びに賃借物の経年変化を除く。以下この条において同じ。）がある場合において、賃貸借が終了したときは、その損傷を原状に復する義務を負う。ただし、その損傷が賃借人の責めに帰することができない事由によるものであるときは、この限りでない（原状回復義務はない）。

第３部　原状回復義務

Ⅱ　ガイドラインと事業用賃貸

> **問 49**　国交省の原状回復ガイドラインは、本来は「居住用賃貸」のものと言われているが、「事業用賃貸」の原状回復にも適用されるか？

【答】

　国交省の原状回復ガイドラインは、法律にしたがった「居住用賃貸借」の原状回復（特約がない場合の原状回復）の具体的基準を定めるものなので、事務所・店舗・工場などの事業用賃貸借の原状回復には適用されない。

　ただし、事業のため会社が借り上げ社宅として「居住用建物」を借りることがある。この場合には、事業のための賃貸借契約ではあるが、借りるのが「居住用建物」なので、ガイドラインが適用される。

　なお、事業のため会社が借り上げ社宅として「居住用建物」を借りる場合、借主が事業目的で事業者になるので、消費者契約法は適用されない。そのため、事業のため会社が借り上げ社宅を借りた場合、原状回復特約でかなりの負担を借主会社に求めることができる。

　ただ、居住用賃貸に関する国交省ガイドラインでは、本来の原状回復を「借主の使用により発生した建物価値の減少のうち、借主の故意・過失、善管注意義務違反、その他通常の使用を超えるような使用による損耗・毀損（以下「損耗等」という。）を復旧すること」と定義している。この定義（原状回復の考え方）は居住用でも事業用賃貸でも同じであるため、事務所・店舗・工場などの事業用賃貸借の原状回復でも国交省ガイドラインが参照になることが多々ある。

　例えば、事務所賃貸借の原状回復で、特約がなかった事例で、「クロス張りの壁、天井について、喫煙等により居室全体において変色したり臭いが付着した場合のみ張替え費用を賃借人負担とし、6年で残存価値が1円となる」という考え方が基準とされ、原状回復の要否が判断された裁判例がある（東京地裁平成25年3月28日判決）。

Ⅲ 「壊した」か、「自然損耗」か?

問50　法律上（特約がない場合の原則として）借主が原状回復義務を負う損耗には、長年使用していてすり切れたり、汚れたもの、すなわち自然に発生した損耗は含まれないと聞いた。以下のような場合、本来の原状回復を請求できない「自然損耗」になるのか、それとも、原状回復を請求することができる「借主が壊した」場合になるのか?　「自然損耗」になるか否かは、どのように区別されるのか?　なお、仲介業者からは「この状態では張り替えたり・交換しないと次のテナントに貸せないのではないか」と言われているが、そのような場合でも「借主が壊した」といえないのか?

①　長年使用していたため、吊り糸が切れてしまったブラインド

②　日焼けした事務所の壁のクロス、ロッカーを置いた形が残ってしまったクロス

③　タバコのヤニで黄色くなったクロス

④　長年使用していたため、すり減ったり、汚れてしまったタイルカーペット・ピータイル

⑤　結露によりさびてしまったエアコンの室内吹き出し口

【答】

　賃貸目的物たる建物や設備について損耗が生じた場合に、その損耗が通常予定されている使用方法（通常の使用方法）によって発生した損耗（自然損耗・通常損耗）である場合は、原則として（特約なき限り）借主は原状回復義務を負わない。

　例えば、ブラインドの「吊り糸が切れてしまった」状態は客観的には「壊れている」と判断されるが、例えば、10年以上ほとんど毎日開け閉めしていれば、経年劣化も加わり、吊り糸が切れてしまうのは通常の現象で、その損耗が通常予定されている使用方法（通常の使用方法）によって発生したといえる。

第3部　原状回復義務　　95

これに対して、通常予定されている使用方法を逸脱した借主の故意又は過失が原因となって損耗が生じた場合には、その損耗について借主は原状回復義務を負う。例えば、1〜2年程度で新品のブラインドを付けて貸したものが、「吊り糸が切れてしまった」場合には、通常予定されている使用方法を逸脱し「壊した」と判断できる。この観点から上記各事例を見ると以下のように評価できる。なお、原状回復に関する特約がある場合については、後述の問を参照。

■　設問の事例について

（1）自然損耗・通常損耗と考えられるもの

①　長年使用していたため、吊り糸が切れてしまったブラインド

　通常の使用によるもので自然損耗の典型例である。

②　日焼けした事務所の壁のクロス、ロッカーを置いた形が残ってしまったクロス

　壁のクロスが長年の使用によって日焼けすることは通常の使用に伴って発生する現象であるし、ロッカーを壁に置くことは事務所の使用方法として通常であるので、自然損耗となる。

③　長年使用していたため、すり減ったり、汚れてしまったタイルカーペット・ピータイル

　通常の使用によるもので自然損耗の典型例である。

④　タバコのヤニで黄色くなったクロス

　よほどひどいものでない限り、自然損耗となる。例外的な場合は次に解説している。

⑤　結露によりさびてしまったエアコンの室内吹き出し口

　借主が、結露が生じている場合に、常にさびないように拭き取る義務があるといえるかの問題となる。一般的に、天井にあるエアコン吹き出し口の結露を、さびないように常に借主が拭き取れというのは無理なので、自然損耗と判断される可能性が高い。

（2）場合によって、自然損耗・通常損耗には当たらない可能性があるもの

①　タバコ等のヤニ・臭い

（考え方）喫煙等によりクロス等がヤニで変色したり臭いが付着している場合は、通常の使用による汚損を超えるものと判断される場合が多いと考えられる。

なお、賃貸物件での喫煙等が禁じられている場合は、用法違反にあたるものと考えられる。（国土交通省の「原状回復をめぐるトラブルとガイドライン」（平成23年再改訂版）18頁参照（壊したか自然損耗かの判断基準は居住用でも事業用賃貸借契約でも同じ））。

もっとも、使用期間が長年の場合は、かなりの汚れでも自然損耗・通常損耗にあたる場合がある。

以上から、自然損耗・通常損耗になる場合は、法律上の原状回復義務の対象とならず、特約なき限り、借主は壊したものとして修理交換の義務を負わない。

Ⅳ　原状回復とリフォームの違い

> **問51**　仲介業者からは、退去者の負担だけでは次に貸せるような十分なリフォームはできないといわれるが、原状回復とリフォームは一致するものか？

【答】

一致しない。そもそも、上記のとおり本来の原状回復は、壊したものは直す、取り付けたものは撤去するというだけの義務であるから、次の入居者に貸すためのリフォーム費用を原状回復費月として請求することはできない。

自然損耗の原状回復特約をいくらうまく作って退去者に負担をしてもらっても、次の入居者に貸すためのリフォーム代を全部まかなうことはできない。言い換えると、次の入居者に貸すためのリフォーム代については、ある程度貸主が負担しなければならない。このことを貸主としては認識しておく必要がある。

第3部　原状回復義務　　97

Ⅴ　民法改正と自然損耗負担特約

> **問 52**　民法改正により、建物賃貸では（居住用でも事業用でも）「自然損耗・通常損耗」は特約しても借主の負担にできなくなるとのうわさを聞いたが本当か？

【答】

　2020年4月1から施行されている民法改正では第621条に原状回復についての条項が新設された。この改正民法は、居住用・事業用（店舗・事務所・工場）の賃貸借双方に適用される。

　しかし、民法が改正されても、「自然損耗・通常損耗」は特約をすればある程度、借主の負担とすることができる。したがってこのうわさは誤解に基づくもので本当ではない。このようなうわさは、上記原状回復のルールが明文化されたことで、原則が強調されすぎたもので、特約も許されなくなると誤解されたために発生したものと思われる。

　民法改正前から通説・判例は、「自然損耗・通常損耗」については、特約のない限り、貸主は借主に「自然損耗・通常損耗」について原状回復を請求できないとしている。これは、貸主は家賃を取って貸しているからである。

　有償の賃貸借である借家契約では、対価として貸主が受領する家賃に、借家を通常の形で使用して発生する自然損耗分が含まれている。

　原状回復の改正民法ではこの従来からの通説・判例が明文化されているにすぎない。改正民法第621条の原状回復の条項は特約によっても変更できない強行法規ではない。特約で民法の原則の修正が許される。したがって自然損耗は特約をすれば借主の負担にできるという民法改正前の実務は民法が改正されても変更はない。

　なお、改正民法はいつ締結された賃貸借契約から適用されるかという改正法の適用の問題があるが、原状回復の規定は、改正前の判例・実務が単に条文になったに過ぎないので、改正前に締結された契約でも、改正後に締結された契

約でも、改正民法第 621 条の原状回復についてのルールで処理される。改正前の契約・改正後の契約で処理内容は変わらない。

改正民法 第 621 条（賃借人の原状回復義務）

　賃借人は、賃借物を受け取った後にこれに生じた損傷（通常の使用及び収益によって生じた賃借物の損耗並びに賃借物の経年変化を除く。以下この条において同じ。）がある場合において、賃貸借が終了したときは、その損傷を原状に復する義務を負う。ただし、その損傷が賃借人の責めに帰することができない事由によるものであるときは、この限りでない。

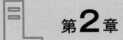

第2章 事業用賃貸建物の原状回復の特約

I 居住用と事業用での原状回復特約の有効性についての違いと限界

> **問53** 事業用（店舗・事務所・工場）建物賃貸借で民法では借主の負担となっていない自然損耗についても、借主に広く原状回復義務を負わせたい。そもそも、特約をすれば、事業用賃貸借では居住用よりも、借主に自然損耗について多くの（重い）原状回復義務を負担させることができるのか？

【答】

　原則として、事業用賃貸借では居住用よりも、借主に自然損耗について多くの（重い）原状回復義務を負担させることができる。その理由は以下のとおり。

　改正民法の原状回復を定めた第621条は民法の定めとは異なる内容を特約で定めることを禁じる強行法規ではない。特約で民法の定めとは異なる内容を定めることが認められる任意規定である。なお、改正前は、原状回復を定めた民法の明文はなかったが、民法第621条と同じ原状回復のルールが判例・学説で認められていた。その場合でも、原状回復のルールは特約で変更できるとされていた。

　特に、事業用（店舗・事務所・工場）建物賃貸借では、借家人が事業者であるから、消費者契約法による保護（あまりにも消費者である借主に不利な特約を無効にして消費者を保護する）を考える必要はない。

　さらに、借りているのが事業者で、必ずしも社会的弱者・負担能力がない者とはいえないし、借家人が事業者であるから、契約時点で特約の有利・不利を

判断する能力がある。そのため、事業用賃貸借では居住用よりも、借主に自然損耗について多くの（重い＝借主に不利な）原状回復義務を負担させることができる。

　ただ、借りているのが事業者だからといって、特約による変更は全く無制限ではない。民法の賃貸借契約の趣旨、借地借家法の精神（基本的な考え方・原則）から認められないような特約はやはり無効となる。

　例えば、極端な例ではあるが、古い工場を貸して、天災地変で建物が滅失したときでも、退去するときは建て替えて返せ、という特約は無効である。天災地変による建物滅失の損失は所有者が負うべきで、「貸す建物は貸主の所有物＝天災地変による建物損傷のリスクは所有者が負うべきもの」という賃貸借契約の本質から外れた特約になるからである。

　例えば、原状回復の問題ではないが、事業用賃貸借で、10年契約をして、1年で退去したら、残り9年分の家賃を全額違約金として払えという特約は、民法の賃貸借契約の趣旨、借地借家法の精神から原則として合理性がないので無効という裁判例もある。この賃貸建物は事務所で、他に貸して家賃を取れるのであるから、残り9年分の家賃を全額違約金として払えという特約は、「建物を使わせて家賃をもらう」という建物賃貸借の趣旨、借地借家法の精神に反するとされた。

　最終的に借主に不利な自然損耗に関する原状回復特約についての有効性は、事業用賃貸借であることを前提に、当事者の力関係・負担能力・賃貸に至る経緯等を総合的に判断して決められる。

Ⅱ　事業用ビルの原状回復特約の有効要件

> **問54**
> 　自然損耗についても、借主に原状回復義務を負わせたい。事業用のビル賃貸借契約で、借主に特約で自然損耗の原状回復義務を負わせるために必要な処理（有効要件）はあるか？

第3部　原状回復義務　　101

【答】

　居住用の借家でも、事業用のビル賃貸借契約でも、特約できる内容に差はあるが、前問で解説したように特約をすれば、借主に自然損耗についても重い原状回復義務を負担させることができる。

■　自然損耗の原状回復特約を作る場合の注意

　特約によって、自然損耗についても借主に原状回復義務を負わせる場合、借主が原状回復義務を負担する自然損耗の範囲は、特約によって明確になっている必要がある。

　最高裁判所平成17年12月16日判決は居住用賃貸についての判例であるが通常損耗補修特約の有効要件として、「建物の賃借人にその賃貸借において生ずる通常損耗について原状回復義務を負わせるのは、賃借人に予期しない特別の負担を課すことになるから、賃借人に同義務が認められるためには、少なくとも、賃借人が補修費用を負担することになる通常損耗の範囲が賃貸借契約書の条項自体に具体的に明記されているか、仮に賃貸借契約書では明らかでない場合には、賃貸人が口頭により説明し、賃借人がその旨を明確に認識し、それを合意の内容としたものと認められるなど、その旨の特約（以下「通常損耗補修特約」という）が明確に合意されていることが必要であると解するのが相当である」と判示している。

　この最高裁判決後、事業用のビル賃貸借契約における通常損耗の原状回復特約の有効性が問題となった事案にも、この最高裁判例が示した基準（特約が明確に合意されているか）に則って、判断する下級審判例（大阪高裁判決平成18年5月23日 Lexis判例速報11号74頁、東京簡裁判決平成21年4月10日）が出されている。

　上記最高裁判例は、口頭による説明がある場合も、自然損耗補修特約が有効となる余地を認めたが、実務上は、賃貸借契約書の特約を明文で定めることにより紛争を防止すべきである。

　上記判例を踏まえ、自然損耗についても借主に原状回復の負担をさせる特約を作るなら以下のような文例が考えられる。

【文例】

> 第○条（原状回復）
>
> 1　借主は本契約が終了したときは、直ちに本物件を原状に回復し貸主に明け渡さなければなりません。なお、借主の原状回復義務の範囲は「別紙○○」に定める負担区分とします。
>
> （別紙に以下の内容等を加入）
>
> 　以下の原状回復については、自然損耗・経年劣化の場合でも回復・交換・張替えを行うものとします。
>
> ①　空調設備のオーバーホール　金○○○万円（別途消費税）
>
> ②　壁クロス交換　金○○万円（別途消費税）
>
> ③　床カーペット交換　金○○万円（別途消費税）
>
> ④　天井板　金○万円（別途消費税。ただし、貸主が費用を免除した場合は除く）
>
> ⑤　スイッチ部分を含む照明器具交換　金○○万円（別途消費税）

Ⅲ　原状回復の金銭支払

問55　事務所を貸していたら借主が退去することになったので、見積りを添えて原状回復工事費用を請求した。すると、借主から「貸主側の見積りが高いので自分の方で工事をする」と言い出した。他の部屋とレイアウトやクロスなど統一したいし、信頼して任せられるいつもの業者にやらせたいのだが、借主にあくまで金銭負担させることはできないのか？　特約で対処できるか？

【答】

　特約を置かないと最初から原状回復工事費用の金銭支払請求はできない。

　原状回復は、もともと借主側に、原状回復行為をさせることが内容になって

いる。したがって、借主の方で原状回復工事をすると言われると拒否できない。貸主は、原則として原状回復を借主が行わなかった場合にのみ、金銭賠償を求めることができる。

　原状回復工事については、貸室の均一のグレードを求めるため、貸主は貸主側業者による施工を希望する場合が多い。しかし、貸主側で原状回復工事を行って、金銭支払を求めるためには、以下のような特約が必要となる。特約を定めておけば、特約が優先するので、最初から原状回復工事費用の金銭支払請求ができる。

　ただし、借主に金銭支払の特約に基づいて原状回復費用を負担させておきながら、次のテナントに内装の撤去や新しい内装工事を行わせ、貸主が工事等を行わない場合には、不当利得などの主張が借主からなされ、これが認められる場合もありうるので注意する必要がある（次のテナントが自分で内装工事をする事を希望している場合は、退店するテナントの原状回復工事費用を相当額減額し、その代わり次のテナントが自費で内装工事をした場合も、下記のとおり異議を述べないように合意しておく等の対処をしておく）。

　また、借主保護の観点から退去する借主に原状回復工事費用の金銭支払請求をする際、その見積りが高ければ合理的な工事費の範囲しか認められない。

　同様に管理会社が自社の手数料を上乗せすることも多いが、裁判になれば、合理性・妥当性を超える上乗せは認められない可能性が高い。

　以上から、原状回復工事費用の見積もりが出たら、退去する借主に説明し支払合意をしておくのが望ましい。

【文例】

第○条（明渡し、原状回復）
1　借主は本契約が終了したときは、直ちに本物件を原状に回復し貸主に明け渡さなければなりません。なお、借主の原状回復義務の範囲は「別紙○○」に定める負担区分とします。
2　借主の義務である原状回復工事は、貸主の指定する業者に依頼して行う

ものとし、借主はその費用を金銭にて支払うものとします。なお、次に入店する新規テナントが借主の退去時の内装を撤去して新規テナントの負担で内装工事を行った場合でも、借主は本文の原状回復工事費の返還請求はできないものとします。

3　借主は貸主の承諾を得て設置した造作であっても原状に復する義務を負い、同造作物を貸主に対して買取請求することはできません。

4　借主は、入居者が故意・過失により、本物件内に汚損・破損などを生じさせた場合は、貸主の負担部分についても原状回復にあたりその修理又は修理費の負担をしなければなりません。

Ⅳ　原状回復の工事期間中の借主の家賃負担

> **問56**　原状回復工事費用を金銭支払で行わせるよう特約し、貸主側で工事をしたいが、さらに原状回復の工事期間中の家賃を借主に負担させることはできないか？

【答】

　もともと、借主の行う原状回復は「回復工事を完了させた上で、契約期間満了日までに返還する」義務である。

　ただ、原状回復工事費用を金銭支払で行わせるよう特約し、貸主側で工事を行う特約は、何も特約しなければ「借主が退去した後、貸主側で工事をする」趣旨と解されるから、「借主側は契約期間満了日までに立ち退き、その後に貸主の方で工事をするので、貸主の工事期間の家賃は取らない」趣旨の特約と解される。

　ただ、もともと、原状回復工事は契約期間満了日までに行うべきものなので、貸主側の原状回復工事終了までの、合理性ある期間分の家賃なら負担させられる余地はあるものと考える。

第3部　原状回復義務　　105

ただ、無制限に借主に「貸主側の原状回復工事の完了まで家賃を無制限に負担させる」のは、貸主の発注の段取りの遅れ、貸主側の工事人の都合で原状回復工事の完了が遅れると、借主の家賃負担が過大になってしまう。

　そこで、原状回復の工事期間として、工事の規模により退去してから数週間程度家賃を継続して支払わせることの特約であれば合理性はあるので、以下のような特約ならば認められる可能性がある。

　ただ、借主が、契約時に原状回復の工事内容と期間を予測できないし、一律○日間と定めることに合理性があるか疑問がある。

　よって、貸主側の便宜で原状回復費用を金銭支払で精算させるのであれば、借主がよほど賃借建物を損傷させ、長期の工事期間を要する場合を除き、貸主側の原状回復工事の完了までの家賃は原則として徴収しない方がよいのではないかと考える。

【文例】工事期間中の家賃支払特約

第○条（原状回復）

○　第○項の貸主側で行う原状回復工事は借主負担の工事であるため、借主は退去した次の日から 20 日間分の家賃を負担して支払うものとします。ただし、原状回復工事の多少にかかわらず、実際の工事着工が遅れたり、長期の工事期間が必要になった場合でも、借主の工事期間分の家賃負担は増減しないものとします。

1　具体的に特約にどのように明記すべきか

　原状回復義務を負担する対象箇所、設備及び、借主の負担（金額）の範囲を明確に定めるべきである。

　例えば、「退去するときは、自然損耗も含めて原状回復を行うこと」という特約については、このような抽象的な定めでは、借主が契約時に自己の負担を明確に認識しているとはいえないので自然損耗の原状回復を借主に負担させる特約としては無効になるものと考える。

そもそも、損耗していないものに対して原状回復義務を負わせることが許されるのかも問題となるが、原状回復の対象が合理的であり、借主の負担内容である金額等が明確にされていれば、上記特約も有効になるものと考える。

2　現実の処理

ただし、例えば、借主にクロスの無条件張替えの特約に基づいて原状回復費用を負担させておきながら、実際に張替え工事等を行わない場合には、不当利得や暴利行為を理由とする公序良俗違反などの主張が借主からなされ、これが認められる場合もありうる。

通常損耗補修特約を定めた場合でも、ごく短期の中途解約等の事案（例えば、数ヶ月で退去）で、全く汚損が生じなかった場合（貸主が現実にクロスの張替えをせず次のテナントに貸すような場合）等にまで借主に原状回復費用を負担させることは避けるべきである。

Ⅴ　室内クリーニング・エアコン（空調設備等）クリーニング費用

> **問57**　室内クリーニング・エアコン（空調設備等）クリーニング費用は、特約がないと退去テナントに請求できないか？

【答】

室内の自然発生の汚れ（クロスのスス汚れ・エアコン空調設備の汚れ等）は、借主が通常の清掃をしていれば、原則として退去にあたり、自然損耗として原状回復義務はない。

ただ、事業用賃貸借においては、これらについても特約をすれば不当な金額にならなければ、借主負担にできる。その場合の特約は以下のとおり。

また、揚げ物等を扱う飲食店では、トラブル防止のため以下の特約を入れておくのが望ましい。

第○条（原状回復）

○　借主は、退去にあたり、以下のクリーニング費用を負担するものとします。ただし、借主は汚損のない場合であっても、これを負担するものとします。

　　賃貸部分全部につき金○万○円（消費税込み）

○　借主は、退去にあたり、以下のエアコンクリーニング費用を負担するものとします。ただし、借主は汚損のない場合であっても、これを負担するものとします。

　　エアコン吹き出し口 1 箇所当たり金 3,300 円（消費税込み）×10 カ所

　　＝3 万 3,000 円

第3章 原状回復義務と残存価格（減価償却）

I 借主の原状回復の負担を残存価値で判断することの合理性

問58 そもそも、借主に原状回復義務として内装・設備等の交換を行わせる場合、借主の負担額の計算において原状回復対象の内装・設備等の減価償却を行い、交換時の残存価値（価格）を借主の負担限度とするのは合理性があるのか？

【答】

　一応合理性がある。

　原状回復義務の負担は、損害賠償の理論（損害額の計算）と共通する。

　例えば、交通事故で前に止まっていた車を後ろから追突して全損させたとする。

　追突された車が新車で買えば200万円であるが、10年経っている古い車だったので、10万円ぐらいの価値しか社会的には認められない場合において、被害者が、「10年間大切に乗ってきた車だから同じような車はもう買えない。代わりの車がすぐ必要だから新車を買う200万円を損害として支払え」と要求しても、裁判所は、事故当時の時価である10万円の損害しか認めない。

　確かに、車をつぶされた被害者は、10万円をもらっても同じような車を買えないかもしれない。

　しかし、損害の公平な分担を考える訴訟の中では、幾ら被害者が困っているからといって、新車を買う損害額まで支払を命じない。損害は、事故時（損害発生時）の中古価格に留まる。

　同じようなことが原状回復でもいえる。

30万円で新たに張替えて貸した部屋のクロスを借主が破ってしまい、4年程度で借主が退出すると、貸主は、原状回復でクロスの張替代の一部（減価償却後の残存価格として通常は3分の1程度の10万円）しかもらえない。

（注）ガイドラインに従うと、クロスは法定耐用年数が6年とされ、6年間使うとほぼ価値が0になる。4年後に退去すると、4／6＝3分の2が減価償却され、4年経過した退去時（原状回復義務の発生時）の残存（中古）価格は2／6＝3分の1しか残っていないと考えるからである。

　貸主にとっては、破られていなければ本来出さなくてよいクロスの張替代の約3分の2を負担しなければならない。しかも、退室した借主からもらえる金額がごく一部（約3分の1の10万円）では、貸主の負担が大きい。
　当然、貸主としては、「借主が破らなければ、それほど大きな負担がなく次の借主に貸せたのに」という不満を持つ。この貸主も前の、車を壊された被害者と同じように、受領した原状回復費用では、現実に負担する工事費の一部しかまかなえないので、大きな迷惑を被ることになる。
　しかし、損害の公平な分担を考える訴訟の中では、幾ら被害者である貸主が困っているからといって、新品のクロスの張替え代（30万円）までは、裁判所は、特約がない限り支払を命じない。いわゆる法律上の原則的な補償は、賠償時（退去時）のクロスの中古価格（減価償却後の残存価格）である。
　これは、上記損害賠償でも、原状回復の負担でも、当事者間の「公平な負担」を考えるからである。特に、貸主が新品のクロスの張替え代（30万円）を請求できるとすると、貸主に「クロスが新品になったことによる利益」が発生してしまうからである。

Ⅱ　減価償却の期間（耐用年数）の基準

問59　原状回復ガイドライン（再改訂版）は、内装・設備等についての減価償却の期間（耐用年数＝価値の存在期間）をどのように考えているのか？

> また、裁判では、借主の原状回復の負担は必ず残存価値で判断されてしまうのか？

【答】
　原状回復ガイドライン（再改訂版）は、賃貸建物や内装・設備について国税庁が公表している「主な減価償却資産の耐用年数（建物・建物附属設備）」を用いて以下のように耐用年数を判断している。

1　じゅうたん・カーペット……6年（ガイドライン22頁）

　ガイドラインの再改訂版が、これらの耐用年数を6年としたのは、耐用年数の省令が、じゅうたんその他の床用敷物の耐用年数を以下のように、一般的には6年間としたことが根拠と思われる。

（注）頁については、不動産適正取引推進機構発行のガイドラインのページ数。以下同様。

【参照】減価償却資産の耐用年数等に関する省令の別表一（以下「耐用年数表」という）
「器具及び備品」
　じゅうたんその他の床用敷物
　　①小売業用、接客業用、放送用、レコード吹込用又は劇場用のもの……3年
　　②その他のもの……6年

　したがって、衣類販売用の小売店を貸す際に、じゅうたんを敷いて貸すと、耐用年数は3年になってしまう。4年目で退去する際に、カーペットが過失で破られていても、特約がないと全く原状回復費用を請求できないことになる。
　以上から明らかなように、事業用では内装等について法定耐用年数が住居に比べて短いので、何も特約をしないと、貸主は非常に不利な立場に置かれることになる。

2 クロス……6年（ガイドライン23頁）

　ガイドラインは、クロスの減価償却の期間（耐用年数）を6年とするが、6年の根拠は明確ではない。税務上の減価償却の期間（耐用年数）は「減価償却資産の耐用年数等に関する省令」で定められているが、ここに「クロスは6年」とは、はっきり書かれていない。

　クロスは間仕切りと一体として耐用年数の省令に当てはめれば、「建物附属設備」の間仕切り関係の「その他のもの10年」という解釈もできるというのがある税理士の見解である。

　また、下記で引用する耐用年数関係総論（第1章）の通則（第1節）1-1-3では、「合理的に見積った耐用年数により……償却」が認められていて、一般には15年程度を耐用年数として償却する例が多いと言われている。

1-1-3（他人の建物に対する造作の耐用年数）

　法人が建物を貸借し自己の用に供するため造作した場合（現に使用している用途を他の用途に変えるために造作した場合を含む。）の造作に要した金額は、当該造作が、建物についてされたときは、当該建物の耐用年数、その造作の種類、用途、使用材質等を勘案して、合理的に見積った耐用年数により、……償却する。ただし、当該建物について賃借期間の定めがあるもの（賃借期間の更新のできないものに限る。）で、かつ、有益費の請求又は買取請求をすることができないものについては、当該賃借期間を耐用年数として償却することができる。（昭46年直法4-11「1」、平23年課法2-17「一」により改正）

　なお、クロスを製造しているメーカーでは、実際のクロスの耐用年数を10年～15年と表示している場合が多い。これは、実務感覚と合致する。ガイドラインの耐用年数が短いのは、税務署の耐用年数に影響されたためである。

　通常、自社ビルを建てて使用する場合、毎年なるべく高く減価償却費を計上できるようにしたいと考えるのが納税者である（高く減価償却費である経費を計上できれば、支払う税金は少なくて済む）。そのため、国（税務署）は納税者の反発を招かないように実際より短い耐用年数で、減価償却期間を定めている。

ところが、実際の耐用年数を無視した税務署の耐用年数をガイドラインが採用したため、実務感覚と合わない、借主の負担となってしまっている。

【参照】減価償却資産の耐用年数等に関する省令の別表一
「建物附属設備」
　a. 店用簡易装備 3 年
　b. 可動間仕切り 簡易なもの 3 年
　　その他のもの 15 年
　c. 前掲のもの以外のもの及び前掲の区分によらないもの
　　主として金属製のもの 18 年
　　その他のもの 10 年

（注）建物付属設備とは、電気設備、給排水設備、衛生設備、ガス設備、冷暖房設備、ボイラー、エスカレーター、エレベーターなど、建物に強固に定着している設備をいう。

4　冷房用、暖房用機器（エアコン、ルームクーラー）……6 年

5　主として金属製以外の家具（書棚、戸棚）……8 年

6　便器、洗面台等の給排水・衛生設備・主として金属製の器具・備品……15 年

　なお、法定耐用年数表の適用をはっきり否定し、バスユニットが15年を経過しても（実際には28年経過）他の部屋のバスユニットは問題なく使用できていることを根拠に残存価格を70％と評価した下記裁判例もある。

【東京地裁平成29年3月30日判決】
　被告らの主張する点について検討すると、被告ら（退去借主等）の主張する減価償却の耐用年数は、あくまで法人税における減価償却資産の計算方法にすぎず、減価償却資産の耐用年数等に関する省令の定める耐用年数が経過した後も、当然にそ

第 3 部　原状回復義務　　113

れらの資産の使用価値がなくなるものではないことからすれば、被告らの主張についても採用することができない。

居住用賃貸の原状回復の裁判例であるが、クロスの法定耐用年数が短いことの不公平を是正するために、耐用年数を超えた場合（23年経過していた）でも、引き続き使用することに特段支障がないときは、借主が故意過失によりクロスを毀損した場合には、下記の理論により、張替費用の10％の原状回復費用の支払を命じた下記裁判例もある。

【東京地裁平成28年9月1日判決】
経過年数を超えた設備であっても、賃借人はその使用にあたり善管注意義務を負っているものであるから、当該設備が継続して賃貸住宅の設備としての使用に供することができるものであれば、賃借人が故意又は過失によってこれを破損した場合には、当該設備が本来機能していた状態にまで戻すための費用については賃借人が負担すべきである。

これも、居住用賃貸の原状回復の裁判例であるが、以下のように6年の耐用年数を経過したクロスについて、部屋の使い方がひどく「借家人の善管注意義務違反」が認められるような事案では、新規張替費用の半額を認めた例がある。

【東京地裁平成28年12月20日判決】
控訴人（借主）は、ガイドラインによれば、壁クロスの耐用年数は6年であり、本件物件の明渡しの時点においてその価値は0円又は1円であるから、控訴人（借主）が負担すべき費用は、0円又は1円であると主張するが、ハウスクリーニングと同様に、仮に耐用年数を経過していたとしても、賃借人が善管注意義務を尽くしていれば、壁クロスの張替えを行うことが必須とは解されないから、控訴人の上記主張は採用できない。なお、ガイドライン（甲1）によっても、「経過年数を超えた

設備等を含む賃借物件であっても、賃借人は善良な管理者として注意を払って使用する義務を負っていることは言うまでもなく、そのため、経過年数を超えた設備等であっても、修繕等の工事に伴う負担が必要となることがあり得る」とされているところである。

Ⅲ　減価償却の期間（耐用年数）の特約による変更

問60
原状回復ガイドラインの再改訂版で解説されている減価償却の期間（耐用年数）は現実離れしていると思われるので、特約で合理性ある耐用年数に変更できないか？

【答】

確かに原状回復ガイドラインの再改訂版における減価償却期間（耐用年数）については、非常に現実離れしているものと思われる。そこで減価償却をする場合の耐用年数を特約で合理的なものに延長することも可能と考えられる。

例えば、前問で説明したようにガイドラインを使うと事務所用のクロスの減価償却の期間（耐用年数）は6年となる。この6年を実際の耐用年数と考えるならば、一般の事務所では、6年ごとにクロスを新しく取り替えるのが普通ということになる。これはあまりにも現実離れしている。

前問で解説したように、一般常識からすれば、事務所のクロスは10年以上持つのであるから、特約で最低10年の減価償却期間を定めても良いと思われる。

先に取り上げた交通事故の中古車の価格は、いわゆる中古車市場の価格として平均的な金額が、査定により算定され、税務上の耐用年数（例えば普通自動車は6年）によらない。言い換えると、法律の世界では、税務上の耐用年数に拘束されることはない。

ただ、ガイドラインが一般にバイブルのように使われている現状では、ガイドラインと異なる耐用年数を主張するなら、「特約」で合意をしておくのが望

ましい。

Ⅳ　クロスの特約

> **問 61**　クロスについての原状回復特約はどのように作ればよいか？

【答】

以下のような特約例が考えられる。

第 4　天井、壁（クロス）

1　借主の原状回復義務

汚れ部分のクリーニング・毀損部分の補修を行うものとします。

2　借主の負担等

1)　借主の故意過失によるもので、クリーニング・部分補修で除去できない汚れ・破れ等の損傷については、特殊洗浄による補修費用・張替え費用を借主が負担するものとします。

【A 案】減価償却をする。壁は 1 面ごと。天井は全面。

前項により除去できない汚れやキズについては、壁については当該面の張替え費用（1 m² 当たり消費税込み金○○円）を、天井については全面の張替え費用（1 m² 当たり消費税込み金○○円）を借主が負担するものとします。

ただし、クロスについては新規張替（○○○○年○月○日新規張替え）、天井については、張替え時（○○○○年○月○日新規張替え）から満 8 年で残存価値 1 円となるような定額法による減価償却を想定し、借主の負担割合を算定するものとします。

（注）この特約では、ガイドラインで6年とされているクロスの耐用年数を8年に延長しているが、当職としては10年程度に延ばしても良いのではないかと考えている。

【B案】減価償却をしない。壁は1面ごと。天井は全面。色合わせは貸主負担。

> 前項により除去できない汚れやキズについては、壁については当該面の張替え費用（1 m²当たり消費税込み金〇〇円で減価償却をしない）を、天井については全面の張替え費用（1 m²当たり消費税込み金〇〇円で減価償却をしない）を借主が負担するものとします。ただし、クロスにつき、他の壁面について日焼け・経年劣化による色合わせの張替えが必要な場合には他の壁面の新規張替え工事費用全額は貸主が負担するものとします。

【C案】減価償却をしない。壁も天井も全面借主負担。

> 1　前項により除去できない汚れやキズがある場合、当該部屋の壁全部・天井全部について、張替費用（ただし減価償却をしない新規張替工事費用を全額）を、借主が負担するものとします。
> 2　クリーニングで除去できないタバコのヤニについては、特殊洗浄による補修費用又は、張替え費用（ただし減価償却をしない）を借主が負担するものとします。
> 3　経過年数の考慮等
> 　　借主が、交換又は張替え費用を負担する場合には、減価償却による減額は行わないものとします。

Ⅴ　Pタイル（プラスチックタイル）、タイルカーペットの耐用年数

問62　Pタイル（プラスチックタイル）、タイルカーペットの耐用年数はどのように考えるべきか？

【答】

　Pタイル（プラスチックタイル）、タイルカーペットは内装であり、「機械及び装置以外の有形減価償却資産の耐用年数表」に該当し、その中において「じゅうたんその他の床用敷物」として、以下の耐用年数の定めがある。【資料2】耐用年数（器具・備品）（その1）参照。

　　　①小売業用、接客業用、放送用、レコード吹込用又は劇場用のもの …… 3年
　　　②その他のもの　……　6年

　Pタイル（プラスチックタイル）、タイルカーペットを「じゅうたんその他の床用敷物」と考えれば、通常のオフィスビルでは、6年になってしまう。

　しかし、6年しか使用できないと考えるのは現実離れしているので、10年程度と考えるのが合理的と思われる。なお、税務上も「耐用年数の適用等に関する通達1－1－3」により、「資産の用途等に応じて」、合理的な耐用年数の取決めを認めている。

　Pタイル（プラスチックタイル）、タイルカーペットについて、必要ならば（現実の残存価格で原状回復費用を精算したいならば）耐用年数についての特約をしておくべきである。

【耐用年数の適用等に関する通達】

1－1－5　貸与している減価償却資産の耐用年数は、別表において貸付業用として特掲されているものを除き、<u>原則として、貸与を受けている者の資産の</u>

用途等に応じて判定する。

1−1−3　法人が建物を貸借し自己の用に供するため造作した場合（現に使用
している用途を他の用途に変えるために造作した場合を含む。）の造作に要
した金額は、当該造作が、建物についてされたときは、当該建物の耐用年
数、その造作の種類、用途、使用材質等を勘案して、合理的に見積った耐用
年数により、建物附属設備についてされたときは、建物附属設備の耐用年数
により償却する。ただし、当該建物について賃借期間の定めがあるもの（賃
借期間の更新のできないものに限る。）で、かつ、有益費の請求又は買取請
求をすることができないものについては、当該賃借期間を耐用年数として償
却することができる。（昭46年直法4−11「1」、平23年課法2−17「一」に
より改正）

Ⅵ　パーテーション、Pタイル、タイルカーペットの原状回復特約

問63

パーテーション、Pタイル（プラスチックタイル）、タイルカーペッ
トの原状回復特約は現実的にはどのように作っておくのがよいか？

【答】

貸主が設置した既存パーテーションについては、比較的長く使えるものなの
で、15年を境に、交換が必要なら、借主の原状回復義務を認め、修理・交換費
用の全額を借主の負担とした（減価償却はしない）。

下記特約だと、パーテーションの自然損耗は請求できない。

P（プラスチック）タイル・タイルカーペットについては、下記特約により、
汚損（自然損耗・故意過失による損耗を含む）の有無にかかわらず、退去時全
部交換（減価償却しない）の特約にしている。

P（プラスチック）タイル・タイルカーペットについては、自然損耗でも減
価償却しないで、新品価格を退去テナントに負担させるので、契約時に退去時

第3部　原状回復義務　　119

の負担額を借主が認識できるように、金額まで入れている。

退去時にP（プラスチック）タイル・タイルカーペットの値段が上がっている場合は、差額は貸主負担になる。値段が上がっている場合は、更新時に価格改定をしておくとよい。

第○条（原状回復）

【既存パーテーション・Pタイル・タイルカーペット】

1　借主の原状回復義務

　1）　毀損部分の補修を行うものとします。

2　借主の負担等

　1）　パーテーションの傷等

　　①　借主の入居から満15年未満の場合、借主の故意過失により発生した貸主が設置した既存パーテーションの損傷については、パテ・塗装等により補修が可能な場合は、その修理代を借主が負担するものとします。ただし、交換が必要な場合は、当該パネルの交換費用（ただし減価償却はしない）を借主が負担するものとします。

　　②　借主の入居から満15年を超える場合、借主の故意過失により発生した既存パーテーションの損傷があり、交換が必要なときは、借主は撤去・処分費用のみを負担するものとします。

　2）　P（プラスチック）タイル・タイルカーペット

　　借主は、退去にあたり、以下のP（プラスチック）タイル・タイルカーペットの交換費用を負担するものとします。ただし、借主は汚損のない場合であっても、全額（ただし減価償却はしない）を負担するものとします。

　　①　P（プラスチック）タイル1m²当たり金3,300円（消費税込み）×30m²＝9万9,000円

　　②　タイルカーペット1m²当たり金4,400円（消費税込み）×60m²＝26万4,000円

　　③　P（プラスチック）タイル・タイルカーペットの交換については、借主の負担につき、減価償却はしないものとします。

Ⅶ　シャッターの耐用年数

> **問64**
>
> 　重量鉄骨造りのビルの１階を飲食店の店舗（延べ面積のうちに占める木造内装部分の面積が３割を超える）として貸しているオーナーがいる。新築後直ちに、ある会社に飲食店の店舗として賃貸し、以後25年が経過したが、この度、借りている会社が退去することになった。このテナントの会社が、入口にあるシャッターを壊してしまい、修理不可能なので交換が必要である。新築当時、このシャッターの設置代金が50万円であり、原状回復に関する特約がないとして、貸主はこの借主テナントに対し、どの程度の金額の原状回復費用を請求することができるのか？

【答】

　特約がなく、原状回復ガイドラインに従うと、税務上の法定耐用年数を基準に原状回復時の負担額（残存価格）を決めることになる。

　税務上は、シャッターは建物の一部として、建物と同じ法定耐用年数で考える例が多い。鉄筋コンクリートの飲食店の店舗の場合、法定耐用年数は34年なので、ガイドラインのように考えればシャッターの法定耐用年数も34年である。

　シャッターの法定耐用年数を34年と仮定して法定耐用年数の残存価値を計算すると、以下のとおりとなる。

50万円×（34－5）／34＝13万2352.9円

　ガイドラインの考え方ではこのような計算になるが、実務感覚として、25年経過したシャッターが設置当時の価格の約３分の１の価値を持つか疑問である。

　実際のシャッターの耐用年数が例えば、15年程度であるなら、特約で「シャッターの耐用年数は15年とする」と短くしておかないと、借主が不利になり公平が保てない。

　一般社団法人日本シヤッター・ドア協会では、シャッターの耐用年数につい

第３部　原状回復義務　　121

ては、以下のような基準を設けている。

（1）**軽量シャッター**

　・軽量シャッターとは、木造建物に設置されるのもので、シャッターカーテンが板厚1.0mm以下の鋼板で作られているものをいう。

　・軽量シャッターの耐用年数は約10年、設計耐用回数は約5,000回。

（2）**重量シャッター（手動・電動）**

　・重量シャッターとは、重量鉄骨・RCの建物に設置されるもので、シャッターカーテンが板厚1.2mm以下の鋼板で作られているものをいう。

　・重量シャッターの耐用年数は約15年、設計耐用回数は約1万回。

　したがって、税務上の建物の耐用年数が実際の公平な耐用年数と合致するのか疑問である。

　もし、特約でシャッターの耐用年数を15年と特約した場合、本件では耐用年数を大幅に超過（25年経過）しているので、退去時に残存価値はなく、退去テナントの負担は（仮に原状回復義務が認められても）0である。

Ⅷ　耐用年数を変更する特約

問65　耐用年数を変更する特約はどのように作ればよいのか？

【答】

　クロスの耐用年数を10年と特約をする場合、以下のような定めをすれば良い。ただ、耐用年数の合意特約の有効性が争われた裁判例は見当たらない。

【契約書別紙】

退去時の原状回復における負担区分

　下記は、本契約第○条第1項に基づき退去に伴う賃室の原状回復を行う場合の借主の義務を定めたものです。ただし、下記のうち貸主の負担とされるものについても、借主の故意・過失に基づく汚損、破損、故障については、本契約○条第○項に基づき当然に借主が修繕費用を負担します。

第1～第3　略

第4　壁、天井（クロス）

　1　借主の原状回復義務

　　汚れ部分のクリーニング・毀損部分の補修を行うものとします。

　2　借主の負担等

　　1）　借主の故意過失によるもので、クリーニング・部分補修で除去できない汚れ・破れ等の損傷については、特殊洗浄による補修費用・塗り替え・張替え費用を借主が負担するものとします。

　　2）　前項により除去できない汚れやキズについては、当該壁面のクロス張替え工事の費用を借主が負担するものとします。ただし、他の壁面について日焼け・経年劣化による色合わせの張替えが必要な場合には他の壁面の新規張替え工事費用を借主が負担するものとします。

　　3）　クリーニングで除去できないタバコのヤニについては、特殊洗浄による補修費用又は、張替え費用を借主が負担するものとします。

　3　経過年数の考慮等

　　借主が、交換又は張替え費用を負担する場合には、張替え・交換費用については、借主の入居後（又は、貸主が張替えを行った時から）満10年で残存価値1円となるような定額法による減価償却を想定し、負担割合を算定するものとします。

第5　その他の設備等についての、耐用年数（減価償却期間）

　　貸主・借主は、原状回復により、下記の設備等を交換する場合は、以下の耐用年数に基づき原状回復の借主負担額を算定するものとします。ただし、補修の場合は減価償却をしないものとします。

　1　エアコン、ルームクーラー …… 10年（（注）ガイドラインでは6年）

　2　タイルカーペット…… 10年（（注）耐用年数表では「器具及び備品」で小売業用3年、事務所用なら「その他のもの」で6年）

　3　本件店舗入り口のシャッター…… 15年

Ⅸ　耐用年数を考慮しない特約

> **問66**　借主が原状回復で、内装等の交換費用を負担する場合、耐用年数を考慮せず、新品価格を全額原状回復費用として負担させる特約は作れるのか？

【答】

　事業用賃貸借の原状回復特約で、借主が原状回復で、内装等の交換費用を負担する場合、耐用年数を考慮せず、新品価格を全額原状回復費用として負担させる特約も事業用賃貸借では、可能と考える。事業用の賃貸借では、消費者契約法は適用されないし、借主が事業者で、特約の負担内容も理解できるし、負担能力もあると考えられるからである。

　特に、自然損耗の原状回復ではなく、借主の故意過失により発生させた損傷についての原状回復なら、さらに問題はない。ただ、事業用賃貸借でも、自然損耗についての原状回復特約で、新品価格を全額原状回復費用として借主負担とする特約は、範囲をある程度限定し、最終的な借主負担額も多額にならないようにしておくのがトラブル防止になる。

第○条　（原状回復）

○　借主が、故意過失により、既存パーテーション・内装・その他の機器等を交換張替えする場合、借主の負担は、交換・張替え費用の全額とし、借主の負担につき減価償却による減額は行わないものとします。

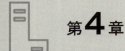

第4章 原状回復トラブルを回避する方法

I 原状回復トラブルの防止法

問67 入居者との退去時の原状回復トラブルを防止したり解決しやすくするには、どのような対処法があるか？

【答】

入居者との退去時の原状回復トラブルを防止したり解決しやすくしたいならば、以下の対処法を押さえておく必要がある。

① 敷引き（保証引き）を利用する。

　後に説明するが、敷引特約（退去にあたり敷金から控除すべき金銭がなくとも、貸主が無条件に敷金から差し引いて取得できる特約）は有効である。上記原状回復特約は非常に細かく定めないと有効にならない。かといってあまりに細かい原状回復特約は借りようとするテナントが読むといやになり、借りてくれない。そこで原状回復はシンプルに民法の規定程度（故意過失による損傷は請求するが、減価償却もする）で、自然損耗の特約等は定めない。その代わり、敷引きで定額を控除してもらい受けるという方法である。

② トラブル対策を考えた原状回復特約をあらかじめ細かく定めておく。

③ 敷金・保証金をなるべく高く設定する。他に滞納家賃があっても、原状回復費用が確実に回収できるように、担保となる敷金・保証金を多めに預かっておく。ただし、高額すぎる敷金・保証金の設定は、募集に支障が出るので、「保証金保証会社」の利用も考える。

④ 連帯保証人・保証会社をつける。

⑤ 家賃滞納のトラブルが発生したら素早い対処を行う。滞納家賃と原状回復

費用が敷金・保証金で回収できるよう、滞納家賃が増えないように注意する。

⑥ 借主テナントに原状回復工事費用の負担能力がない場合には、借家権譲渡・造作譲渡をさせ、新しい借主に原状回復義務を引き継いでもらう。

Ⅱ　敷引き（保証引き）による原状回復トラブルの回避方法

問68
前問で、敷引き（保証引き）を利用して、原状回復トラブルを回避する方法があるという説明を受けたが、このやり方をした場合、契約ではどのような原状回復特約を定めればよいのか？

【答】

　前問で解説したように、原状回復につき詳細な特約を作れば、裁判をした場合、貸主が勝てる可能性は高まる。しかし、あまりに細かく借主に厳しい特約は、借主募集の障害になるのも事実である。

　また、原状回復費用の精算については仮に上記のような注意点を踏まえ、慎重に条項を作成したとしても以下のような理由でトラブルが発生する。

　貸主側の業者の補修見積りの妥当性について、借主側から異議が出されることが多い。

　上記のような詳細な特約を作って対応したいというのであれば、現実のトラブル回避方法としては、なるべく補修工事の金額の妥当性や補修の要否が争われるような自然損耗の原状回復を定めないことである。

　しかし、貸主としては、入居者募集のため、比較的家賃を安く設定せざるを得ず、そのため、自然損耗の原状回復について借主から費用を多く徴収したいという気持ちになる。しかし、原状回復費用の見積りを高くすると、今度はその見積りの妥当性、原状回復の範囲で借主とトラブルが発生してしまう。

　そこで、あまりトラブルになるような詳細な特約（自然損耗の回復特約）は定めず、その代わり、以下の敷引き・保証引きで貸主は回収を行う方法が考えられる。

■ 敷引き・保証引き

「敷引き・保証金の償却等の方法で、原状回復費用の負担を定額化し、借主の故意又は過失による損傷以外の原状回復義務、すなわち自然損耗の原状回復費用は借主に負担させない」という契約にすれば、自然損耗の回復内容・金額等に関する争いは防げる。

ただし、敷引き・保証引き特約を定めるときは、敷引特約には敷引きだけを定め、「自然損耗についての原状回復義務を負わせない代償として敷引きをする」旨の記載はしない方が良い。そのような記載をすると、借主側からは、「そもそも自然損耗について借主に負担させること自体違法であるから、自然損耗の借主負担の代わりとなる敷引きも違法である」旨の主張がなされるからである。

なお、敷引きについては、居住用賃貸借で消費者契約法第10条の「不当な条項」に該当し、敷引特約が無効になるかどうか争われた事件で、最高裁は「敷引特約は原則有効で消費者契約法に反しない」とした（平成23年3月24日最高裁第一小法廷）。事業用ビルの賃貸借では消費者契約法は適用されないので、敷引き・保証引き特約は居住用よりも有効とされる可能性が高い。

【文例】

> 第○条（保証の償却）
> 貸主は、本契約が終了したときは、第○条に定める保証金のうち金○○円（消費税別途）を無条件で償却して取得する。

（注）この消費税率は、契約時の消費税率で、貸主は契約時に償却額を所得したものとして、税務申告する必要がある。契約上と退去時償却（終了時）になっているが、借家人は将来必ず退去するから、税務上は契約時に契約当初もらった金銭として処理しなければならない。

第3部　原状回復義務　127

【文例】 賃貸借契約書本文に入れる条文

第○条（原状回復）
1　借主は本契約が終了したときは、直ちに本物件を原状に回復し貸主に明け渡すものとします。
2　借主の義務である原状回復工事は、<u>貸主の指定する業者に依頼して行う</u>ものとし、<u>借主はその費用を金銭にて支払うものとします。</u>
3　借主が、原状回復により、既存パーテーション・内装・その他の機器等を交換・張替えする場合、<u>借主の負担は、交換・張替費用の全額とし、借主の負担につき減価償却による減額は行わない</u>ものとします。

（注）
1）　自然損耗を借主の負担にしなければ、細かい特約は不要である。
2）　ただ、本来の原状回復条項では、①原状回復の工事人の指定、②原状回復費用の金銭支払、③減価償却（残存価格）の排除がないので、これらは特約しておく必要がある。
3）　なお、この原状回復の約定では、自然損耗の回復、借主に故意過失のない損傷は原状回復の対象外（貸主の負担）となることに注意されたい。自然損耗や故意過失によらない損耗についての原状回復特約は定めていないからである。

Ⅲ　コロナ禍によるテナント退店に伴う原状回復

問69　新型コロナウイルス感染症等による営業不振で退去せざるを得なくなった飲食店の店舗がある。テナント側にも資金的な余裕がほとんどない。原状回復をしてもらいたいが、原状回復の資金も捻出できないと言っている。連帯保証人も調べたら、負担能力がなさそうである。何か良い方法はないか？

【答】
状況によって、以下のような方法が考えられる。

| A案 | 家賃を減額した上で、営業を続けてもらい、その間に借家権と造作の譲受人を探してもらう。

| B案 | テナントの廃業は認めるが、敷金・保証金の範囲内で家賃を半額程度を払い続けてもらい、その罰に借家権と造作の譲受人を探してもらう。

| C案 | ある程度の価値のある造作・什器・備品があるなら、貸主オーナーが造作・什器・備品を無償で譲り受け、それを有効活用して開店したいと考えている新しいテナントを探す。

1 | A案 | について

原状回復費用分については、敷金・保証金でまかなうことができる状態であることが条件である。その意味で、契約時になるべく高く敷金・保証金を設定しておく必要がある。

ある程度家賃を減額するなら、テナントが営業を継続できる状況であることが条件となる。

2 | B案 | について

店を開いていても赤字状態で、テナントが営業を続けることができない場合に、この方法を考える。

敷金・保証金に余裕があり、テナントにある程度家賃を負担してもらえる状況であることが条件となる。

原状回復費用分については、敷金・保証金でまかなうことができる状態であることも条件となる。

3 | C案 | について

店を開いていても赤字状態で、テナントが営業を続けることができない場合に、この方法を考える。

造作什器備品がある程度新しく価値があり、また汎用性があるため、貸主オーナーが無償で引き取るなら、次のテナント誘致に利用できる場合にこの方法を考える。

第3部　原状回復義務　　129

原状回復費用分については、敷金・保証金でまかなうことができない状態である場合に、やむを得ず、この方法を考える。

Ⅳ　原状回復義務の争いを理由とする貸主の建物返還拒否と明渡し遅延損害金

問70
　当社は、15年ほど店舗を借りていたが、このたび退店することになり、特約により中途解約した。当社としては原状回復工事は200万円ほどで済むと思っていたが、明渡し直前に貸主からは1,000万円に近い多額の原状回復工事費を請求された。

　借主である当社から、貸主に「1,000万円の原状回復工事費はとても同意できない」と回答したところ、貸主は「貸主側の査定した原状回復工事費を認めて払わないなら、契約書では『原状回復をして明け渡す。明渡しを怠った場合には家賃の倍額の損害金を払う』との約定があるので、貸主側の要求する原状回復が完了するまでは、明渡しは受けられない。明渡しが遅れたら家賃の倍額の損害金を払ってもらう」と主張している。

　このように、原状回復義務の内容に争いがあるため貸主が鍵の受取を拒否し、明渡し遅延があったとして賃料の倍額の違約金を求めることができるか？

【答】

　できない。以下のような裁判例がある。

事件番号　東京地方裁判所判決平成25年6月26日判決：平成24年（ワ）第28686号、平成25年（ワ）第8736号 損害賠償金請求事件、保証金返還請求反訴事件

【事案】

・事務所兼配送センターとしてビルを以下の契約条件で約17年間借りたテナン

130

トが退去を申し出た。

・貸主は電気設備工事及び空調設備工事等の原状回復工事を含む 1,400 万円余りの原状回復工事費を要求した。

・借主は、電気設備工事、衛生設備工事及び空調設備工事は原状回復工事に含まれない旨、800 万円程度の負担が検討できる旨回答した。

・借主が鍵の返還をしようとしたところ、貸主は原状回復工事の内容が確定していないことを理由に鍵の受領をせず、貸主側の要求する原状回復工事費用を承諾しなければ、原状回復工事ができないので賃料の倍額の遅延損害金を要求すると通知した。

・原状回復工事の費用については裁判前に弁護士が介入して当事者間で 1,000 万円余りで合意がまとまり支払が行われたが、その後貸主が借主に対し明け渡し遅延の損害賠償の訴訟を提起した。

　　＜契約条件＞
　　① 　賃料　　月額　192 万 2,360 円
　　② 　共益費　月額　26 万 2,140 円
　　③ 　保証金　　　　1,747 万 6,000 円。原状回復明渡し後 1 ヶ月以内に返還。
　　④ 　期間の満了、解約、解除その他の事由によってこの契約が終了した場合には、賃借人は遅滞なくその負担において当該賃貸借物件（本件建物）を原状回復のうえ、これを賃貸人に明け渡すものとする。
　　⑤ 　原状回復は壁、天井、張替え、塗り替え、カーペットタイル等の張替えを含むものとし、賃貸人の指定業者をもって賃借人の費用で修復する。
　　⑥ 　賃借人が明渡しを怠った場合には、賃借人はその怠った期間につき、賃料等の倍額を損害賠償金として賃貸人に支払わなければならない。

【判決】貸主原告全面敗訴

　本件賃貸借契約第 15 条第 1 項は、「期間の満了、解約、解除その他の事由によってこの契約が終了した場合には、賃借人は遅滞なくその負担において当該

賃貸借物件を原状回復のうえ、これを賃貸人に明け渡すものとする」と定める
が、同条項は、「明渡し」と「原状回復」が別の行為であることを前提とし、
「明渡し」に先立って「原状回復」が行われなければならないことを定めてい
るものと解されるのであって、借主が原状回復をせずに明渡しをした場合には、
明渡し前の原状回復義務違反を理由とする債務不履行が成立するに過ぎない。

　同条第2項も、「原状回復は壁、天井、張替え、塗り替え、カーペットタイル
等の張替えを含むものとし、賃貸人の指定業者をもって賃借人の費用で修復す
る」とし、原状回復の具体的内容を規定し、「原状回復」と「明渡し」とが、異
なる行為であることを示している。

　さらに実質的に考えても、本件賃貸借契約第15条第2項は、賃貸人に原状回
復工事の業者指定権を与えているところ、原状回復工事がされない限り賃借人
が明渡しを完了できないとなると、賃借人は、賃貸人が業者指定を行わない限
り、原状回復工事を行えず、賃料等の倍額に相当する損害賠償金を支払うこと
を義務づけられてしまうが、そのような帰結は一方的かつ過大に賃貸人を利す
ることになるし、賃借人は、賃料等の倍額の損害賠償金の支払を避けるために
賃貸人主張の原状回復工事を受け入れざるを得なくなってしまう。

　賃借人が本件建物を退去して鍵の返還を受けることにより占有を回復できれ
ば、賃借人が原状回復工事をしていなかったとしても、直ちに自ら原状回復工
事を行い、賃借人に原状回復義務違反を理由とする債務不履行に基づく損害賠
償を請求することができ、保証金から損害賠償請求権相当額を差し引くことも
できるから、原状回復なしに明渡しが完了したとしても、賃貸人にとって酷で
あるとまではいえない。

■ ポイント

（1）貸主側

　原状回復工事の内容及びその金額について争いが生じた場合、貸主側は借主
に対し明渡しを求め、自ら原状回復工事を行い、その金額を保証金から差し引
くか、保証金から控除して不足すれば借主に請求し、借主が支払わなければ訴

訟を提起しなければならない。

　原状回復工事でトラブルになったからといって、借主が明渡しに応じる以上、原状回復工事ができてないことを理由に明渡遅延の損害賠償請求を求めることはできない。

(2) 借主側

・不合理で高額な原状回復費用を請求されたら、貸主に対し鍵の返還を行うので受領するようにと催告する。

・原状回復工事が貸主の指定工事人で行う旨の特約があれば、借主が認める原状回復工事を行うよう催告する。

・原状回復工事を借主本人が行う旨の契約であれば、借主が主張する原状回復工事を行ってしまう。

・借主側が行った原状回復工事の内容を詳しく記録に残して退居する。

第 3 部　原状回復義務　　133

第5章 借家権譲渡・造作譲渡が行われた際の原状回復条項

問71 借家権譲渡・造作譲渡が行われた場合には、原状回復特約を作る際どのような点に注意すればよいか？

【答】

　事業用の建物賃貸借契約においては、原状回復の範囲を拡大する特約も、有効と解されている。したがって、貸主としては、原状回復の範囲について、旧借主が設置した内装設備等を全て撤去するような原状回復特約条項を入れておいた方がよい。

　旧借主と締結していた賃貸借契約書に、原状回復特約が存在する場合、賃借権の譲渡を、貸主が賃借権の譲渡承諾書を差し入れる方法で行うのであれば、従来の賃貸借契約における借主の権利義務関係がそのまま新借主に承継されることとなるので、特段、合意をしておく必要はない。これに対し、新たに新借主との間で賃貸借契約を締結する場合や、更新契約を締結する場合は、新しい借主において、従前の借主が設置した造作等の諸設備についても撤去することを明確にすべく、原状回復特約に関する条項を入れておいた方がよい。

1　図面・仕様書による特定

　原状回復義務の内容・範囲については、条項の文言のみだと、曖昧となり、退去時のトラブルの要因ともなりかねないので、原状回復の内容・範囲を記載した図面を契約書に添付する等して、図面で旧借主に貸した当時の仕様まで原状回復を行うこと等、詳細を定めておくべきである。

　なお、上記原状回復条項の問題とは別に、借主が貸主の同意を得て建物に付

加した造作（例えば、厨房設備やエアコン等）については、借主が貸主に対して時価で買い取るよう請求する造作買取請求権が、借地借家法上、当然に発生してしまう（借地借家法第33条）。ただし、造作買取請求権は、特約により排除することが認められているので、貸主は、借主退去時に造作買取義務を負いたくないのであれば、造作買取請求権を排除する特約を契約条項に入れておくべきである。

【文例】図面・仕様書による原状回復特約

> 第○条（原状回復）
> 1 　借主は本契約が終了したときは、直ちに本物件を原状に回復し貸主に明け渡さなければなりません。なお、借主の原状回復義務は、貸主が原賃借人に貸し渡した当初の原状を基準とし、その具体的内容は「別紙○の退去時の原状回復における負担区分」に定める負担区分とします。
> 2 　借主の義務である原状回復工事は、貸主が指定する施工業者に施工させるものとし、借主は原状回復費用を金銭にて支払うものとします。
> 3 　借主が、故意過失により、既存パーテーション・内装・その他の機器等を交換張替えする場合、借主の負担は、交換張り替え費用を全額とし、借主の負担につき減価償却による減額は行わないものとします。

（注）原状回復の仕様書、例えば、壁はクロス貼り等の定めは、第1項の負担区分表に定め、その説明として図面を添付すると良い。

第4部

敷金・保証金の精算と返還

コラム 清算と精算
　―「敷金のセイサン」は、「清算」それとも「精算」？

　「清算」の「清」の部首は「水」を表す、「さんずい」が使われており、「洗い流す」、「決着をつける」、「過去の関係や出来事を整理して終わらせる」という意味がある。法律用語としては、「会社を整理して清算する」といった使い方をする。

　他方で、「精算」の精の部首は「米偏」であり、精算はお米のように細かく計算することを意味し、「経費の立替精算」とか、「運賃の精算」のように、細かく正確に計算することを意味する。

　「敷金のセイサン」は、「清算」か、それとも「精算」かと言われると、当職は、「預かり敷金から、差し引くべき金額を細かく正確に計算する」という意味だから「精算」が正しいと説明している。

　したがって、退去にあたり、預かり敷金（保証金）を過不足分を調べてきちんと細かく計算する必要があるので、「精算書」を渡して明細を明らかにすべきである。

　ただ、退去する際、敷金や日割り家賃、原状回復費用やクリーニング代などを記載し、最終金額の支払確認書や最終金額の受取書の表題を「清算書」と書いてもあながち誤りともいえない。敷金（保証金）の預託契約を「整理して終わらせる」という意味で使うからである。

　ただ、本書では全て「細かく正確に計算する」という意味で「精算」の漢字を使用することとする。

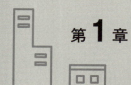

第1章 敷金・保証金（民法改正）

I 敷金・保証金に関する民法改正

問72 改正民法（債権法の改正）においては敷金・保証金の条文が新設されたと聞いたが、どのような定めになっているか？

【答】

　改正民法においては、賃貸借の借主の債務（滞納家賃・原状回復費用など）の担保として貸主に預け入れられる金銭を、全て「敷金」という呼び名で定義している。

　実務においては、事業用賃貸借においては保証金という名前で預けられることが多く、居住用では敷金という名前で呼ばれることが比較的多い。

　また金額が高い場合は保証金と呼ばれ、金額が低いと敷金と呼ばれる傾向がある。

　また、建築協力金方式で建物を建てた上で賃貸借を行った場合、建物賃貸借契約が始まると借主が貸主に融資した建設協力金は保証金名目に振替え、貸主は借主に対しこの保証金名目に変えた建設協力金を毎月返済し（（注）参照）、この保証金とは別に、敷金を設け、この敷金については退去までそのまま維持する（返還しない）という方式を取ることもある。言い換えると、退去するまで返還しない敷金と賃貸借期間中返済をするので次第に減っていく保証金（建設協力金）を分けるために「敷金」と「保証金」を使い分けることもある。

第4部　敷金・保証金の精算と返還　　139

（注）テナントが、借りる建物の建築費や増改築の費用を貸主に融資し、借家契約の継続中に返済を受け借家契約が満了したときは、貸主に建設協力金の返済残高がなくなるようにして、実質的には貸主の建築費の負担をないようにする方式を、「建築協力金方式」という。

例えば、郊外の国道沿いに更地を保有している地主に出店を希望する会社が、店舗の建築資金として建設協力金1億2,000万円を提供する。地主はこの建設協力金で店舗建物を建築して出店希望の会社に借家契約で貸す。出店希望会社が地主に提供した建設協力金1億2,000万円は店舗の貸主に対する貸金になる。

地主は土地提供代として毎月100万円を受け取るが、借主から提供された1億2,000万円は返済の義務が残る。そこで、借主から月額150万円（＋消費税）の家賃をもらい、うち50万円は返済に充てる（毎月相殺処理をする例が多い）。貸金1億2,000万円÷毎月返済50万円＝240ヶ月（20年）で地主は出店者に建設協力金を全額返せる（借金がなくなる）ので、店舗賃貸借契約は建設協力金が完済される期間20年以上で締結されることが多い。

店舗賃貸借契約が開始すると、建設協力金1億2,000万円は「貸金」と表示すると地主が不満に思うので、店舗賃貸借契約の「保証金」名目に振り替える。ただ、貸主から毎月保証金は返済されることになるので、契約終了間際になると、保証金はゼロに近づいてしまい、賃貸借の担保がなくなってしまう。そこで、保証金以外に例えば正味家賃月額100万円の10ヶ月分（1,000万円）を借主は別に「敷金」として預け入れ、退店後債務がないことを確認して貸主が借主に返還する。

以上のように、毎月返済する「保証金」と、退店後の精算完了まで返さない「敷金」を明確にするため、同じ契約書のなかで「保証金」と「敷金」を両方使うことがある。

改正民法 第622条の2（敷金）

1　賃貸人は、敷金（いかなる名義をもってするかを問わず、賃料債務その他の賃貸借に基づいて生ずる賃借人の賃貸人に対する金銭債務を担保する目的で、賃借人が賃貸人に交付する金銭をいう。以下この条において同じ。）を受け取っている場合において、次に掲げるときは、賃借人に対し、その受け取った敷金の額から賃貸借に基づいて生じた賃借人の賃貸人に対する金銭債務の額を控除した残額を返還しなければならない。

一　賃貸借が終了し、かつ、賃貸物の返還を受けたとき。
二　賃借人が適法に賃借権を譲り渡したとき。

Ⅱ　敷金・保証金と返還時期の特約

> **問73**
> テナントが、急遽中途解約してきたので、店舗の明渡しを受けた。明渡しを受けてから数日後に、借主の方から、「資金繰りが大変なのですぐに保証金を返してくれ」と要求された。明渡し後、建物の点検等を行い、補修の見積りをするので、現実問題として明渡し後「直ちに」保証金の返還額を決めて、返還を行うことは不可能で、保証金返還まで1ヶ月くらいは余裕が欲しい。契約書には保証金の返還時期については何の定めもない。
> 　借主の要求は正しいのか？　どのような対処をしたらよいか？

【答】

　特約がない限り、直ぐに返して欲しいという借主テナントからの保証金返還要求は正しい。

　敷金（保証金）については、どのような性質を持つのか、いつ精算返金するのかなどについて、これまで民法に規定がなかったが、判例・学説により敷金の性質（例えば、貸主が消費してよい預かり金であるとか、賃貸建物の返還を受けた後敷金を返還すればよい等）や処理方法（退去した後に返せばよい等）が定められていた。

　今回2020年4月に施行された改正民法第622条の2（敷金）では、これまでの判例・学説で認められていた敷金の性質や処理方法が明文化された。

改正民法　第622条の2（敷金）

1　賃貸人は、敷金（いかなる名義をもってするかを問わず、賃料債務その他の賃貸借に基づいて生ずる賃借人の賃貸人に対する金銭債務を担保する目的で、賃借人が賃貸人に交付する金銭をいう。以下この条において同じ。）を受け取っている場合において、次に掲げるときは、賃借人に対し、その受け取った敷金の額から賃貸借に基づいて生じた賃借人の賃貸人に対する金

銭債務の額を控除した残額を返還しなければならない。

一　賃貸借が終了し、かつ、賃貸物の返還を受けたとき。

二　賃借人が適法に賃借権を譲り渡したとき。

　　上記条文で明らかなとおり、第1項第1号にあるとおり敷金の返還時期は「賃貸物の返還を受けたとき」（売買のように同時履行ではなく、後履行になっている）である。これは、設問にあるように、貸主は賃貸建物の返還を受けた後、原状回復や損害賠償があるかどうかを確認する必要があるからである。

　　ただ、貸主は賃貸建物の返還を受けた後、専門業者等に見てもらい、見積り等を取って敷金・保証金から控除すべき金額を定めるので時間がかかり、返還を受けた直後に敷金・保証金を返すことはできない。

　　そのため、民法の特約として、「返還時期」について合意する必要がある。特約例は以下のとおり。

【文例】敷金の返還時期の特約

第○条（保証金）

○　甲は、乙に対し、本契約が終了し、甲が本件建物の明渡しを受けた後、3ヶ月以内に、第1項の保証金から乙の未払賃料等その他本契約から生じた債務並びに償却費を控除した残額について、甲の住所地において返還するものとします。

　　なお、上記改正民法は2020年4月に施行されたが、条文内容はこれまでの判例・学説で認められていた敷金の性質や処理方法が明文化されたにすぎない。したがって、敷金・保証金の処理については、改正民法施行前と施行後で処理は変わらない。

　　また、実務では、敷金又は、保証金と呼ばれているが、借主が賃貸借上生じる借主の債務担保のため貸主に預け入れられる金銭は、全て民法上「敷金」と定義された。したがって、店舗賃貸借の担保のため差し入れられる保証金も、

民法上は「敷金」である。

Ⅲ　敷金（保証金）返還請求権の譲渡・担保差し入れ禁止特約

> **問74**
>
> 　当社の賃貸借契約書には以下のような敷金返還請求権の譲渡・担保差し入れ禁止の特約がある。今回の民法改正で「契約で敷金の譲渡・担保差し入れ禁止の特約をしても、譲渡・担保差し入れができてしまう」と聞いたことがあるが、それでもこの特約は契約書に定めておくべきか？
>
> 【特約】
>
> > 第○条
> > 　乙（借主）は、敷金（保証金）の返還請求権を第三者に譲渡し、又は担保の目的に供することはできないものとする。

【答】

　2020年の民法改正で敷金（保証金）返還請求権の譲渡禁止や担保差し入れ禁止の特約をしても、譲渡や担保差し入れが法律上有効になってしまう（改正民法第466条第2項）。

　しかし、民法改正後もこれまでとおり、敷金返還請求権の譲渡・担保差し入れ禁止の特約を定めておくべきである。

　改正前民法では、「債権の譲渡・担保差し入れ禁止」の特約をすると、法律上譲渡・担保としての差し入れが無効になった（譲受人や担保権者は貸主に対し、敷金の譲渡・担保差し入れを主張できなかった）。

　ところが、改正民法では、債権は自由に譲渡できるのが原則で、「債権の譲渡・担保差し入れ禁止」の特約をしても、譲渡・担保差し入れが法律上有効になってしまう。改正民法が譲渡・担保差し入れを譲渡禁止特約に優先して認めたのは、債権者（借主）の資金調達をできる限り可能にしようとしたからであ

第4部　敷金・保証金の精算と返還　　143

る。

　ただ、このように、借主が敷金返還請求権を第三者に譲渡したり、担保設定を行うことを認めると、借主以外の第三者（例えば、借主の債権者のヤクザや高利貸し）が自己の債権を回収したいがために貸主に多額の敷金（保証金）の返還請求を要求し（例えば、原状回復費用の控除を認めない等）、貸主を脅迫する可能性が出てくる。

　そこで、改正民法では、「債権譲渡禁止特約の存在について悪意・重過失の譲受人に対して債務者（貸主）は履行（敷金の返還）を拒むことができ、かつ、譲渡人である借主に対する弁済・相殺等の抗弁（例えば滞納賃料がある・原状回復費用を請求できる等）を譲受人に対しても主張することができるとした（改正民法第466条第3項）。例えば、敷金の返還請求権の譲渡禁止特約があることを知っていながら敷金返還請求権の譲渡を受けた者に対しては、貸主は「敷金をあなたに返す義務はない」と主張できる。

　ただ、債権譲渡禁止特約に反する債権譲渡が有効であるが、債権譲渡禁止特約の存在について悪意・重過失の譲受人からの請求を拒むことができるとなると、理屈上、譲渡人である借主も譲受人も貸主に対し、敷金の返還を請求できないという結論になってしまう（敷金返還請求権を譲り渡した借家人はもはや敷金返還請求権を保有していない）。

　そこで、譲受人が、敷金を返還しない貸主に対して、相当の期間を定めて譲渡人（敷金返還請求権の場合は借主）へ敷金を返還するよう催告をし、その催告期間内に貸主が借主に敷金を返還しない場合には、債権譲渡禁止特約の存在について悪意・重過失の譲受人も、貸主に対して、敷金の返還を請求することができるようになった（改正民法第466条第4項）。

　また、借主か譲受人どちらに敷金を返すべきか、支払先を判断できない貸主を保護するために、貸主は法務局に敷金の返還分を供託することも認められている（改正民法第466条の2）。

　改正民法施行後では、敷金返還請求権の譲渡を禁止する特約を定めても、借主は自由に敷金返還請求権を譲渡できることになるが、譲渡禁止特約を定めておくことで、悪意・重過失の譲受人に対しては履行を拒める等の効果があり

((注)参照)、敷金返還請求権が第三者へ譲渡され、敷金の返還先を巡ってトラブルになることを一定程度抑止できることから、改正民法施行後も、賃貸借契約書では、譲渡禁止特約を定めておいた方が良い。

（注）敷金・保証金を譲り受けたり、担保に取るヤクザや高利貸しは、敷金・保証金の金額等を確認するため必ず賃貸借契約を確認するので、借家契約書に敷金返還請求権の譲渡・担保差し入れ禁止が定められていれば、裁判所は通常、債権譲受人の悪意・重過失を認定してくれる。

改正民法 第466条（債権の譲渡性）
1　債権は、譲り渡すことができる。ただし、その性質がこれを許さないときは、この限りでない。
2　当事者が債権の譲渡を禁止し、又は制限する旨の意思表示（以下「譲渡制限の意思表示」という。）をしたときであっても、債権の譲渡は、その効力を妨げられない。
3　前項に規定する場合には、譲渡制限の意思表示がされたことを知り、又は重大な過失によって知らなかった譲受人その他の第三者に対しては、債務者は、その債務の履行を拒むことができ、かつ、譲渡人に対する弁済その他の債務を消滅させる事由をもってその第三者に対抗することができる。
4　前項の規定は、債務者が債務を履行しない場合において、同項に規定する第三者が相当の期間を定めて譲渡人への履行の催告をし、その期間内に履行がないときは、その債務者については、適用しない。

民法 第466条の2（譲渡制限の意思表示がされた債権に係る債務者の供託）
1　債務者は、譲渡制限の意思表示がされた金銭の給付を目的とする債権が譲渡されたときは、その債権の全額に相当する金銭を債務の履行地（債務の履行地が債権者の現在の住所により定まる場合にあっては、譲渡人の現在の住所を含む。次条において同じ。）の供託所に供託することができる。
2　前項の規定により供託をした債務者は、遅滞なく、譲渡人及び譲受人に供託の通知をしなければならない。
3　第1項の規定により供託をした金銭は、譲受人に限り、還付を請求するこ

とができる。

Ⅳ　敷金（保証金）返還請求権の差押えと家主の回収

> **問75**
>
> 　当社（A社）は、店舗・事務所用のビルを所有しており、借主B社に当社保有のビルの1階を店舗として月額賃料110万円（税込み）、保証金500万円で貸している。売上げが新型コロナウイルス感染症の影響で急激に落ち込んだ借主B社から、退店するとの通知があったので、保証金精算を準備していたところ、税務署と社会保険事務所から、「貸主が借主に返還する保証金を差し押さえる」との通知が来た。貸主としては、滞納家賃と原状回復費用で400万円くらい控除が必要で、返す分は100万円くらいしかない。貸主は税務署や社会保険事務所の差押えに優先して、保証金から滞納家賃と原状回復費用を回収できるのか？　また、返す分の100万円はどうしたらよいか？

【答】

　貸主は、税務署や社会保険事務所の差押えに優先して、滞納家賃や原状回復費用など賃貸借契約に基づいて借主に請求できる分を、保証金から優先的に回収（控除）することができる。

　この貸主が優先して賃貸借契約上の請求分を保証金から差し引いて回収することができる関係は、前記の債権譲渡や担保差し入れがされた場合も同じである。

　言い換えると、貸主が保証金や敷金を預かる行為は担保権として保護され、借主の他の債権者や税務署・社会保険事務所など公的機関の債権より優先して回収することが保障されている。

　したがって、貸主は自己の債権を全て回収した上で、借主に返す分があればその返還分を差し押さえた税務署や社会保険事務所に支払うことになる。なお、債権譲渡・担保差し入れ禁止の特約があっても、貸主は前問の改正民法第466条（債権の譲渡性）第3項を根拠に税務署等に支払を拒絶することはできない。

公の機関による差押えに従っても貸主に不利益は発生しないからである。

　裁判所や税務署・社会保険事務所等の差押さえをした者（裁判所の差押えは裁判所に差押えを申請した債権者）は取立権があり、直接債務者である貸主から借主が返還を受ける保証金の残額を受領する権限がある。

第４部　敷金・保証金の精算と返還　　147

第2章 敷金・保証金の償却

I　退去時の保証金（敷金）の償却と消費税

問76　当社は、2017年からテナントA社に飲食店舗を3年の期間、家賃月額100万円＋消費税で賃貸し、保証金1,000万円を預かっている。今回、A社が新型コロナウイルス感染症の影響で2022年に退店することになった。賃貸借契約書には「退去時に保証金から家賃2ヶ月分償却される」との定めがある。当初賃貸したときから、家賃額は変更されていないが、償却分の200万円に消費税は必要か？

【答】

　契約終了時に償却される保証金（退去時償却）については、貸主が店舗賃貸の対価（礼金・権利金と同じ性質のもの）として受領するので、消費税が課税される。

　さらに、退去時償却は、契約書上では退去時に貸主が保証金や敷金から償却分を取得するという約定になっているが、税法上は最初の契約時（引渡時）に貸主は償却分を収益として計上しなければならない。これは将来必ずどこかで賃貸借は終了するので、終了時の償却分200万円は当初から返還しないで済む権利金と同じであるとされているからである（下記裁決事例参照）。

　なお、退去時償却の特約は以下のように作成する。

【文例】 敷金・保証金の償却特約

> 第〇条　敷引き（保証引き・償却）特約
> 貸主は借主が差し入れた敷金（保証金）1,000万円から退去時に200万円（ただし、契約時の税率による消費税を加えるものとする。）を、無条件で差し引き取得するものとする。

　したがって、2017年に最初の契約が行われているので、貸主は税法上償却分200万円を2017年の売上げとして計上し、契約した年度に消費税を納税しなければならない。

　また、2017年に「償却分200万円が払われた」ことになるので、これに課税される消費税率は2017年当時の8％で良い。

　したがって、貸主も借主も2017年に「償却分200万円＋消費税8％＝16万円が支払われた」ものとして処理しなければならない。

　税務上の処理は上記のようになるが、現実の精算の場面では、貸主は借主が現実に退去した際に、「償却分216万円（消費税込み）」として保証金1,000万円から精算することになる。

　以上から明らかなように、退去時償却は契約時の精算項目で、厳密に言えば退去時の精算事項ではない。しかし、当初の契約時の保証金から差し引くものなので、退去時の精算書に記載しておく方がわかりやすい。

　なお、2023年10月1日以降新規に契約して、退去時償却をする場合、貸主が消費税の申告納税事業者でインボイスを発行できないと、消費税を払った借主は支払消費税の仕入れ税額控除ができないので注意されたい（ただし、6年間はインボイスが発行されなくても借主は支払った消費税の一部は仕入税額控除できる）。

貸室の敷金の返還不要部分の益金算入の時期は、賃貸借契約を締結し、

貸室の引渡しのあった時であるとした事例

（裁決事例集 No.19-84 頁昭和 55 年 1 月 24 日裁決）

　貸室を賃貸するにあたり、賃借人から受領した敷金のうち、貸室契約書第 18 条に定める金額は、同契約書同条によれば、「本契約が終了、解約又は解除された場合は、各賃借人は償却費として敷金の 1 割相当額を請求人に支払うものとする。更新される場合は、各賃借人は前項償却費の支払を要しない」と定められており、権利金の一種と認めるのが相当であるから、その賃貸借契約が締結され、貸室の引渡しがあった時点において収益の額に計上すべきものと認められる。

Ⅱ　敷金・保証金の更新時償却と消費税

> **問 77**
> 　当社は、テナント A 社に、礼金 200 万円、保証金 1,000 万円、家賃月額 100 万円＋消費税で、2 年間店舗を貸すことになった。退去時に保証金 1,000 万円を全額返すのは負担が大きいので、退去時までに保証金を 500 万円程度償却しておきたい。また、退去時償却 500 万円と約定すると目立つので、2 年の更新毎に 100 万円ずつ償却することはできるか？　この場合の消費税、貸主側の売上げ処理（収益の計上時期）はどのようになるのか？

【答】

　2 年毎の更新時償却についても、貸主が店舗賃貸の対価（礼金・権利金と同じ性質のもの）として受領するので、消費税が課税される。

　ただ、更新は退去と異なり必ずされるとは限らない。2 年以内に退去して更新されないこともあり得る。

　税法上、テナントはいつか必ず退去するので、退去時償却は最初の契約時に償却必ずされるが、更新時償却は、2 年毎に更新されて初めて償却が行われる。

更新料の支払と同じと考えてよい。

更新されるかどうか分からないので、更新されて初めて行われる償却は、更新された時点（年度）で貸主は収益として計上し、借主は経費として計上する。また、更新時に支払われると考えられるので、更新時の税率の消費税が付加される。

以上から明らかなように、更新時償却は更新時の精算項目で、厳密に言えば退去時の精算事項ではない。しかし、当初の契約時の保証金から差し引くものなので、退去時の精算書に記載しておく方がわかりやすい。

なお、2023年10月1日以降、更新時償却をする場合、貸主が消費税の申告納税事業者でインボイスを発行できないと、消費税を払った借主は支払消費税の仕入れ税額控除ができないので注意されたい（ただし、6年間はインボイスが発行されなくても借主は支払った消費税の一部は仕入税額控除できる）。

なお、更新時償却の特約は以下のように作成する。

【文例】更新時償却の特約

第○条　更新時償却
1　貸主は借主が差し入れた保証金1,000万円から更新（法定更新を含み、以後は2年毎とする）毎に更新後の新賃料の1ヶ月分相当額（ただし、更新時の税率による消費税を加えるものとする）を、無条件で差し引き取得するものとする。
2　前項の更新時償却により、保証金残高が500万円未満になる場合は、更新時償却は行わず、借主は貸主に対し前項の更新時又は更新後の2年間の開始日に償却額相当額を更新料として支払うものとする。

（注）第2項は更新を繰り返して更新時償却を行うと保証金が不相当に減ってしまうからである。第2項により、保証金を最低5ヶ月分程度は確保しておけるようになる。

第4部　敷金・保証金の精算と返還

第3章 借家権・造作譲渡と敷金・保証金

I 借家権譲渡と敷金・保証金の承継

問78 店舗ビルのテナントが、新型コロナウイルス感染症の影響により、造作と借家権を売らせてほしいと言ってきたので承諾した。売却して1ヶ月ほど経ってから、退去した前借主から「保証金を返してほしい」と言ってきた。貸主側としては、保証金の返還は、造作と借家権を買った買主にすれば良いと思っていたので、何も特約をしなかった。退店したテナントに返すべき義務があるか？

【答】
　何も特約をしないと退店したテナントに敷金・保証金を返さなければならない。

　民法では、「賃借人が適法に（貸主の同意を得ること）賃借権を譲り渡したとき」は、貸主が退去した借主に、敷金・保証金を返さなければならないとの定めがある（改正民法第622条の2第1項第2号）。これは従来の最高裁判例（最高裁昭和53年12月22日判決）を踏襲したものである。貸地や賃貸建物が譲渡されたときに、貸主側の敷金返還義務が当然に貸地・貸家の買主に移転するのと逆になる（例えば、借家人は敷金を当然に貸家の所有権を取得した買主＝新しい貸主に請求する）ので注意しなければならない。

　貸地や賃貸建物が譲渡されたときに、貸主側の敷金返還義務が当然に貸地・貸家の買主に移転するのは、例外的で、前記借地や借家に対抗要件が認められ、貸地や賃貸建物の譲渡人に借地権・借家権が対抗できるからである（例えば、貸家の所有権が譲渡された場合、借家人は当然に貸家の所有権を取得した買主

＝新しい貸主に自己の借家権を主張できるので、オーナーチェンジがあっても立ち退く必要はない）。

　貸主の地位は貸家の所有権を取得した買主に当然移転する結果、敷金の返還義務を含めた貸主の権利義務は買主に移転される。

　ところが、逆に本問のように、借地権や借家権が譲渡される場合、敷金の返還を前の借地人・借家人に返すべきだとするのは、当初敷金を差し入れた借主にとって敷金返還請求権が借地・借家の譲受人に当然に移転してしまうと、敷金を差し入れた当初の借主が不利な立場に立たされる（自分の差し入れた敷金を回収できない）と最高裁が考えたからである。

　ただ、実務的には、貸主は借主の地位（借家権）が譲渡される場合、当然に前の借主の敷金と同額でなければ、貸主は借主の地位の譲渡に同意しないので、少なくとも前の敷金以上の敷金を貸主に差し入れることになる。

　もちろん、この改正民法は強行法ではないので、特約をすれば、敷金返還請求権は借家権の譲受人に移転し、借家権を譲渡した借主に敷金保証金は返さず、借家権を譲り受けた新しい借家人に返せばよいとすることができる。

　以上から、借家権譲渡の場合、借家権の売主（譲渡人）との関係で、敷金（保証金）の精算をどうするかを注意しなければならない。

改正民法　第622条の2（敷金）
1　賃貸人は、敷金（いかなる名義をもってするかを問わず、賃料債務その他の賃貸借に基づいて生ずる賃借人の賃貸人に対する金銭債務を担保する目的で、賃借人が賃貸人に交付する金銭をいう。以下この条において同じ。）を受け取っている場合において、次に掲げるときは、賃借人に対し、その受け取った敷金の額から賃貸借に基づいて生じた賃借人の賃貸人に対する金銭債務の額を控除した残額を返還しなければならない。
一　賃貸借が終了し、かつ、賃貸物の返還を受けたとき。
二　賃借人が適法に賃借権を譲り渡したとき。

（注）この第二号の場合、本文の「賃借人」は借家権を譲渡した元の借家人を指す。

Ⅱ　借家権・造作譲渡の特約

> **問79**　新型コロナウイルス感染症等による営業不振で退去せざるを得なくなった飲食店の店舗について借主が借家権・造作（内装）譲渡をすることになった。借家権譲渡に伴う敷金（保証金）返還請求権を処理するためどのような特約を作ればよいか？

【答】
　借家権譲渡の際は、旧借主が貸主に差し入れた敷金（保証金）について、借家権の譲受人（借家の買主）に承継させるかどうかについては、以下の2つの処理方法がある。
（1）改正民法の原則に従い、貸主一旦譲渡時に、敷金を借家権の譲渡人（借家の売主）に返し、貸主は新借主から改めて敷金（保証金）の預託を受ける。
　なお、実務では、借家権を譲渡した旧借主から敷金・保証金の返還の領収書だけをもらい（実際に貸主は旧借主に敷金を返還せず）、借家権を譲り受けた新借主に敷金保証金の預かり証を差し入れる場合も多いが、法的処理としては、「貸主が借主に一旦敷金を返す」処理である。
　この場合、敷金分は、旧借主が新借主から借家権・造作譲渡の代金として回収する。
　このように処理するなら、下記A案の特約となる。

【A案　実質的には借家権・造作の譲渡であるが契約は新規に作り直す方法】
敷金・補償金返還請求権が借家権の譲受人に移転しない特約

> 第○条
>   本契約は、貸主甲と旧借主○○との間で○○○○年○○月○○日付賃貸借契約を合意解除し、本日新たに、貸主甲と新借主乙との間で本日付で、賃貸借契約書を締結したものです。
>
> 　（注）このようにすれば、改正民法の定めと一致し、「借家権の譲渡に伴い、敷金・保証金は退店した借主に一旦返し、新しい借主から新規に敷金・保証金の預け入れを受ける」ことができる。
>
> 2　貸主甲は旧借主○○が、本件貸室内の別紙造作目録の造作等を新借主乙に譲渡することを承諾するものとします。
>
> 　（注）賃貸借契約は新規に締結するが、造作・内装はそのまま新借主に承継させる。
>
> 3　新借主乙は本件賃貸借契約書が終了したときは、旧借主の原状回復義務も含め、第○条の原状回復を負うものとします。

(2) 借家権の譲渡人（借家の売主＝旧借主）がもつ貸主に対する敷金返還請求権を借家権の譲受人（借家の買主＝新借主）に承継（敷金返還請求権の譲渡）させる。

　なお、実務の「借家権譲渡」の感覚では、敷金返還請求権も含めた借家権と造作を譲渡する、という考え方で借家権譲渡が行われている場合が多いようにも思える。

　この法的処理方法では、旧借主から新借主に対し、敷金請求権（債権）の譲渡手続が行われる。

　この場合、敷金分は、旧借主が新借主から借家権・造作譲渡の代金として

第4部　敷金・保証金の精算と返還　　155

回収する。

このように処理するなら、下記B案の特約となる。

（注）造作・内装をそのまま譲渡させるので、新借主との借家契約が終了したときは、旧借主が行うべき原状回復も新借主が負担する特約をしておく必要がある。更に、原状回復の箇所・内容を特定するために、「原状回復目録」も作成しておく必要がある。

【B案　借家権・造作の譲渡と共に、敷金・保証金の返還請求権も新借主に譲渡させる方法】
敷金・補償金返還請求権が借家権の譲受人に移転する特約

第○条
1　本契約は、貸主甲と旧借主○○との間の○○○○年○○月○○日付賃貸借契約の借主としての地位が、○○○○年○○月○○日譲受人（借主乙）に譲渡されたため、旧契約を承継するため作成されたものです。
2　旧借主○○が、貸主甲に対し、旧契約により預託していた敷金・保証金○○万円は、その敷金・保証金の返還請求権を旧借主○○が、新借主乙に譲渡するものとし、貸主甲はこの敷金・保証金の返還請求権の譲渡に同意する(注1)ものとします。なお、貸主乙は旧借主○○に敷金・保証金から控除する滞納家賃・共益費等の未払金がないことを確認し(注2)、新借主乙は旧借主○○の原状回復義務も本件敷金・保証金で担保されることを承諾するものとします。

（注1）敷金・保証金の返還請求権を譲渡するには、貸主の同意か旧借主から貸主へ「敷金・保証金の返還請求権の譲渡通知」が必要となる。
（注2）この特約で処理すると、旧借主の家賃滞納で既に敷金が充当され減っているリスクもある。そこで、第2項では、「貸主乙は旧借主○○に敷金・保証金から控除する滞納家賃・共益費等の未払金がないことを確認」することで、買主に損害が生じないようにしている。

■　造作（内装）譲渡と原状回復

上記の特約の（注）でも説明したとおり、造作（内装）譲渡を認めた場合、将来の新借主の退去にあたり、どの範囲の造作（内装）についての原状回復をしてもらうかが問題となる。

例えば、旧借主の要望で店舗内にトイレの新設を認めたり、入口ドアの交換を認めたような場合、新借主がトイレの撤去・ドアを元の仕様のドアに原状回復することを納得しているかが問題となる。

　そのため、原状回復については、目録や原状回復図面を添付し、契約書にはどの範囲・どの程度まで原状回復義務があるかを明確にしておく必要がある。

　そのため、上記A案・B案いずれの処理においても契約書は上記特約他必要項目（新借主と特約した事項等）を織り込んで新規に作成すべきである。

第4部　敷金・保証金の精算と返還　　157

第4章 敷金・保証金を使ったテナント支援

I 保証金・敷金充当によるテナント支援

問 80　当社（A 社）は、店舗・事務所用のビルを所有しており、借主 B 社に当社保有のビルの 1 階を店舗として月額賃料 110 万円（税込み）、保証金 2,000 万円で貸している。売上げが新型コロナウイルス感染症等の影響で急激に落ち込んだ借主 B 社から、「家賃を月額 30 ％、1 年間減額してくれないか」と要請があった。当社としても、退店は困るが、かといって家賃の減額は困る。何かよい解決策はないか？

【答】

　月額 33 万円（税込み）、期間 1 年であれば、総額 396 万円（税込み）なので、支払猶予や免除はせず、保証金 2,000 万円の一部を家賃の一部に充当する合意をするという方法がある。

　保証金が 2,000 万円から 1 年分の家賃充当で 1,604 万円に減るが、借主は当面 1 年間の家賃負担が減るし、貸主も実質的な損害は発生しない。

　この処理をするのであれば、「充当合意書」を作成する。

　ただし、貸主は退去時の返還保証金の額は減るが、現実的に家賃分の 396 万円（税込み）の現金は受領できない。しかも、貸主としては現実に家賃を満額受領したものとして、税金（法人税・消費税）を支払う必要がある。

　また、保証金が 1,000 万円程度で、一部家賃に充当してしまうと、「担保（家賃滞納・原状回復）が不足する」場合には、この支援策はとれない。少なくとも、賃料（消費税込み）6 ヶ月分＋原状回復費用程度の保証金は担保として残しておくべきである。

Ⅱ　保証会社を使ったテナント支援

> **問 81**　当社（A 社）は、店舗・事務所用のビルを所有しており、借主 B 社に当社保有のビルの 1 階を店舗として月額賃料 110 万円（税込み）、保証金 1,000 万円で貸している。売上げが新型コロナウイルス感染症等の影響で急激に落ち込んだ借主 B 社から、「保証金のうち 500 万円を返してくれないか」と要請があった。当社としても、退店は困るが、かといって保証金が減ってしまい、いざ事故（賃料滞納・倒産）が起きたときの担保が少ないのも困る。何かよい解決策はないか？

【答】

　保証金の返還に代えて、敷金（保証金）を保証している家賃保証会社を使う方法がある。

　事業用家賃の保証会社には、居住用の家賃保証会社の、「滞納や原状回復の未履行があったときは家賃の○ヶ月分を保証して支払う」という保証方法以外に、「保証金 1,000 万円のうち、テテントは保証金として現金 500 万円を現実に貸主に預け入れて負担し、残りの保証金 500 万は保証会社が保証する」というような敷金（保証金）を保証している家賃保証会社もある。

　例えば、今回、テナントの資金繰りのため、保証金 1,000 万円のうち 500 万円を返還する。返還と同時に、返還した 500 万円の保証金の代わりに極度額 500 万円で保証会社の保証をつけてもらえば、貸主のリスクは軽減する。

　ただし、この場合他に元々保証人がいる場合には、保証会社が保証した 500 万円については保証会社が支払うと保証人が保証会社から求償されるリスクを負うことになるので、よく説明して保証人の了解を取る必要がある。この場合、個人の連帯保証人であれば、保証契約のやり直しになり、「改正民法施行後の新規の個人根保証」として、極度額の定めや、借主の資産状況の説明が改めて必要になると思われる。

　また、保証会社の敷金・保証金を利用する場合は、当然保証料が必要なので、

第 4 部　敷金・保証金の精算と返還　　159

その負担についてはテナントと協議をしておく必要がある。

第5部

連帯保証人への請求

退去精算につき、敷金・保証金でまかないきれず、借主に支払能力がない場合には、連帯保証人への請求が必要になる。連帯保証人への請求については、特殊な問題や民法改正による注意点がある。

第1章 保証人・保証会社

I 事業用賃貸借の保証

 事業用賃貸借の保証にはどのようなものがあり、居住用賃貸借とどのような違いがあるか？

【答】
1 事業用賃貸借の保証

事業用賃貸借の保証としては、敷金・保証金の預け入れと、保証人を立てる方法がある。敷金・保証金は契約時に預け入れを受けるので、回収の手間はないが、あまり高額な敷金保証金を賃貸条件にするとテナント募集がやりにくくなる。保証人を立ててもらう場合は、保証人に請求したときに支払ってもらえるかのリスクがあるが、最初の契約時に保証人の金銭的負担が生じない。

さらに、事業用賃貸借の保証人には、個人の保証人をつける場合と、法人（会社）の保証人をつける場合がある。

法人（会社）の保証人については、例えば親会社が子会社を保証するなど何らかの関係により保証人になる場合と、家賃保証会社のように、借主との関係はなく営業として保証料を受領して、保証人になる場合がある。

個人の保証人との間では、精算をするについて後記で説明する民法改正（2020年施行の債権法の改正）により、個人根保証人の保護規定である極度額の設定・元本確定・借主の財務状況の説明等の問題を確認する必要がある。

例えば親会社が子会社を保証するなど、法人（会社）が保証人になる場合は、無制限の責任を負ってもらえるし、保証契約締結の際、借主の連帯保証人に対する借主の財務状況の説明もいらない。

家賃保証会社のように、借主との関係はなく営業として保証料を受領して、保証人になる場合には、民法では不要であるが家賃保証会社の責任限度額を契約により定めるのが通常である。

以上の問題により保証人への請求・退去精算については、借主本人への請求とは必ずしも一致しないことに注意しなければならない。

2 単なる「保証人」

法律上は、単なる「保証人」と連帯保証人が認められている。実務での保証人は連帯保証人が圧倒的に多い。

単なる「保証人」は、主債務者（借主）が不払を起こした場合のみ、予備的・二次的に支払義務を負う（民法第446条第1項）。

そのため、単なる「保証人」は、債権者（貸主）から支払請求があった場合、まず、主債務者（借主）に請求（催告）し、それでも支払がない場合に責任を負えばよい（民法第452条）。

さらに、保証人は主債務者（借主）に弁済の資力があること、主債務者（借主）に強制執行をすれば取立てができることを証明した場合には、保証人としての支払義務は発生しない（民法第453条）。

3 連帯保証人

連帯保証人は、主債務者（借主）と同じ立場で支払義務を負う。一次的に支払義務を負う。

そのため、連帯保証人は、債権者（貸主）から支払請求があると、「まず、主債務者（借主）に請求（催告）してくれ」という抗弁は主張できない。債権者（貸主）は、支払の催告をしなくとも、すぐに連帯保証人に支払請求ができる（民法第454条）。

また、主債務者（借主）に弁済の資力があること、主債務者（借主）に強制執行をすれば取立てができることを証明しても、債権者（貸主）からの支払請求を拒否できない（民法第454条）。

このように、単なる「保証人」より連帯保証人に対する請求が簡単なので、

第5部 連帯保証人への請求 163

実務では保証人のほとんどが「連帯保証人」である。

Ⅱ　保証人の責任の範囲・性質

問83　当社は保有ビルの1室を事務所として貸していたが、借主に夜逃げされてしまった。借主には、親戚の人（個人）が連帯保証人になっているので、この親戚の連帯保証人に貸室の明渡しをしてもらえないか？

【答】

　貸室の明渡し義務は、借主の一身専属的な義務である。言い換えると、借主の貸主に対する建物明渡しというのは、借りている借主しか法律上履行できないと解釈されている。

　そのため、（連帯）保証人は、借主が借りていた貸室の明渡しを実現することはできず、建物明渡しについての連帯保証人の債務は、明渡しの不履行により、明渡し義務が損害賠償義務に代わったことを停止条件として金銭賠償義務としてのみ効力を生じるというのが判例（大阪地判昭和51年3月12日）・学説の立場である。

（注）「停止条件」というのは、ある条件が実現する（成就する）と法的効果が発生することをいう。ここでは明渡し義務を履行しないことで発生する家賃や、契約が解除されたのに明け渡さない場合の違約金（例えば、明け渡さない場合は家賃の倍額の違約金の支払義務が約定されていることが多い。これは金銭債務になる）が発生することを指す。借主が建物を明け渡さないことで、明渡義務が違約金支払債務等の金銭債務に代わることで停止条件が成就したことになる。

　そのため、法的には貸主から連帯保証人に対して貸家・貸室の明渡請求をすることは認められないし、逆に、連帯保証人から自発的に賃借物件を貸主に返還することもできない。

　ただ、このように考えると、貸主が明渡訴訟を起こさないと、家賃や違約金

が発生し続け、連帯保証人はこれを半永久的に支払い続けなければならない。この問題を解決するため、次問のような特約をする方法がある。

> コラム 「保証」と「補償」と「保障」
>
> 　賃貸分野で一番目にするのが、「保証」であり、「連帯保証人」という言葉がよく出てくる。「保証」とは、「間違いがないと請け負い、もし、保証された人や物に間違いがあれば、責任を持つことをいう。借家人の連帯保証人は、もし、借家人が家賃を払わなかったり、貸主に損害を与えたのに、弁償しなければ、借主本人と同じ立場で支払い義務を負う。
> 　また、物についての保証は、商品を買ったのに、壊れてしまった場合に責任（修理・交換等）の責任を持つ。
>
> 　「補償」は、相手の損害を補って補填することをいう。例えば、契約違反によって相手方に与えた損害を補って補填する。交通事故（不法行為）で被害者に与えた損害を補って補填することも補償である。「契約の相手方に損害を与えたので、裁判所から補償を命じられた」というように使う。
>
> 　「保障」は、権利や立場を保護し、現在や将来に立場や権利が侵害されないように守るという意味である。例えば、「借家人の居住権は、法定更新の制度で保障されている」とか、「憲法は国民の人権を保障している」というように使われる。

第5部　連帯保証人への請求　　165

第2章 連帯保証人を代理人にした明渡し

I 借主代理人たる保証人による明渡し

問84 当社は保有ビルを事務所店舗として貸しているが、借主が中小企業なので、倒産して夜逃げされることがある。このような場合、借主に公示送達等で裁判をした上で、明渡しの強制執行をすると多額の費用と時間がかかってしまう。そこで、夜逃げされてしまった場合に、特約で連帯保証人に貸室を明け渡してもらうようにできないか？

【答】

　前問で解説したとおり、原則連帯保証人には明渡しの権限も義務もない。

　しかし、明渡しという行為を借主の代理人として行うのであれば可能である。そこで、借主から連帯保証人に対し、契約時にあらかじめ、明渡しの代理権を与える特約をする方法が考えられる。

　連帯保証人が、借主の代理人として借主に代わって明渡しができれば、借主が夜逃げをしたような場合、①貸主は借主に明渡しの訴状が届かない場合の公示催告の手続や明渡訴訟、強制執行をしなくて済むし、②連帯保証人も、貸主が明渡しの判決を取得し、強制執行を完了するまでの長い期間の家賃や明渡し遅延による違約金の支払を軽減できる。

　借主から連帯保証人に対し、明渡しの代理権を与える特約としては以下のようなものが考えられる。

【文例】 連帯保証人への解除・明渡請求の委任特約

第○条　代理権の授与

1　借主は、連帯保証人に対し、借主が行方不明等により貸主と連絡が取れない場合において、以下の代理権を与えるものとする。ただし、連帯保証人が保証会社の場合は、この限りではない。
1)　貸主の借主に対する催告を受領する件
2)　本契約について合意解約を行う件
3)　解除、又は解除の通知を借主に代理して受領する件
4)　本件建物から借主保有の動産類を撤去・処分し、原状回復工事を行う件、又は、原状回復費用を貸主と合意して支払う件
2　前項の委任は、本契約が終了し貸主・借主間の一切の債権債務がなくなるまで、借主は撤回しないものとする。

1　上記代理権授与の特約の有効性

　大阪高裁は、このような特約について、「家賃保証会社以外の、通常、賃借人との間で一定の信頼関係があると考えられる個人の連帯保証人に対し、上記権限を付与したものであって、その目的は、個人の連帯保証人の賃料支払債務が過大になるのを防止するためであり、当該条項を賃借人が明確に認識した上で契約を締結したものであれば、当該条項が信義則に反して賃借人の利益を一方的に害するものであるということはできず、消費者契約法10条に」違反しないとした（大阪高裁平成25年10月17日判決）。

　この高裁判決は最高裁に上告されたが、平成27年3月3日に上告が却下ないし不受理とされたようで、上記高裁判決の内容で確定している。

　なお、上記判例は「居住用建物の賃貸借」の特約の有効性が争われ、消費者が借主になり、消費者契約法の適用を受けることを前提として特約の有効性が争われている。

　この判例は、消費者である借主が自宅を借りる契約の中で、連帯保証人への解除等についての代理権授与の特約が借主に不利な特約として消費者契約法上、

第5部　連帯保証人への請求　　167

無効になるかが論点になった。しかし、本書の解説は事業用の賃貸借での代理権授与の特約の有効性を問題にするので、消費者契約法が適用されない事業用では、より広く特約が有効になる。

　ただ、事業用でも借主保護は考慮しなければならないので、事業用賃貸借においてもこの代理権授与の特約が認められるのは、上記大阪高裁が有効と認める「家賃保証会社以外の、通常、賃借人との間で一定の信頼関係があると考えられる個人の連帯保証人に対し、上記権限を付与した」場合に限られると考えておくべきである。

2　連帯保証人への明渡し等の代理権授与が無効な場合

　連帯保証人に合意解約や明渡しの権限を特約で与えていた場合でも、現場の状況から借主本人が連帯保証人に明渡しの代理権行使を認めていないような状況の場合には、連帯保証人に代理権は無く、連帯保証人に明渡しをさせることはできない。

　例えば、借主が家賃を滞納しているにもかかわらず、居座って、合意解除にも応じず、任意の明渡しをしないと主張している場合、連帯保証人が滞納家賃の支払に耐えられず、借主本人の意思を無視して、貸主と合意解約、明渡し、室内の家財の所有権放棄をしても無効となる。そもそも、代理人は、使用を続けたい借主本人の意思に反して代理権を行使することができないからである。

　また、上記高裁判決では、「代理人が保証会社の場合、借主本人と信頼関係がない（保証人が本人の利益を考えない）場合の代理権授与特約は認められない」と指摘しており、事業用でも代理人が保証会社の場合には、保証会社は借主保護に反する行動に出やすいので、保証会社に対する明渡し等の代理権授与特約は定めない方が良いと思われる。要するに、借主とは人間関係のない保証会社は借主の利益を考慮して代理権を行使することが期待できないので、代理権授与特約は無効になる可能性が高いと考えるべきである。

　高裁では、保証会社への代理権授与が問題になったが、借主本人と個人的な関係がない貸主側の管理会社への代理権を与える特約も保証会社と同様、特約として定められないと考えておく方がよい。

3　国土交通省・法務省の推奨する独居老人死亡時の対処法

　国土交通省・法務省は独居老人死亡時の解除や明渡し、残置物の処分のため連帯保証人へ代理権付与（委任）を行う処理法を推奨する（「残置物の処理等に関する契約の活用の手引き」と「モデル契約条項」参照）。

　国土交通省・法務省の対応を見ても、借主側に不利とならない代理権の授与であれば、有効となる可能性は非常に高い。さらに、上記は保護の必要性の高い居住用での代理権の授与を認めたもので、本書の取り扱う事業用物件の退去についての代理権授与は、さらに有効となる可能性が高い。

Ⅱ　2022年（令和4年）12月最高裁判決

問85
　委任を受けた連帯保証人による合意解除を有効と認めた上記大阪高裁の判例は、2022年（令和4年）12月12日の保証会社に無催告契約解除を与える特約を無効とした最高裁判決（以下「令和4年最高裁判決」という）で変更されていないのか？

【答】

　変更されていないと考えられる。

　上記大阪高裁の判例も、居住用賃貸において「家賃保証会社に対して契約解除権、明渡しの代理権及び残置動産の処分権を付与することについては」消費者契約法で無効であるが、「家賃保証会社以外の、通常、賃借人との間で一定の信頼関係があると考えられる個人の連帯保証人に対し、契約解除権、明渡しの代理権及び残置動産の処分権を付与することについては」消費者契約法に違反しないとした。

　令和4年最高裁判決は、消費者契約法が適用される居住用の借家契約で、①「保証会社に無催告契約解除を与える特約」、②「夜逃げした場合等に、明け渡したとみなす」特約が消費者契約法で無効にならないかが問題になった。

　令和4年最高裁判決は、この判決の中で、以下の2つの重要な判断をしている。

第5部　連帯保証人への請求　　169

① 家賃等の未払が3ヶ月以上続いた場合は、貸主（大家）ではなく、保証会社が借家契約を（貸主の代理人としてではなく）保証会社の独自の立場で解除できるとした特約は、消費者契約法で無効である。

② 家賃が2ヶ月以上滞納になっている、借家人と連絡が取れない、電気ガス等を借家人が使っておらず、借主が借家に戻ってこない状況があれば、明け渡したと看做（みな）すことができる（中の借家人の荷物を廃棄してしまうことができる）とした特約は、消費者契約法で無効である。

　このような最高裁の判例が出た背景は、居住用の賃貸借では家賃保証会社の利用が急増し、滞納者に対する家賃保証会社の対応が乱暴で、トラブルを起こしていることが挙げられる。

　なお、この最高裁判例も、消費者である借主が自宅を借りる契約の中で、保証会社への独自の解除権を与える特約等が借主に不利な特約として消費者契約法上、無効になるとしたものである。しかし、本書の解説は事業用の賃貸借での問題なので、保証会社へ独自の解除を与える特約等が有効とされる余地もあるが、判例は保証会社の立退き処理には厳しい態度を取るので、事業用でも、保証会社には独自の解除権を与えたり、保証会社を借主代理人とする特約は避けるべきである。

第3章 民法改正による個人根保証人の保護

退去精算にあたり、個人の連帯保証人への請求をする場合もある。個人の連帯保証人へ請求する場合は改正民法で、各種の制限が発生しているので注意しなければならない。

I　民法改正（2020年施行の債権法の改正）による保証人の保護の趣旨

問86　民法改正（2020年施行の債権法の改正）により、事業用賃貸借の連帯保証人については、制度が大幅に変わったと聞いたが、なぜ変わったのか？

【答】
　民法改正においては、以前から「個人」の「根保証人の保護」をいかに図るかという点が議論の1つとなっていた。

1　建物賃貸借の連帯保証人は、「根保証人」である

　借家の連帯保証人は、借家契約という継続的取引関係（これが「根」である）から生じる増減変動する一団の不特定債務、すなわち、未払賃料・貸主の建物を壊した場合の損害賠償・原状回復を怠った場合の原状回復費用の負担等の金額がいくらになるかわからない債務を包括して保証する契約なので、根保証契約といわれる。根抵当権と同じような性質を持つ担保契約である。
　特に根保証人は、保証人の負担が予想外に重くなる（例えば、家賃が50万円

でも、借家人が失火してビル火災を起こせば、1億円以上の損害賠償の責任を連帯保証人が負うことがある）ことから、保護の必要性が主張されていた。

また、個人の保証人は、保証会社のように保証料を受領するわけではなく、いわゆる義理で保証人になることが多いので、保護の必要が特に強いとされた。

2 「個人」の根保証人の保護

根保証人の負担は予想外に大きくなることがあるというのは、保証人が法人（会社）でも、個人でも同じである。

法人（会社）が保証人になる場合、営業で保証する保証会社は、保証料に見合った負担にするため、責任限度額を例外なく契約で定めている。また、保証会社ではない法人（会社）が保証人になる場合、親会社が子会社を保証するとか、関連会社のため保証するなど、義理で保証することは少ないし、会社は商人で十分考慮して保証人になるかどうか決めるので、個人と同じ保護は必要ないとされ、今回の民法改正（2020年施行の債権法の改正）で保護の対処になったのは、「個人」の根保証人のみである。

Ⅱ　民法改正（2020年施行の債権法の改正）による保証人の保護の内容

問87
民法改正（2020年施行の債権法の改正）により、事業用賃貸借の連帯保証人については、制度が大幅に変わったと聞いたが、どのような点が変わったのか？

【答】

債権法改正での個人の根保証人に関する主な改正箇所は、以下のとおりである。

1　極度額による個人根保証人の保護

2　元本確定

3　事業用賃貸借での個人保証人に対する契約締結時の借主の財務状況説明

義務の新設

4　主たる債務の履行状況に関する保証人への情報提供義務の新設

1　極度額による個人根保証人の保護

　個人の根保証人には、必ず、責任の上限額（極度額）を定める必要があり、極度額により、根保証人は責任の上限を確認することができる。

　保証契約を締結する際、責任の上限額（極度額）を定めないと、保証契約は無効になり、根保証人に滞納家賃等が発生しても1円も請求できない。

2　元本確定

　個人の根保証では、借家人又は、根保証人のいずれかが死亡すると、根保証人（相続人）の責任は、その死亡時の未払債務に限定されてしまう。

　例えば、極度額を500万円と定めても、借主が死亡してその死亡時（元本確定時）に未払債務がなければ、連帯保証人は、根保証人として一切責任を負わないで済む。

　例えば、極度額を500万円と定めても、連帯保証人が死亡してその死亡時（元本確定時）に未払債務がなければ、連帯保証人の相続人は、根保証人として一切責任を負わないで済む。

　この元本確定は、貸主にとって、極度額以上に連帯保証人やその相続人への請求を阻むもので、改正民法が適用される個人根保証人はあまりあてにできなくなったと表現しても大げさではない。

3　事業用賃貸借での個人保証人に対する契約締結時の借主の財務状況説明義務の新設

　事業用賃貸借では、家賃や原状回復費用も高くなる。そのため、個人の根保証人が負担する保証債務も高額になりがちである。

　そこで、事業用賃貸借の個人根保証人に限定し、個人根保証人が保証契約を締結する前、借主が資産・借入金等の財務内容を個人根保証人に説明した上で、保証人になってもらうようにした。個人根保証人がリスクを予測できるように

するためである。

　借主が資産・借入金等の財務内容を個人根保証人に説明しなかったり、虚偽の説明をし、保証人がこれらの事項について誤認して保証人となった場合であって、そのことを貸主が契約時に知り得たときには、個人根保証人は、保証契約を取り消すことができる。保証契約を取り消せば、連帯保証人は、根保証人として一切責任を負わないで済む。

4　主たる債務の履行状況に関する保証人への情報提供義務の新設

　借主から頼まれて保証人となった場合、保証人は貸主に対し、保証人の責任が生じるような家賃滞納や違約金・損害賠償債務等があるかどうかや、その金額・弁済期等を教えるよう請求することができる。

　注意すべきは、この照会は、保証人が法人でも可能である点である。

　今回の民法改正は「個人の根保証人」保護が大きな柱であるが、借主から頼まれた保証人は、個人であろうが法人であろうが、保証人の責任が生じるような家賃滞納等の債務発生を確認できるようにするのが合理的だからである。

Ⅲ　根保証人の保護のための民法改正の歴史

> **問88**
>
> 　「根保証人の保護のための民法改正は、随分前から行われていた」と聞いたが、2020年施行の債権法の改正との関係はどうなっているのか？

【答】

　根保証人の保護のための民法改正は、平成16年改正で行われているが、2020年施行の債権法の改正で、根保証人の保護が、借家契約の保証人等に拡大した。2020年の改正前は金銭の貸借の根保証人のみが保護の対象になっていた。

　保証人は、通常なんらの対価も得ず、義理人情で保証人に就任することが多い。いざ保証人の責任が発生すると、保証人の生活を破壊するような状況にな

174

ることが多かったので、以前から何らかの保護が必要との見解が多かった。

保証人の中でも、特に個人の根保証人については、通常なんらの対価も得ず、義理人情で保証人に就任することが多く、しかも保証人の負担が予想外に重くなることから、保護の必要性が強く主張されていた。

根保証とは、継続的取引関係から生じる増減変動する一団の不特定債務を包括して保証する契約をいう。

例えば、ある銀行がA会社との銀行取引の契約（複数の貸付・手形割引等）をするに際し、A会社社長の友人B氏がA会社と銀行との全取引を包括して保証することが多い。

A会社と銀行との全取引を包括して保証すると、A会社と銀行とは、多数回にわたる貸付返済等を継続的に繰り返し、銀行の貸付額を次第に金額が増える場合が多い。A会社と銀行との継続的な銀行取引関係から生じる増減変動する一団の不特定債務を包括して保証する契約を根保証契約という。

継続的な銀行取引関係から生じる将来の増減変動する一団の不特定債務を包括して保証するので、契約当初に保証人のサインをした時の貸付金（例えば1,000万円）ばかりでなく、その後保証人が知らないうちに追加貸付けをされた貸金（例えば1億円でも2億円でも）も全て友人B氏は保証しなければならなくなる。

そのため、金銭借入れ（主債務が金銭借入）についての根保証人については、2020年施行の民法改正ではなく、既に平成16年改正（平成17年4月1日から施行）により、「個人の貸金等根保証契約」（借主の債務が金銭借入等で個人が保証人になる場合）においては、「極度額を定めなければ、保証の効力を有しない（保証人として責任を負わなくて良い）」という規定が新設された（改正前民法第465条の2）。

改正前民法　第465条の2（貸金等根保証契約の保証人の責任等）

1　一定の範囲に属する不特定の債務を主たる債務とする保証契約（以下「根保証契約」という。）であってその債務の範囲に金銭の貸渡し又は手形の割

引を受けることによって負担する債務（以下「貸金等債務」という。）が含まれるもの（保証人が法人であるものを除く。以下「貸金等根保証契約」という。）の保証人は、主たる債務の元本、主たる債務に関する利息、違約金、損害賠償その他その債務に従たるすべてのもの及びその保証債務について約定された違約金又は損害賠償の額について、その全部に係る極度額を限度として、その履行をする責任を負う。

2　貸金等根保証契約は、前項に規定する極度額を定めなければ、その効力を生じない。

3　第446条第2項及び第3項の規定は、貸金等根保証契約における第1項に規定する極度額の定めについて準用する。

2020年施行の民法改正では、上記の個人貸金等根保証契約（個人根保証契約であってその主たる債務の範囲に金銭の貸渡し又は手形の割引を受けることによって負担する債務（貸金等債務）が含まれるもの）にとどまらず、個人が保証人となる根保証契約一般に保証人保護の規定の適用が拡大され、下記のような改正法になった。

改正民法　第465条の2　（個人根保証契約の保証人の責任等）

1　一定の範囲に属する不特定の債務を主たる債務とする保証契約（以下「根保証契約」という。）であって保証人が法人でないもの（以下「個人根保証契約」という。）の保証人は、主たる債務の元本、主たる債務に関する利息、違約金、損害賠償その他その債務に従たる全てのもの及びその保証債務について約定された違約金又は損害賠償の額について、その全部に係る極度額を限度として、その履行をする責任を負う。

2　個人根保証契約は、前項に規定する極度額を定めなければ、その効力を生じない。

3　第446条第2項及び第3項の規定は、個人根保証契約における第1項に規定する極度額の定めについて準用する。

土地や建物の賃貸借契約における保証人も根保証人である。

　借家について言えば、借家の連帯保証人は、借家契約という継続的取引関係から生じる増減変動する一団の不特定債務、言い換えると未払賃料・建物を壊した場合の損害賠償・原状回復を怠った場合の原状回復費用の負担等の債務を包括して（民法改正前は、どのように多額の責任になっても）保証する契約なので、根保証契約である。

　そのため、平成 16 年の民法改正で保護が図られた主債務が金銭借入の根保証人ばかりでなく、今回の民法改正では、主債務が借家契約の債務のような根保証契約一般に保証人の保護を拡大することになった。

　具体的には、2020 年施行の改正で、次の第 4 章から第 7 章のような保護が図られている。

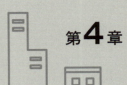

第4章 極度額による個人根保証人の保護

I　民法改正による個人根保証人についての極度額設定

問89　民法改正により個人根保証人については極度額設定が必要とのことであるが、これまでの賃貸借契約の個人根保証人である連帯保証人の約定は、どのように変更すればよいか？

【答】
実務的には、これまでの条文を以下のように変更するのがよい。

【文例】個人根保証人の極度額の定め

> 第○条（連帯保証人）
> 1　連帯保証人は、本契約によって借主が貸主に対して負担する一切の債務について保証し、借主と連帯して履行の責を負うものとします。ただし、連帯保証人が個人の場合は頭書連帯保証人欄の極度額欄の金額を責任の上限額とします。
> 2　前項ただし書に定める連帯保証人の責任の極度額は、連帯保証人が保証債務の一部を元本が確定する前に履行した場合には、履行分につき減額されるものとします。
> 3　第1項の連帯保証人の債務は、契約終了後も借主が原状回復等、本契約に基づく借主の貸主に対する一切の債務の履行が完了するまでの間は消滅しないものとします。

4 　連帯保証人が負担する債務の元本は、連帯保証人が個人の場合に限り、借主又は連帯保証人が死亡したときに、確定し、連帯保証人は確定時の借主の債務についてのみ支払義務を負うものとします。

5 　連帯保証人の請求があったときは、貸主は連帯保証人に対し、遅滞なく、賃料等並びにこれらに関する利息、違約金、損害賠償その他その債務に従たる全てのものについての不履行の有無並びにこれらの残額及びそのうち弁済期が到来しているものの額に関する情報を提供しなければなりません。

6 　連帯保証人は、この賃貸借契約が法定更新された場合はもちろん、連帯保証人が契約当事者とならずにこの賃貸借契約が合意更新された場合でも、特約で連帯保証人の責任を免除された場合を除き、貸主と借主の賃貸借契約（更新後の契約を含むものとします）が終了し、かつ、借主の債務が完済されるまでは連帯保証人の責任を負うものとします。

7 　連帯保証人が死亡又は資力喪失等により、連帯保証人としての適格性を失ったときは、借主は貸主の承諾を得た上で、直ちに他の連帯保証人を選定しなければなりません。

1　契約条文第1項の解説

　連帯保証人は、本契約によって借主が貸主に対して負担する一切の債務について保証し、借主と連帯して履行の責を負うものとします。ただし、連帯保証人が個人の場合は頭書連帯保証人欄の極度額欄の金額を責任の上限額とします。

　今回の民法の改正は、「個人」の保証人についてのみ保証契約に極度額を記載する必要がある。

　連帯保証人が、「個人」の場合と「会社」の場合とで、契約書を分けるのは煩雑になるので、共用使用できる契約にした上で、但書で、極度額の定めが必要な個人の場合を規定した。

第5部　連帯保証人への請求　　179

そのため、賃貸借契約に関する保証条項においても、極度額に関する定めを入れておく必要がある。

民法 第465条の2（個人根保証契約の保証人の責任等）
1　一定の範囲に属する不特定の債務を主たる債務とする保証契約（以下「根保証契約」という。）であって保証人が法人でないもの（以下「個人根保証契約」という。）の保証人は、主たる債務の元本、主たる債務に関する利息、違約金、損害賠償その他その債務に従たる全てのもの及びその保証債務について約定された違約金又は損害賠償の額について、<u>その全部に係る極度額を限度として、その履行をする責任を負う。</u>
2　<u>個人根保証契約は、前項に規定する極度額を定めなければ、その効力を生じない。</u>
3　民法第446条第2項及び第3項の規定は、個人根保証契約における第1項に規定する極度額の定めについて準用する。

2　契約条文第2項の解説

前項ただし書に定める連帯保証人の責任の極度額は、連帯保証人が保証債務の一部を本が確定する前に履行した場合には、履行分につき減額されるものとします。

例えば、個人連帯保証人の極度額を500万円とした場合、ある月の家賃が100万円が不払のため、連帯保証人に請求が来て100万円を支払ったとする。

その後貸主から請求がなかったが、突如1年くらいたった後に、「貸主から、家賃支払の遅延が続いたので退去してもらった。ついては、滞納家賃と原状回復費用の請求が700万円あるので、極度額の500万円は支払って欲しい」と要求されても、1年前に連帯保証人が負担した100万円も含めて極度額として500万円を負担すれば済む（退去時には400万円の責任で済む）。

「前に（100万円）履行した場合には、（100万円の）履行分につき（500万円

から）減額される」というのはこのような意味である。

　ただ、連帯保証人が何回かに分けて保証人の責任を果たした場合、その全てが単純に極度額から引かれるわけではない。保証人は、保証人としての責任を履行した場合、借主本人に「求償権」として支払を求めることができる。1年前に連帯保証人が負担した100万円を借主に返還請求でき、仮に借主が請求されて保証人に100万円を返還した場合には、借主の極度額は500万円までになり、退去時には保証人は貸主に対し500万円の支払義務を負うことになる。

3　契約条文第3項の解説

　　第1項の連帯保証人の債務は、契約終了後も借主が原状回復等、本契約に基づく借主の貸主に対する一切の債務の履行が完了するまでの間は消滅しないものとします。

　建物賃貸借の連帯保証人の責任は、例えば借主が長期に家賃を滞納して貸主から賃貸借契約を解除されても（賃貸借契約がなくなっても）、その解除時点での責任は限定されない。解除後に発生する原状回復義務や明渡し遅延による損害金（通常、「賃料の倍額」などと約定されることが多い）等、保証している賃貸借契約から生じる一切の借主の債務について連帯保証しなければならない。

　上記連帯保証人の責任は、保証の理論から当然のこととされているので、あえて契約条文第3項を定めなくても、保証人としての責任は変わらないが、トラブルを避けるため（保証人に責任の範囲を承知してもらうため）定めている。

4　契約条文第4項の解説

　　連帯保証人が負担する債務の元本は、連帯保証人が個人の場合に限り、借主又は連帯保証人が死亡したときに、確定し、連帯保証人は確定時の借主の債務についてのみ支払義務を負うものとします。

第5部　連帯保証人への請求　　181

今回の民法改正（債権法の改正）で新たに定められた、「元本の確定」についての条項である。

　この契約条文を置かなくても、民法第465条の4（個人根保証契約の元本の確定事由）により、個人の根保証人に限り、元本が確定する。

　極度額に余裕があっても、個人根保証人の責任は確定時の元本に限定される。

　例えば、極度額が500万円であっても、100万円の元本で確定すれば、個人根保証人の責任は100万円に留まる。

　もちろん、確定時の元本は極度額を上回っている場合は、極度額に限定される。

　要するに、個人根保証人の責任は、上限が極度額と元本確定で限定されている。

　具体的問題については後記【問】を参照使用されたい。

民法　第465条の4（個人根保証契約の元本の確定事由）
1　　次に掲げる場合には、個人根保証契約における主たる債務の元本は、確定する。
3）主たる債務者（借主のこと）又は保証人が死亡したとき。

5　契約条文第5項の解説

　　連帯保証人の請求があったときは、貸主は連帯保証人に対し、遅滞なく、賃料等並びにこれらに関する利息、違約金、損害賠償その他その債務に従たる全てのものについての不履行の有無並びにこれらの残額及びそのうち弁済期が到来しているものの額に関する情報を提供しなければなりません。

　今回の民法改正（債権法の改正）で新たに定められた、主たる債務（借家契約による借主の債務）の履行状況に関する保証人への情報提供義務（民法第458条の2）を契約条文にしたものである。

民法 第458条の2（主たる債務の履行状況に関する情報提供義務）

　保証人が主たる債務者の委託を受けて保証をした場合において、保証人の請求があったときは、債権者は、保証人に対し、遅滞なく、主たる債務の元本及び主たる債務に関する利息、違約金、損害賠償その他その債務に従たる全てのものについての不履行の有無並びにこれらの残額及びそのうち弁済期が到来しているものの額に関する情報を提供しなければならない。

　民法の規定では、貸主に照会できるのは、借主から保証人になることを依頼された保証人のみであるが、この契約条文では、借主からの依頼の場合に限定されていない。貸主からの依頼で連帯保証することもあり得るが、通常は借主の依頼で保証人になることが圧倒的に多いので、あえて借主の依頼で連帯保証人になった場合に限定していない。

　なお、前にも述べたが、この保証人から貸主への照会は、法人の保証人でも可能である。

6　契約条文第6項の解説

　連帯保証人は、この賃貸借契約が法定更新された場合はもちろん、連帯保証人が契約当事者とならずにこの賃貸借契約が合意更新された場合でも、特約で連帯保証人の責任を免除された場合を除き、貸主と借主の賃貸借契約（更新後の契約を含むものとします）が終了し、かつ、借主の債務が完済されるまでは連帯保証人の責任を負うものとします。

　連帯保証人は、原則（例えば、契約開始から2年間のみ連帯保証人としての責任を負うという限定特約がない限り）、合意更新や法定更新により契約が継続する限り、保証責任が継続する。

　更新後の契約についても連帯保証人の責任が継続することを保証人に承知しておいてもらうための念のための特約である。したがって、この特約を置かな

第5部　連帯保証人への請求　　183

くても判例・学説で保証人は更新後の契約についても責任を負わねばならない。

7　契約条文第 7 項の解説

連帯保証人が死亡又は資力喪失等により、連帯保証人としての適格性を失ったときは、借主は貸主の承諾を得た上で、直ちに他の連帯保証人を選定しなければなりません。

　もともと、この特約がなくても、民法により、保証人が死亡したり、資力がなくなった場合には、貸主は、資力ある代わりの保証人を付けるよう請求できる（民法第 450 条第 2 項）。

　後に解説するが、借家の連帯保証人は根保証人で、根保証人が死亡すると元本（保証対象債務）が死亡時で確定し、その後に発生する借主の債務については、根保証人の相続人は責任を持たないので、特に、保証人が死亡したときは、速やかに新しい保証人を立てるよう請求しなければならない。

民法　第 450 条（保証人の要件）
1　債務者が保証人を立てる義務を負う場合には、その保証人は、次に掲げる要件を具備する者でなければならない。
　一　行為能力者であること。
　二　弁済をする資力を有すること。
2　保証人が前項第二号に掲げる要件を欠くに至ったときは、債権者は、同項各号に掲げる要件を具備する者をもってこれに代えることを請求することができる。
3　前二項の規定は、債権者が保証人を指名した場合には、適用しない。

Ⅱ　極度額の定め方

> **問 90**　賃貸借契約の個人根保証人である連帯保証人の極度額の定めは、「極度額は月額家賃の 10 ヶ月分」という定め方でもよいか？

【答】

　結論として、現時点では（判例が出るまでは）賃貸借契約書には、「極度額 月額賃料の○ヶ月分」という記載ではなく、必ず「極度額　○万円」と確定金額で記載すべきである。

　民法の改正で、根保証では保証人が個人の場合、保証契約に極度額を記載する必要があり、極度額の定めがないと、保証契約そのものの効力が否定されてしまう。

　民法 第 465 条の 2 （個人根保証契約の保証人の責任等）
1　一定の範囲に属する不特定の債務を主たる債務とする保証契約（以下「根保証契約」という。）であって保証人が法人でないもの（以下「個人根保証契約」という。）の保証人は、主たる債務の元本、主たる債務に関する利息、違約金、損害賠償その他その債務に従たる全てのもの及びその保証債務について約定された違約金又は損害賠償の額について、その全部に係る極度額を限度として、その履行をする責任を負う。
2　個人根保証契約は、前項に規定する極度額を定めなければ、その効力を生じない。

　実務上、敷金の金額については、「月額家賃の○ヶ月分」などという記載がされている契約書が多くあり、有効とされている。これは、契約締結前に、敷金の具体的金額が明示されるためトラブルが生じないからである。これに対し、個人連帯保証人の極度額は契約が開始したあとかなり時間がたち、滞納等が生

第 5 部　連帯保証人への請求　　185

じたあとその金額が問題にされるので、連帯保証人が将来の責任の限度額を契約当初にはっきり自覚できるようにしておく必要がある。

そのため、個人の保証人であれば、賃貸借契約に関する保証条項において、明確な極度額を定めておく必要がある。

法務省の立法担当者の見解では、「極度額は賃料の4ヶ月分」と契約書に記載しているのみでは、契約書上、具体的な金額の記載があるとはいえない場合があり、その個人根保証契約は無効となり得ると説明している（筒井健夫・村松秀樹編著『一問一答　民法（債権関係）改正』商事法務、135頁）。

さらに、同担当者は、契約書に「極度額は賃料の4ヶ月分」と記載されているだけでなく、その契約書に「賃料　月額10万円」と記載するなどして、契約書上、極度額が40万円であると確定できるときは、その個人根保証契約は有効である」と説明する一方、「その趣旨が賃料変動時には変動後の賃料の4ヶ月分を指すと解さざるを得ないケースについては、極度額が確定されておらず、その個人根保証契約は無効とならざるを得ない」などと説明している（上記136頁）。

また、上記担当者が執筆した別の解説書では、上記のように、極度額については単に「極度額は賃料の4ヶ月分」と記載されている場合には、この記載は、「当初の賃料の4ヶ月分」との意味に解釈し、個人根保証契約を有効と考えるのが相当であると解説されてる（筒井健夫、村松秀樹、脇村真治、松尾博憲　著『Q&A改正債権法と保証実務』一般社団法人金融財政事情研究会、84頁）。

上記の説明からすると、どのような記載であれば極度額の記載として有効であるのか非常に微妙で分かりにくいものになっている。そして、現時点では、この点の解釈について判例も確定していない以上、上記のとおり、極度額の金額については「極度額　○万円」と確定金額で記載するのがよいと思われる。

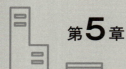

第5章 元本確定による個人根保証人の保護

I 借主死亡による連帯保証人の責任の確定

問91　店舗を個人の事業主に月額家賃50万円（消費税込）、敷金200万円で貸すにあたり、連帯保証人になってくれる家族がいないため、友人が極度額500万円での連帯保証人になった。連帯保証人の責任は、賃貸借契約書において、上限500万円と極度額が定められた。その後この借主は病気になって3ヶ月ほど家賃を滞納した後、貸主が契約解除ができないまま孤独死して2ヶ月後に発見された。死亡した時点では店舗の家賃の滞納は3ヶ月分の150万円であったが、相続人が全員相続放棄をしたため、相続財産管理人を選任した上で合意解除し、明渡しをしてもらったが、死後6ヶ月間の滞納（300万円）が発生し、さらに原状回復費用200万円がかかった。の合計695万円から敷金200万円を引いた495万円を連帯保証人に請求できるか。

　① 死亡前の滞納家賃：3ヶ月分の150万円
　② 死後の滞納家賃：6ヶ月分の300万円
　③ 原状回復費用：　　　　　　200万円
　④ 敷金充当　　　　　　　　▲200万円
　⑤ 連帯保証人への差し引き請求額　　450万円

【答】
　連帯保証人の友人（個人）に請求できるのは、借主の生前の滞納家賃150万円だけで、死後6ヶ月の明渡しに至るまでの家賃300万円と死亡後に発生した

原状回復費用の200万円は、連帯保証人に請求できないと思われる。

改正民法では、借家の連帯保証人などの根保証人の責任は、「借主（主債務者）の死亡」によって、元本が確定すると定めている（改正民法第465条の4第第1項）。

元本の確定とは、その保証人が責任を負うべき債務額を確定させることをいう。

元本が確定すると、保証人は確定以降に発生する債務を保証する責任がなくなる。

元本が確定する場合は、借家契約が継続していても、確定後に借主の債務が増えても、元本確定の時点で存在した借主の債務（上記設例では、死亡前の滞納家賃：3ヶ月分の150万円のみ）しか保証人は責任を持たない。

言い換えると、保証人は確定時の借主の債務だけ支払えば、保証人の責任は消滅する。極度額にまだ余裕がある場合でも、保証人は確定時の借主の債務だけ支払えば一切の責任が消滅する。

このように、民法第465条の4（個人根保証契約の元本の確定事由）は、元本確定事由として「借主の死亡」を定め、借主が死亡すると死亡日を基準として連帯保証人が責任を持つ債務が特定（限定）され、保証人が責任を負うべき債務の金額が確定する。言い換えると、保証人は「借主の死亡日」に発生していた借主の債務を保証人として責任を負えばよい。

法制審議会では、借主の死亡後に発生する債務について保証人に責任を負わせないのは（仮に借主死亡後に、相続人との間で借家契約が継続しても）「保証人は、飽くまでも主たる債務者（借主）に着目して保証をしているのであり、保証人は借主の相続人のもとで生じる債務まで保証することは予定していないと考えられたため」と説明されている（法制審議会部会資料83－2・20頁）。

改正民法 第465条の4（個人根保証契約の元本の確定事由）
1 次に掲げる場合には、個人根保証契約における主たる債務の元本は、確定する。
3) 主たる債務者（借主のこと）又は保証人が死亡したとき。

したがって、設問のように、借主の死亡後明渡しが遅延するなどして、貸主が被った損害が、極度額の範囲内であっても、死亡時に元本が確定してしまうので、貸主は借主の死亡時以後に発生した滞納賃料や原状回復費用を連帯保証人に請求できなくなってしまう。

　このように、根保証人の「元本確定」は「極度額」以上に貸主に不利益をもたらす可能性があるので貸主側は民法改正により定められた保証人の保護規定への対応措置を考えておかなければならない。

　また、注意頂きたいのは、元本確定が生じるのは「個人」根保証人だけで、法人の根保証人（連帯保証人）には元本確定はない。これも「個人」根保証人に限って保護する規定だからである。したがって、法人の連帯保証人は、借主が死亡した後、借家が返還されるまでの滞納賃料や原状回復費用を（極度額もないので）全て負担しなければならない。

　なお、注意すべきは、借主の相続人は相続放棄をしない限り借主の全債務を承継する。借主の死亡後に発生する債務（例えば、明渡しまでの家賃・原状回復費用など）についても相続人は責任がある。そのため、設問では、借主の相続人は全員相続放棄をしてしまっている。

　また、設問では、貸主は借主から敷金 200 万円を預かっていたが、この敷金は、借主死亡の前後を問わず、本件店舗の賃貸借契約から生ずる一切の債務に充当することができる。

Ⅱ　保証人死亡による元本の確定

問 92

　民法改正法施行後、Ａ社に月額家賃 100 万円、保証金 500 万円で店舗を貸すことになり、社長の親族に極度額を 1,000 万円として連帯保証人になってもらった。契約開始から 3 年後、この連帯保証人は病気になって死亡してしまった。この連帯保証人の死亡後、テナントのＡ社に再三新しい保証人を立てるように請求したが、Ａ社は保証人になってくれる人物がいないと言い訳をして新しい保証人を立ててくれ

なかった。ところが、その後 A 社に家賃滞納が発生し、交渉の末立ち退かせたが、滞納家賃と原状回復費用で 1,500 万円の未回収金が発生してしまった。保証金 500 万円を充当した残りの 1,000 万円を連帯保証人の相続人に請求することはできるか？

【答】

改正民法が施行されると、本問のような場合、連帯保証人の相続人には 1 円も請求できない。

改正民法では、借家の連帯保証人などの根保証人の責任は、「保証人の死亡」によって、元本が確定すると定めている。

本問では保証人が死亡した時点で賃料滞納はないので、債務がない状態で保証人の責任が確定する。

保証債務自体は、保証人の死亡によって、保証人の相続人に相続されるが、そもそも保証人の責任が存在しないので、保証人の相続人は支払義務を負わない。

したがって、設問のように、保証人の死亡後に発生した延滞賃料や、原状回復費用については保証人の相続人に請求することはできない。

これは「保証人死亡後に発生した債務を保証人の遺族が負担すべきか？」という問題である。

民法改正を審議した法制審議会では、「債権者（貸主）も保証人自体に着目して保証契約を締結していると考えられることからすると、保証人が死亡した後に発生した債務について、保証人の相続人に責任を負わせるのは相当ではなく」、と解説し、保証人が死亡した後発生する借家人の債務については、元本確定後に発生した債務だから、相続人は責任を負わないとしている（法制審議会　部会資料　80B）。

改正民法　第 465 条の 4（個人根保証契約の元本の確定事由）
1　次に掲げる場合には、個人根保証契約における主たる債務の元本は、確定

する。ただし、第1号に掲げる場合にあっては、強制執行又は担保権の実行
の手続の開始があったときに限る。

4) 債権者が、保証人の財産について、金銭の支払を目的とする債権につい
ての強制執行又は担保権の実行を申し立てたとき。

5) 保証人が破産手続開始の決定を受けたとき。

6) 主たる債務者又は保証人が死亡したとき。

　もともと、最高裁は、借家の連帯保証人は、法定更新されても更新後に発生
した未払家賃の支払義務があるとされ、その実質的理由が、「貸主は借家人の
立退きをさせられない以上、せめて保証人の責任は継続させなければ、公平が
保てない」という理由付けをしている。この最高裁の「連帯保証人の責任は明
渡しまで続けるべきだ」という考え方と、民法改正における法制審議会の「借
主・連帯保証人が死亡したらそれ以上保証人には責任を負わせない」との上記
理由付けは、均衡を失するのではないかと思われる。

Ⅲ　個人根保証人の元本の確定を排除する特約

問93　借主・連帯保証人の死亡により元本は確定しない特約を締結すれ
ば、借主や保証人の死亡後に発生する債務についても、極度額の範囲
内で保証人に責任を持ってもらえないか？

【答】
　借主・連帯保証人の死亡により元本は確定しない特約をしても、無効になる
可能性が高い。言い換えると、元本確定を定める民法第465条の4は強行規定
であり、元本確定はしないという特約を定めても強行規定に違反するので無効
とされる可能性が高い。
　極度額を定めない（又は無制限に責任を負う）という特約は、民法第465条
の2第2項に、強行規定である旨の明文があるので、極度額を定めなかったり

第5部　連帯保証人への請求　　191

個人の連帯保証人でも無制限に責任を負うという特約が無効になることは明らかである。

改正民法　第465条の2（個人根保証契約の保証人の責任等）

2　個人根保証契約は、前項に規定する極度額を定めなければ、その効力を生じない。

　これに対し、民法第465条の4（個人根保証契約の元本の確定事由）については、強行規定である旨の明文がない。

　しかし、改正前の貸金等根保証契約においても、「借主又は保証人が死亡したときは」元本が確定する定めになっていた。この元本の確定事由については、強行法規であり、あらかじめ債権者（貸主）と保証人との間でこれに反する合意をしても、その合意は無効とする説が強かった（「片面的強行規定」とするのは「NBL」№.802（商事法務）23頁、25頁）。

　したがって、判例で「借家の個人連帯保証において元本確定しないという特約」は有効との判例が出るまでは、特約として定めない方が賢明と思われる。

第6章 借主の財務状況の説明による個人根保証人の保護

I 保証人に対する契約締結時の借主の財務状況の説明

問94 店舗賃貸借で社長の親戚（個人）に保証人になってもらうのに、借主の会社の他の借金や資産状況を保証人に説明しなければならないのか？

【答】
　借主（主債務者）は、事業のために負担する債務について保証人になることを依頼した個人に対し、借主（主債務者）の財産・収支の状況、借家契約の債務以外に負担している債務（借入金等）の有無、額及び履行状況等に関する情報を教えなければならない。

　借主（主債務者）が個人の保証人に上記事項を説明しなかったり、虚偽の説明をしたために、保証人が借主（主債務者）の資力の状況等について誤認をし、それによって保証契約を締結したときは（これなら大丈夫だろうと誤解して補償したときは）、貸主（債権者）が、①借主が上記事項を説明していなかったり、事実と異なる説明をしたことを知っていたか、②借主が保証人にきちんとし説明していなかったことを知ることができた場合には、保証人は保証契約を取り消すことができる（取り消すと保証契約時に遡って無効になるから、保証人は一切責任を負わないで済む）。

改正民法　第465条の10（契約締結時の情報提供義務）
　1　主たる債務者は、事業のために負担する債務についての保証を委託すると

第5部　連帯保証人への請求

きは、委託を受ける者（法人を除く。）に対し、次に掲げる事項に関する情報を提供しなければならない。

1) 財産及び収支の状況

2) 主たる債務以外に負担している債務の有無並びにその額及び履行状況

3) 主たる債務の担保として他に提供し、又は提供しようとするものがあるときは、その旨及びその内容

2　主たる債務者が前項各号の説明をせず、又は事実と異なる説明をしたために委託を受けた者がその事項について誤認をし、それによって保証契約の申込み又はその承諾の意思表示をした場合において、主たる債務者がその事項に関して情報を提供をせず又は事実と異なる情報を提供したことを債権者が知り又は知ることができたときは、保証人は、保証契約を取り消すことができる。

3　前2項の規定は、保証をする者が法人である場合には、適用しない。

■　改正後に必要になる実務上の対処

　貸主・仲介・管理業者は借主が保証人に対し、借主の財産・収支の状況、主債務以外に負担している債務の有無、額及び履行状況等に関する情報を説明していたことの証拠を残しておく必要がある。

　上記に説明したとおり、借主が、連帯保証人に対し契約締結時の借主の財務状況の説明をしなかったり、虚偽の説明をしたために、保証人が借主の資力の状況等について誤認をし、それによって保証契約を締結したときは、保証人は、貸主が、上記事項を説明していなかったり、事実と異なる説明をしたことを知っていたか、知ることができた場合には、保証契約を取り消すことができる。

　したがって、借主が資力の状況等について保証人に対し、事実と異なる説明をしたために、保証人から保証契約を取り消されることがないよう、以下のような確認文書を、契約書と別に作るか、契約書の中に確認条項として入れておくべきである。

第〇条（財務状況の説明）
1　借主は連帯保証人に対し、202X年〇月〇日仲介業者〇〇不動産の事務所において、以下の書類を連帯保証人に示した上で、以下の事項を説明したことを借主・連帯保証人は確認する。
　1）借主の連帯保証人への説明内容は以下のとおり。
　　①　借主は〇〇〇〇に個人連帯保証人を委託するほか、本件賃貸借の保証金として金〇〇〇万円を貸主に預託し、家賃保証会社〇〇〇に家賃保証（保証極度額金〇〇万円）を委託する。
　　②　202X年〇月〇日期末の決算書の借入明細書に記載のとおり、借主会社は合計〇〇万円の借り入れを銀行からしているが、約定通り返済しており遅滞は無い。
　　③　202X年〇月〇日時点での買掛金等借主の支払の遅滞は存在しない。
　　④　202X年〇月〇日現在、借主が今後財政悪化により、本件賃料債務の支払を困難にさせる事象は存在しない。
　2）借主が連帯保証人へ示した財務関係の書類
　　①　202X年〇月〇日期末の決算書・同付属明細書・税務申告書
　　②　202X年〇月〇日期末の決算書・同付属明細書・税務申告書
　　③　202X年〇月〇日期末の決算書・同付属明細書・税務申告書
　　④　〇〇銀行返済予定表（202X年〇月〇日付け）

（注）2）は、過去3年分の借主の決算書・最新の銀行返済予定表を提示してもらう。

　ここでも注意頂きたいのは、借主による連帯保証人への財務状況の説明が必要なのは、連帯保証人が個人の場合だけである。保証会社が保証人になる場合とか、親会社が子会社の連帯保証人になる場合には、この説明をする必要はない（民法第465条の10第3項）。

第5部　連帯保証人への請求　　195

第7章 保証人からの問い合わせに対する貸主の回答義務

I　貸主から連帯保証人への家賃滞納の連絡

> **問 95**　貸主が、建物賃貸借契約を締結した際、借主に個人の保証人を立ててもらい、極度額も定めた有効な連帯保証契約が成立した。ところがその後、借主について賃料の滞納が開始し、滞納額が月額賃料の6ヶ月分となった。連帯保証人に対し、滞納賃料6ヶ月分を請求したところ、連帯保証人は「6ヶ月間も何も保証人の自分に連絡もせず、急に6ヶ月の滞納家賃を払えというのはおかしい。家賃の支払が3ヶ月程度遅れれば、連帯保証人に連絡すべきだから、連帯保証人としては3ヶ月分程度しか払う義務はない」と主張している。この連帯保証人の主張は認められるか？

【答】

　この連帯保証人のこの主張は認められない。

　民法（債権法）改正の途中（検討段階）では、借主の履行が遅延した場合に、債権者（貸主）に通知義務を定めることがきまりかけた。しかし、賃料滞納の場合、遅滞が始まれば毎月遅滞が生じることが多く、その都度、貸主が保証人に通知をしなければならないとすると、貸主に過大な負担をかける等の意見が寄せられた。そのため、改正民法では、賃料滞納が発生した場合、貸主は当該事実を保証人に通知する義務は定められなかった。

　他方、保証人から借主の賃料債務の履行状況について、直接貸主に対して請求があれば、貸主は不履行の有無や金額に関する情報等を保証人に提供しなければならない。

なお、この連帯保証人の滞納家賃等の照会請求は「借主から保証人になることを委託された保証人」ができるもので、保証人が個人でも法人でも借主から委託されていれば貸主に照会ができる。

　貸主（債権者）が連帯保証人からの問い合わせに回答せず、又は、誤った回答をしたため、連帯保証人が損害を被ったら（例えば、保証債務が増大したら）、連帯保証人は、損害の賠償を貸主にすることができる。

改正民法　第458条の2（主たる債務の履行状況に関する情報提供義務）

　保証人が主たる債務者の委託を受けて保証をした場合において、保証人の請求があったときは、債権者は、保証人に対し、遅滞なく、主たる債務の元本及び主たる債務に関する利息、違約金、損害賠償その他その債務に従たる全てのものについての不履行の有無並びにこれらの残額及びそのうち弁済期が到来しているものの額に関する情報を提供しなければならない。

Ⅱ　貸主から連帯保証人への期限の利益喪失の連絡

問96　貸主が建物賃貸借契約を締結した際、借主に個人の保証人を立ててもらい、極度額も定めた有効な連帯保証契約が成立した。ところがその後、借主について賃料の滞納が開始し、滞納額が月額賃料の6ヶ月分となった。そこで貸主、借主、連帯保証人の三者が協議して、「滞納した6ヶ月分の家賃は、今後12回の分割で家賃に上乗せして支払う、借主が分割金の支払を1回でも怠ったら、当然に期限の利益を失い、一括して滞納家賃残額を全額支払うと共に、延滞額に対し年14.6％の遅延利息を支払う。連帯保証人はこの滞納家賃債務を連帯保証する」という合意書を作成した。ところが、借主は3回目の分割金の支払を怠ったため、借主は分割金の期限の利益（分割払いできる権利）を失った。改正民法が施行されると、借主・連帯保証人が期限の利益

第5部　連帯保証人への請求　　197

を失って、滞納家賃を一括して支払う義務が生じたことを、貸主の方から連帯保証人に連絡しなければならないか？

【答】

貸主は個人の連帯保証人に、借主が期限の利益を喪失したことを2ヶ月以内に通知しなければならない。法人は除かれていることに注意。

この通知をしないと通知をするまでの間、約定した年14.6％の遅延利息は請求できない。

改正民法　第458条の3（主たる債務者が期限の利益を喪失した場合における情報の提供義務）
1　主たる債務者（借主）が期限の利益を有する場合において、主たる債務者がその利益を喪失したときは、債権者（貸主）は、保証人（法人を除く。）に対し、主たる債務者（借主）がその利益を喪失したことを知った時から2箇月以内に、その旨を通知しなければならない。
2　前項の期間内に同項の通知をしなかったときは、債権者（貸主）は、保証人に対し、主たる債務者が期限の利益を喪失した時から同項の通知を現にするまでに生じた遅延損害金（期限の利益を喪失しなかったとしても生ずべきものを除く。）に係る保証債務の履行を請求することができない。
3　前2項の規定は、保証人が法人である場合には、適用しない。

第8章 更新と連帯保証

I 普通借家の連帯保証人の責任の継続（法定更新と連帯保証）

問97 普通借家で店舗を10年前（2012年）に2年契約で貸したが、最初の契約の2年の契約満了時に家賃値上げでケンカ状態になり、合意更新できず8年経ってしまった。

今年になって、借主は3ヶ月の家賃滞納をしている。最初の契約時の連帯保証人に家賃滞納の支払請求はできるか？

【答】

原則として請求できる。その理由は以下のとおり。

普通借家の更新は、契約の継続であり、連帯保証人は最初の契約で連帯保証人に就任したのであれば、理論的に契約の継続中（更新中）は連帯保証人としての義務を負い続ける（最高裁平成9年11月13日判決）。

貸主にとって、更新拒絶で借家人を立ち退かせることはできないのに、更新で連帯保証人がいなくなってしまうのでは、貸主と借主のバランスが取れない。

この連帯保証人の保証契約の趣旨である「更新後の借主の債務も保証する（退去まで保証責任を持つ）」という考え方は、2020年施行の民法改正で連帯保証人の保護規定ができた後でも通用する。

したがって、設問において、貸主は原則として滞納家賃を全て請求できるし、契約を解除して立ち退かせた場合には、原状回復費用等連帯保証人が保証した店舗賃貸借契約から生じる借主の全ての債務について無制限に連帯保証人は責任を負わなければならない。

ただし、連帯保証を約定した当初の時点において連帯保証人が予測できない

事情が生じ、そのような事情の下で責任を負わせるのが連帯保証人に酷である、といえる極めて例外的な場合には、連帯保証人の責任が否定されることもある。例えば保証人の予期しないような保証責任が発生した場合（貸主が放置したために生じた長期間の賃料の滞納、賃借建物の損壊、連帯保証人が署名・押印したときと比べて賃料が大幅に増額された場合など）には、例外的に連帯保証人の責任が否定されることもある。

　連帯保証人の責任が否定された判例として、法定更新後の滞納につき連帯保証人の責任を否定した以下の判例（東京地裁平成 10 年 12 月 28 日）がある。

東京地裁平成 10 年 12 月 28 日

・貸主は借家人が更新時に約 8 ヶ月（200 万円）もの滞納があったのに、契約解除や、更新拒絶をせず、そのまま法定更新させた。貸主は、法定更新後の滞納賃料 465 万円余りを連帯保証人に請求した。
・東京地裁は、法定更新後の滞納賃料について、連帯保証人の責任を認めなかった。
・本件の連帯保証人は当初の賃貸借の仲介した不動産業者で、他に連帯保証人がいなかったため、やむを得ず連帯保証をしたに過ぎない。
・この連帯保証人は 20 年間に渡り、連帯保証人として借主に延滞があれば支払を促し、貸主も延滞があれば連帯保証人にその都度連絡し、連帯保証人から借主に支払を促すよう要請するなど、連帯保証人としての責任を十二分に果たしていた。
・平成 8 年の法定更新の際、貸主は連帯保証人の辞任の意向を承諾しており、連帯保証人の署名押印を求めず、かつ、それまでのように貸主から連帯保証人に対し、借主の延滞状況も知らせず、借主に支払を促すような要請もしなかった。要するに、貸主は、法定更新後は連帯保証人としての活動を期待していなかった。ところが、いざ滞納が生じると連帯保証人の責任を追及した。
・このような特殊な事情の下では、連帯保証人には更新後の延滞について保証責任を負わない「特段の事情」が認められるので、連帯保証人に更新後の延滞賃料については請求できないと判決した。

　このように連帯保証人の責任が否定されないように、原則としては、できる

限り更新毎に連帯保証人にも署名・押印してもらう方がよい。ただ、後に解説するように、改正民法（債権法）施行前の契約を2020年（令和2年）4月1日の施行後に更新契約を締結する際、個人の連帯保証人に署名押印させると極度額等保証人の保護措置を新たにしなければならなくなるので注意されたい。

　また、貸主は、借主の滞納が大きくなったら、「連帯保証人に払わせればよい」等という態度はとらず、借主を退去させる対策をとり、連帯保証人の責任が重くならないように注意すべきである。

Ⅱ　普通借家の連帯保証人の責任の継続（合意更新と連帯保証）

問98
　普通借家で店舗を10年前に2年契約で貸し、その後、2年ごとに合意更新してきたが、更新の際、連帯保証人の署名・押印はもらっていない。
　今年になって、借主は3ヶ月の家賃滞納をしている。最初の契約時の連帯保証人に家賃滞納の支払請求はできるか？

【答】

　原則として請求できる。その理由は以下のとおり。

　普通借家の更新は、契約の継続であり、連帯保証人は最初の契約で連帯保証人に就任したのであれば、理論的に契約の継続中（更新中）は連帯保証人としての義務を負い続ける。

　この理論は、貸主と借主との間だけで合意更新を繰り返し、更新時に連帯保証人に署名押印をさせなかった場合でも変わらない。

　貸主と借主の店舗賃貸借契約と、貸主と連帯保証人との連帯保証契約は別個の契約であり、貸主と借主の店舗賃貸借契約を合意更新して、貸主と連帯保証人との連帯保証契約を合意更新しなくても問題はない（元々、貸主と連帯保証人との連帯保証契約は2年という契約期間はない。店舗賃貸借契約が終了するまでの無期限の契約である）。

第5部　連帯保証人への請求　　201

ただ、連帯保証人が、自分の連帯保証契約の期間は2年であると誤解する可能性もあるので、最初の契約で連帯保証人として署名押印すると更新後の滞納等についても責任を負うことを、以下の確認のための特約で定めておいた方がよい。連帯保証人の責任は更新後も続くことを認識しておいてもらうことで、無用なトラブルを避けることができる。もちろんこの特約を置かないと更新後に発生した滞納等の責任を追及できないというわけではない。

【文例】更新後の連帯保証責任継続の特約

> 第○条（更新後の連帯保証人の責任）
> 　連帯保証人は、この賃貸借契約が法定更新された場合はもちろん、連帯保証人が契約当事者とならずにこの賃貸借契約が合意更新された場合でも、特約で連帯保証人の責任を免除された以外、貸主と借主の賃貸借契約（更新後の契約を含むものとします）が終了し、かつ、借主の債務が完済されるまでは連帯保証人の責任を負うものとする。

III　定期借家の連帯保証人

> **問 99**　店舗を4年の定期借家で貸したが、期間が満了したので再契約した。最初の4年間で、賃料滞納がなかったので、前の契約の連帯保証人には、署名押印してもらわなかった。ところが、再契約後1年たった頃から家賃の滞納が生じた。前の契約の連帯保証人に滞納家賃を払ってもらえるか？

【答】

　前の契約の連帯保証人に再契約後の家賃滞納の支払義務はない。定期借家の再契約時に、連帯保証してもらっていないからである。

　普通借家契約は、更新により最初の契約が延長される。更新前の契約と更新

後の契約は同じものである。

　ところが、定期借家は、期間満了で解約が完全に消滅してしまう。再契約は新規の契約となる。

　したがって、連帯保証契約も、期間満了で完全に消滅してしまい、延長されることがない。普通借家契約と定期借家契約の違いは、連帯保証にも影響する。

　再契約後も連帯保証人に責任を持ってもらいたいなら、必ず再契約についても連帯保証人の署名押印をもらっておく必要がある。

Ⅳ　連帯保証人の辞任（保証契約の解除）

問100　更新契約時に連帯保証人から一方的に保証契約を解約したい（保証人をやめたい）と言えるか？

【答】

　保証契約も契約なので、法律・契約書で、解除事由がなければ一方的に一方当事者である保証人からの解除はできない。貸主の同意が必要となる。

　更新で賃貸借契約が継続している間は、原則として連帯保証契約も継続する。

　実際には、保証人と借主とが協議して、新しい資力のある代わりの連帯保証人を立てさせ、連帯保証契約だけを再契約するのが一番である。しかし、なかなか新しい連帯保証人は見つからないのが実情なので、結局、連帯保証契約はそのままにせざるを得ないことが多い。

第5部　連帯保証人への請求　　203

第9章 改正民法（債権法）施行後の更新と連帯保証

I 普通借家の連帯保証人の責任の継続（合意更新と連帯保証）

問101　普通借家で店舗を2010年に2年契約で貸し、その後、2年ごとに合意更新したが、更新の際、連帯保証人の署名・押印ももらっていなかった。ただ、10年がたつので、2020年6月1日の更新は、10年前の契約書と全く同じで契約期間だけ変えて借主と連帯保証人に署名押印してもらった。

今年になって、借主は3ヶ月の家賃滞納をしている。連帯保証人に家賃滞納の支払請求はできるか？

【答】

請求できなくなってしまう。その理由は以下のとおり。

先にも説明したが、連帯人の保護のため極度額を定めた民法の改正は2020年4月1日から施行されている。

法務省は、2020年4月1日の施行後に更新契約を行い、更新契約書に連帯保証人が署名押印すると、その連帯保証人の契約は「改正民法に従って契約する」ものだから、極度額を定めないと連帯保証契約は改正民法により、無効になるとの見解を公表している。

この点についての判例はまだ出ていないので、今後判例が出れば判例の見解に従うことになるが、それまでは、この法務省見解に従って実務処理をした方が安全である。

逆に、法務省は法定更新されていて、又は、貸主・借主間だけで借家契約のみ合意更新されている場合（連帯保証人が署名押印していない場合）には、

2020年4月1日以降連帯保証人の極度額を定めなくても連帯保証契約は無効にならないとする。

　法務省の上記見解については、法務省が公表している資料（下記）を確認していただきたい。その頁の※印に以下の説明がある。

　そのため、2020年4月1日の改正民法施行前の契約については、施行後、極度額を定めたくない、すなわち、改正前のとおり、限度額のない責任を負って欲しいというなら、連帯保証人に署名押印させてはならない。

法務省HP「民法の一部を改正する法律（債権法改正）について」
「一経過措置【PDF】」の2頁（資料1））

1　契約に関するルール

【原則】

　原則として、施行日より前に締結された契約については改正前の民法が適用され、施行日後に締結された契約については改正後の新しい民法が適用されます。

事例1　賃貸借契約及び保証契約

　①　施行日前の2019年4月、賃貸期間を2年間として、アパートを借りた。これに併せて、賃借人の親族が、賃借人が賃貸借契約に基づいて負う債務を保証した。

　②　施行日後の2021年3月、賃貸期間満了により賃貸借契約が終了したが、敷金の返還をめぐってトラブルになった。

　→　施行日より前に賃貸借契約と保証契約の双方が締結されているので、いずれの契約についても改正前の民法が適用されます。敷金について新たに設けられた民法622条の2などの規定は、適用されません。

　※　施行日後に契約が合意更新された場合のルールの適用

　　施行日後に当事者が合意によって賃貸借契約や保証契約を更新したときは、

第5部　連帯保証人への請求　　205

当事者はその契約に新法が適用されることを予測していると考えられますから、施行日後に新たに契約が締結された場合と同様に、改正後の新しい民法が適用されます。

　他方で、施行日前に締結された保証契約が賃貸借契約の更新後に発生する債務も保証する趣旨であり、施行日後も合意更新がされることなく当初の保証契約が継続している場合には、当該保証契約については、施行日後も改正前の民法が適用されます。

・賃貸借契約について合意更新がされ、保証については合意更新がされなかった場合

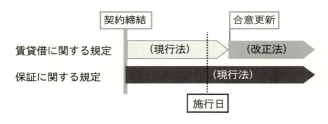

第6部

早期解約違約金・
フリーレント

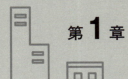

第1章 早期解約違約金・フリーレント

I 早期解約違約金の特約が必要な場合

問 102 新築オフィスビルを貸すことになった。グレードの高いオフィスビルとして運営したいので、借主が退去したら室内のクロスは全部張り替え、天井は塗り直し、床のカーペットタイルも全部交換する予定である。ただ、2年程度で退去されてしまうと、これらリフレッシュ工事の費用が余計にかかってしまうので、5年契約にして、当初4年以内に退去した場合は、早期解約違約金を取りたいが可能か？ どのような特約を定めるべきか？

【答】

当初4年以内に退去した場合は原状回復費用以外に違約金を徴収することは可能である。

ただ、設問の場合、以下の点を総合考慮して、入居募集に支障のない違約金の支払特約を定めるべきである。

1 保証金の償却はあるか
2 原状回復で自然損耗の原状回復費用まで借主に負担させているか
3 礼金・家賃の金額

1 保証金の償却

保証金の退去時償却を定めている場合、償却分もリフレッシュ工事の費用に使うことができる。

保証金の退去時償却は、税法上は契約当初の受領時に、貸主の受領金になる

が、実務的には退去時に保証金から貸主が徴収するという感覚になる。

　すると、退去時償却・早期解約違約金の合計額が徴収されると借主が考えると負担が大きくなり、募集に影響することも考慮する必要がある。

2　自然損耗の原状回復費用

　原状回復で自然損耗の原状回復費用まで借主に負担させていると、早期解約違約金とあわせると退去時の負担が重くなり、募集に影響することも考慮する必要がある。

　また、原状回復特約として、入居期間にかかわらず床のカーペットタイルも全部交換という特約があると、早期解約違約金については「二重取り」だとしてトラブルが生じる可能性もある。

3　礼金・家賃の金額

　礼金・家賃の金額が相場より高いと、早期解約違約金を取りにくくなる。
　借主の負担が大きくなると、募集に影響することも考慮する必要がある。
　上記を総合考慮して、早期解約違約金の金額を決め、以下のような支払特約を作れば良い。

第○条（早期解約違約金）
　　借主の都合又は借主の責めに帰すべき事由により、本契約開始日（更新契約開始日は含まない）から3年以内に本契約が終了したときは、借主は貸主に対し、早期解約違約金として、契約終了時の家賃の2ヶ月分相当額を支払うものとします。

（注）
1　貸主の責めに帰すべき事由により借主から契約が解除された場合は、請求できない。
2　地震天災地変等で契約が終了した場合も請求できない。
3　早期解約違約金も契約上の債務なので、保証金から差し引くことができる。

Ⅱ　フリーレントの特約と精算

> **問 103**　テナント獲得競争が厳しいので、借主の入居当初の負担を少なくして入居募集をしたい。フリーレントの特約はどのようにすればよいか？　フリーレント特約を作る場合の注意点は？

【答】

　フリーレントとは、入居当初の一定期間、家賃を「フリーにする」（無料にする）特約をいう。

　ただ、家賃以外に冷暖房費を賄うための共益費・電気代等を徴収している場合、共益費・電気代等まで貸主が負担すると、負担額が大きくなるので、共益費・電気代等は負担させた方が良い。

　また、入居当初の一定期間家賃を無料にしたにもかかわらず、半年・1年などと短期間しか入居せず退去した場合には、フリーレントは不合理になるので、短期間に退去した場合には、フリーレントを後から取り消して徴収できるようにしておくのが合理的である。

第○条（フリーレント）

1　甲は乙に対し、乙が第○条に定める本契約当初の賃貸期間中（更新後は含まない）、この賃貸借契約を継続し、かつ賃料を遅滞しないことを条件に、202X年○月○日より、202X年○月○日までの○ヶ月間、賃料の支払を免除する。ただし、第○条に定める共益費・電気代は別途支払うものとします。

2　借主の都合又は借主の責めに帰すべき事由により、本契約開始日（更新契約開始日は含まない）から○年以内に本契約が終了したとき、又は本契約期間中に賃料の支払を2回以上滞納したときは、甲は、直ちに乙に対し、前項により免除した賃料の支払を求めることができるものとします。

第7部

退去(明渡し)

第1章 明渡しを担保する契約条項（原状回復特約）

I　明渡しを担保する契約条項

問104　テナントが3月末日に退去するというので、次のテナントを募集したところ、「4月1日に必ずスケルトン状態で引き渡して欲しい」という借主希望者が見つかった。次のテナントとの間でトラブルを起こさないようにするためには、事前にどのような契約条項等を整備し、準備をしておけばよいか？

【答】

　現在のテナントはまだ退去しておらず、次の入居を希望しているテナントは、確実に「4月1日の引渡し」を希望しているような状況では、退去テナント、入居テナントとの間で以下のようなトラブルが予想される。

（1）退去テナントの関係
　　・3月末の退去が遅れてしまうことによるトラブル
　　・3月末までに原状回復の工事（設問ではスケルトン）が終わらないことによるトラブル

（2）入居テナントの関係
　　・4月1日に引き渡せないことで入居テナントから出店遅れ、内装費用の増大等についての損害賠償等の請求がくることによるトラブル

　もちろん、上記トラブルを起こさないためには、退去テナントが退去してから入居テナントとの賃貸借契約を締結すればよいが、退去予告期間が長い事業用賃貸では、現実には、空室期間を短くするため、退去テナント入居中に次の

新しいテナントとの契約が結ばれることも多い。このような状況下で、上記トラブルを起こさないためには、以下のような事前の契約上の対処等が必要になる。

■ テナントとの賃貸借契約

(1) 原状回復工事については、①原状回復工事を貸主側で行うなら、明渡期日前に終わらせるため、原状回復工事に必要な期間を取って退去するような特約を置いておく。

②原状回復工事を借主側で行うなら、原状回復工事は、明渡期日前に終わらせるような特約にしておく。

(2) 明渡期日までに明渡し、原状回復工事が終わらなかったら、賃料・共益費（管理料）の倍額に相当する損害金を退去テナントに請求できるよう約定しておく。

更に、入居予定テナントからの損害が上記賃料・共益費（管理料）の倍額を上回ったら、その実額を請求できるように特約を定めることもできる。

(3) 借主代表者の死亡・倒産・夜逃げ等に対処するため、連帯保証人に対する解除・残置物の処分・明渡しに関する代理権付与の特約。この特約については、第5部第2章（167頁）を参照されたい。

(4) 公正証書の作成義務。家賃滞納等で、本当に立退きをしてくれるか疑問を生じるテナントに対応するため、公正証書の作成に応じる義務を最初の賃貸借契約に入れておくとよい。

(5) 即決和解の作成義務。家賃滞納等で、本当に立退きをしてくれるか疑問を生じるテナントに対応するため、即決和解の作成に応じる義務を最初の賃貸借契約に入れておくとよい。

退去テナントに、原状回復工事、転出先確保の進捗状況を頻繁に問い合わせ、予定どおりの退去準備・原状回復工事ができているかを確認する作業も重要である。

借主の原状回復工事が完了したからといって、直ちに新しいテナントに貸せ

第7部　退去（明渡し）　213

るものではない。新規テナントの要望に応え、内装・設備等の更新・リフォーム工事が必要なので、当然その貸主側の工事期間は、余裕をもって新規テナントの入居時期を調整しなければならない。

Ⅱ　原状回復工事を借主側で行う場合

問 105　原状回復工事を借主側で行い、工事を明渡期日前に終わらせる特約はどう作ればよいか？

【答】

原状回復工事を借主側に行わせる場合、貸主は、退去テナントとの契約に以下のような条項を整備しておくとよい。

第○条（明渡し・原状回復義務等）
1　借主は本契約が終了したときは、直ちに本件建物を、別紙○の「原状回復基準表」に基づき<u>明渡期日までにスケルトン状態に回復し、</u>(注1)貸主に明け渡さなければなりません。
2　前項の原状回復工事は、<u>貸主の指定する業者に遅くとも本契約終了2ヶ月前までに依頼して工事日程を調整し、明渡期日までに工事を完成させる</u>(注2)ものとします。なお、<u>借主は貸主に対し、原状回復工事及び引越作業の行程表を提出し、逐次進行状況を報告するものとします。</u>
3　本契約が終了した後も、<u>借主の責めに帰すべき事由により本件建物を明け渡さない場合又は原状回復工事が借主の責めに帰すべき事由で遅れた場合には、貸主は借主に対して賃料・共益費（管理料）の倍額に相当する損害金を請求することができる</u>(注3)ものとします。
4　<u>借主が、本件建物を明け渡した後、本件建物室内に残置した動産類については、その所有権を放棄したものとみなし、貸主は、これら残置物を任意に破棄・処分できるものとします。ただし、その処分費用は、借主の負担とし</u>

ます(注4)。
5　借主は、貸主に対し、本件建物の明渡しにあたり、貸主の設置承諾を得た場合でも、本件建物内の諸造作・設備等の買取り・有益費の償還を請求することができず、また、その事由、名目の如何にかかわらず、移転料、立退料等一切の金銭の請求を行うことができないものとします(注5)。

(注1) 明渡期日前に原状回復工事を終了させることを契約で明示している。
(注2) 原状回復工事は「貸主の指定する業者」に施工させること、本契約終了2ヶ月前までに依頼して工事日程を調整し、明渡期日までに工事を完成させることを重ねて定めている。
(注3) 借主の故意過失により、明渡しが遅れた場合、又は原状回復工事が遅れた場合には、賃料・共益費（管理料）の倍額に相当する損害金を請求できるように特約して、テナントに明渡し・原状回復工事が遅れないように促している。
　もちろん、テナントが貸主指定の業者に明渡期日前に工事が完了するように発注したにもかかわらず、貸主指定業者が工事を遅延した場合にはテナントには責めに帰すべき事由（故意過失）がないので、責任を負わない。
(注4) 明渡し後、残置物が発見されたときは、貸主側で撤去等の対応ができるようにしている。
(注5) 造作買取請求権排除の特約である。この特約をしないと、貸主が設置を承諾した造作については、借主が退去の際、貸主に買取義務が発生してしまう（借地借家法第33条）。事業用ビルの賃貸では、いくら貸主が設置に同意したからといって、買い取って残しておく意味はあまりないので、特約で造作買取請求権は排除している（この特約を置かないと、造作買取義務が貸主に発生してしまうので注意）。また、退去テナントから、例えば、店舗入口に電灯を付けたなど、貸主に有利な建物の改造をしたから費用を払ってほしいという請求（民法第608条第2項）が出ないように、「有益費の償還請求排除の特約」をしている。

法　第33条（造作買取請求権）
1　建物の賃貸人の同意を得て建物に付加した畳、建具その他の造作がある場合には、建物の賃借人は、建物の賃貸借が期間の満了又は解約の申入れによって終了するときに、建物の賃貸人に対し、その造作を時価で買い取るべきことを請求することができる。建物の賃貸人から買い受けた造作についても、同様とする。

> 民法 第608条（賃借人による費用の償還請求）
>
> 2　賃借人が賃借物について有益費を支出したときは、賃貸人は、賃貸借の終
> 了の時に、第196条第2項の規定（価格の増加が現存する場合に限り償還請
> 求できる）に従い、その償還をしなければならない。ただし、裁判所は、賃
> 貸人の請求により、その償還について相当の期限を許与することができる。

Ⅲ　原状回復工事を貸主側で行う場合

問106　原状回復工事を貸主側で行い、工事を明渡期日前に終わらせる特約
はどう作ればよいか？

【答】

　貸主は、退去テナントとの契約に以下のような条項を整備しておくとよい。

【文例】貸主が原状回復工事を明渡し期日前に行う特約

第○条（明渡し・原状回復義務等）
1　借主は本契約が終了したときは、直ちに本件建物を、別紙○の「原状回復
基準表」に基づきを明渡期日までにスケルトン状態に原状回復する義務を
負うものとします。
2　前項の原状回復工事は、貸主の指定する業者の見積りにより、借主はその
原状回復工事費用を金銭にて貸主に支払うものとします(注1)。
3　第1項の原状回復工事を行うため、借主は貸主の指定する業者の算定した
工事期間を確保するため、その工事期間を残して早期に退去し(注2)、その工
事期間中の家賃等を負担するものとします(注3)。ただし、実際の原状回復工
事の期間が延長され又は短縮できたときでも、借主は、遅延の責任を負わず、

短縮期間の家賃の返還請求はできないものとします(注4)。
4　借主が、本件建物を明け渡した後、<u>本件建物室内に残置した動産類については、その所有権を放棄したものとみなし、貸主は、これら残置物を任意に破棄・処分できるものとします</u>。ただし、その処分費用は、借主の負担とします。
5　借主は、貸主に対し、本件建物の明渡しにあたり、貸主の設置承諾を得た場合でも、本件建物内の諸造作・設備等の買取り・有益費の償還を請求することができず、また、その事由、名目の如何にかかわらず、移転料、立退料等一切の金銭の請求を行うことができないものとします(注4)。

（注1）原状回復工事は貸主が施工すること、借主は原状回復工事費用を金銭負担することの特約。工事期間中の電気代等は、借主の契約を維持して、後日電気代として借主に負担してもらうか、借主の契約を終了させて、工事費の一部として請求するか等についても配慮する。
（注2）原状回復工事を、退去日の前に完了させるよう、借主はその工事期間を残して早期に退去するよう特約している。
（注3）貸主側で工事をするにしても、借主が原状回復工事期間中の家賃を負担するように定めている。
（注4）ただ、貸主側の業者が定めた工事期間が実際には長くなっても、短くなっても家賃の精算はしないよう特約している。
　　　実務的には、例えば、3月末日退去で、原状回復工事に10日かかるというなら、借主は3月21日に退去する（鍵を貸主に返還する）。借主は、3月31日までの賃料を負担し、工事が14日かかっても、8日で完成しても家賃は精算しない。

Ⅳ　明渡し遅延の違約金（遅延損害金）

問107　明渡し・原状回復を遅延した場合の違約金（遅延損害金）条項として、退去テナントとの当初の契約にどのような条項を整備しておけばよいか？

第7部　退去（明渡し）　　217

【答】

　貸主は、原状回復工事を借主側で行う場合・貸主側で行う場合に合わせ、当初の契約に以下のような条項を整備しておくとよい。

　なお、下記違約金（遅延損害金）条項は、下記のように「賃料・共益費（管理料）の倍額」が多いが、契約違反を抑止するための違約金なので、「賃料・共益費（管理料）の3倍」とする特約も有効とされている。

【文例】原状回復工事を借主側で行う場合

> 第○条（明渡し・原状回復義務等）
> ○　本契約が終了した後も、借主の責めに帰すべき事由により本件建物を明け渡さない場合又は原状回復工事が借主の責めに帰すべき事由で遅れた場合には、貸主は借主に対して契約終了日の翌日から、賃料・共益費（管理料）の倍額に相当する損害金を請求することができる (注1、2)ものとします。

（注1）原状回復工事を借主側で行うので、借主の故意過失により、契約終了日以降に明渡しが遅れた場合、又は原状回復工事が遅れた場合には、賃料・共益費（管理料）の倍額に相当する損害金を請求できるように特約して、テナントに明渡し・原状回復工事が遅れないように促している。

（注2）原状回復義務の争いを理由とする貸主の建物返還拒否と明渡し遅延損害金
　　　第3部【問70】で解説したが、「原状回復義務の内容に争いがあるため貸主が鍵の受取を拒否し、明渡し遅延があったとして賃料の倍額の明渡し遅延の違約金を求める」ことはできない。原状回復義務の内容に争いがある場合、貸主は借主が主張する原状回復工事を行わせ、貸室の明渡しを受けた上で、貸主の主張する原状回復工事や新たに賃貸するためのリフォーム工事を行い、後に裁判等で原状回復工事をどこまで行うかを争う。貸主の主張する原状回復工事を借主が行っていないからといって、貸室の返還を拒絶することはできない。

【文例】原状回復工事を貸主側で行う場合

> 第○条（明渡し・原状回復義務等）
> ○　借主が、第○条（明渡・原状回復義務等）第3項の、貸主による原状回復

工事を行うための早期退去日に、<u>借主の責めに帰すべき事由により本件建物を明け渡さない場合</u>、貸主は借主に対して<u>早期退去日の翌日から、賃料・共益費（管理料）の倍額に相当する損害金を請求することができる</u>(注)ものとします。

（注）原状回復工事を貸主側で行うので、借主の故意過失により、原状回復工事を行うための早期退去日以降に明渡しが遅れた場合、賃料・共益費（管理料）の倍額に相当する損害金を請求できるように特約して、テナントに明渡しが遅れないように促している。

V　入居予定テナントとの特約条項

問108　退去テナントが明渡し・原状回復工事を遅延した場合に備え、入居予定テナントとの当初の契約にどのような条項を整備しておけばよいか？

【答】
　貸主は、可能であれば、入居予定テナントとの契約に以下のような条項を入れておくとよい。

【文例】次のテナントの入居日に余裕を持たせる特約

第○条（契約期間）
1　契約期間は、表記記載のとおりとします。
2　退去テナントの明渡し・原状回復工事が遅れた場合、借主は契約期間の開始日から1ヶ月以内に限り貸主の借主に対する引渡を猶予します(注1)。猶予期間中は第○条の家賃・共益費（管理費）は発生しないものとします。
3　退去テナントの明渡し・原状回復工事が遅れ、貸主の借主に対する引渡が

第7部　退去（明渡し）　　219

契約期間の開始日から1ヶ月を超えた場合、貸主は借主に対し、月額〇〇万円の違約金 (注2) を日割にて支払うものとします。

4　貸主の借主に対する本件建物の引渡が契約期間の開始日から2ヶ月を超えた場合、借主は本契約を解除できるものとし、貸主は金〇〇万円の違約金を支払う (注3) ものとします。ただし、本文の違約金には、礼金・敷金（保証金）・前家賃等の返還金以外の借主の全損害を含むものとする。

（注1）この特約では「契約期間の開始日から1ヶ月以内」は引渡しを無償で待ってもらえるようにしている。もちろん貸主・借主の力関係では、契約日に引渡ができないときは、直ちに第3項の違約金の約定を置かなければならないこともある。

（注2）この違約金を退去テナントの賃料・共益費（管理料）の倍額に相当する損害金と同額にし、退去テナントから違約金が取れれば貸主に理論的な損害はない。

（注3）開始日から2ヶ月を超えた場合、借主は本契約を解除できるようにしている。借主が解除するかどうかは自由であり、長期間待つこともあり得る。

　解除された場合の違約金は、固定額で定めておく方が良い。借主は出店できないことを理由に多額に違約金を請求する可能性があるし、貸主は退去テナントの責任で、自分には故意過失はないと主張して争いたくもなるので、定額で定め、貸主も支払を覚悟しておく。借主は、礼金・敷金（保証金）・前家賃等を払っているので、それらは違約金以外に返還する。借主の支払った仲介手数料は違約金で補填する。

第2章 原状回復の履行と明渡し

I 原状回復の上、明渡し（返還）を求める行為

問109 第3部【問70】の判決では、貸主が借主に対し「原状回復工事を契約終了日までに完了させて賃貸建物の返還を要求する」ことは禁じられていないのか？

【答】

　第3部【問70】の判決では、貸主が借主に対し「原状回復工事を契約終了日までに完了させて賃貸建物の返還を要求する」ことまでは禁じていない。

　ポイントは、貸主・借主間で原状回復工事内容に争いがあるなら、「借主の主張する原状回復工事は契約終了日までに完了させて賃貸建物を返還させる」点である。

　借主が借主の主張する原状回復工事を契約終了日までに完了させて賃貸建物の返還をするなら、一応貸主は返還を受けなければならない。

　貸主は、借主の原状回復工事が完了した建物の返還を受け、返還後、貸主自ら借主が行うべき原状回復工事を行い、その金額を保証金から差し引くか、保証金から控除して不足すれば、退去借主に請求し、払わなければ訴訟を提起する。

　原状回復工事で貸主・借主の見解が相違したからといって、借主が明渡しに応じる以上、原状回復工事ができてないことを理由に明渡し遅延の損害賠償請求を求めることはできない、というのが前問の判例の立場である。

　言い換えれば、貸主は明渡しの遅延損害金（例えば、賃料の倍額）を手段として、貸主の主張する原状回復を強制してはならない。

第7部　退去（明渡し）　221

借主側は以下のように対応すればよい。

①　不合理で高額な原状回復費用を請求されたら、貸主に対し賃貸建物（鍵）の返還を行うので受領するようにと催告する。

②　原状回復工事が貸主の指定工事人で行う旨の特約があれば、借主が認める原状回復工事を行うよう催告する。

③　原状回復工事を借主本人が行う旨の契約であれば、借主が主張する原状回復工事を契約期間満了までに行ってしまう。

④　借主側が行った原状回復工事の内容を詳しく記録に残して退居する。

Ⅱ　貸主側で原状回復工事をする場合の工事期間中の家賃

> **問110**
>
> 　前問の答に従い、貸主が「借主の主張する原状回復工事を契約終了日までに完了させて賃貸建物の返還に応じた」場合、貸主側で行った追加の原状回復工事費用以外に、貸主側で行った追加の原状回復工事期間中の賃料相当損害金は請求できるか？　賃貸借契約にある「明渡しが遅延した場合の賃料の倍額の損害金」は請求できないか？

【答】

　契約上、「原状回復工事を契約終了日までに完了させて賃貸建物を返還しなければならない」のであれば、貸主側で行った追加の原状回復工事内容が法律的に正しければ、その原状回復工事に必要な期間の賃料相当損害金の請求は認められると思われる。借主の原状回復は、契約終了前に終わらせる義務があるからである。

　これに対し、「明渡しが遅延した場合の賃料の倍額の損害金」の定めが、賃貸借契約にあっても、倍額の損害金は原則として請求できない。

　貸主側の要求した原状回復工事が、後の裁判で正しいと判断された場合でも、借主側の主張していた原状回復工事期間内に完了することが可能であれば「明渡しに遅延した」ことにならないからである。

もちろん、借主の原状回復工事が明渡期限に間に合わず、そのため、借主が短期間で工事ができる内容の原状回復工事を主張し、本来払うべき「明渡しが遅延した場合の賃料の倍額の損害金」を免れようとした場合は、例外的に「賃料の倍額の損害金」を請求できる。

　例えば、借主側の主張していた原状回復工事なら10日間で完了したが、後の裁判で正しいと判断された貸主側主張の原状回復工事は25日かかる場合、余計にかかった15日分の工事期間は「明渡しを遅延した」ものとして、理論的には賃料の倍額を請求できるはずである。但し、この論点は裁判例がない。

第7部　退去(明渡し)　　223

第3章 ビル建替えのための立退き

I ビル建替えのための立退きの契約方法

> **問111** ビルが古くなり、建替えのための立退き交渉をしたところ「立退料1,000万円、2年後に立退き」で話がまとまった。テナントとの間には、どのような書類を作れば良いか？

【答】

事業用の場合、以下の2つの契約書で対応できる。
1 定期借家契約に切り替える。
2 立退き合意書で対応する。

1 定期借家契約に切り替え

定期借家契約に切り替えるためには、以下の手続が必要になる。
① 定期借家の事前説明（書面を交付して口頭で説明）
② 従来の普通借家の合意解約（定期借家契約の中に入れて良い）
③ 定期借家契約の契約書作成
④ 立退料の支払金額・支払時期（切替時又は立退き時）
⑤ 立退き時の造作買取・原状回復等の約定

借主にとっては、次の立退き合意書よりも抵抗感が少ないが、定期借家の契約手続を誤ると、普通借家になってしまう。

2 立退き合意書

立退き合意書には以下のような内容を定める。

① 従来の普通借家の合意解約（契約日に解約）

② 立退き猶予の期間と満了時の立退き義務

③ 立退き時までの賃料相当損害金（従前の家賃と同額と支払時期）

④ 立退料の支払金額・支払時期（合意書作成時又は立退き時）

⑤ 立退き時の造作買取・原状回復等の約定

　借主の借家権を消滅させてしまい、立退きまでは、「明渡猶予」にするので、定期借家契約への切替よりも抵抗感はあるが、締結してしまうと、借家権がないことを認識しているので、比較的明渡しはスムーズに行われる。

Ⅱ　長期的な準備

問112
ビルも築40年を超えたので建替えを計画したい。建替えのための立退きをしたいが、なるべく難しい立退き交渉を避けたいし、時間をかけてもよいので、なるべく安く立退きをさせたい。何かいい方法はないか？

【答】

　なるべく早く建替計画を決断し、早いうちから準備をする。

　建替計画は、建替えの着工時から、できれば10年前以上に決断する。

　建替計画を決断した後は、テナントの退去（入れ替え）があった場合、家賃が安くなっても定期借家で入居させる。

　既存テナントも、チャンスがあれば定期借家への切り替えを行う。

　今年空いた部屋は10年の定期借家に、次の年に空いた部屋は9年の定期借家に、というようにできる限り終了時期を揃えて貸す。これを繰り返し、定期借家契約によるテナントを増やしていく。

　10年後の建替えが、テナントの10年の定期借家契約の期間満了時に5年間延期されたら、5年の定期借家の再契約をする。

　もし、7年後に建替えが、当初の10年後から5年間延期されたら、残り3年

第7部　退去（明渡し）　　225

の定期借家契約を合意解除して、8年の定期借家の再契約をすることで、空室期間を短くすることもできる。

　普通借家で継続せざるを得ないテナントの場合も、なるべく立退き交渉の準備を意識して、法定更新にするなどの対応を行う。

　後に解説するように、既存の普通借家のテナントの定期借家への切り替えも、家賃値下げや家賃滞納等が生じたときはできる可能性があるので、チャンスは逃さず、切り替えを行う。

　建替え予定時期（解体時期）が3年程度を切ってしまうと、定期借家での新規賃貸が難しくなる。そのような場合、「貸し会議室」、「撮影用の貸しスタジオ等のレンタルスペース」、「借家契約にならないシェアオフィス」等での利用を考える。

　既存テナントが退去した後、長期間空室にしておくと、テナントに「建替えが近い」という過大な期待を持たせてしまい、立退料目当ての普通借家契約の継続をされてしまう。

第4章 明渡訴訟を使わない退去

Ⅰ 裁判をせずに立退きをしてもらう方法

> **問 113** 借主から連帯保証人への委任
>
> 借主が夜逃げをしてしまった。連帯保証人は借主の叔父がなっている。立退きを連帯保証人にしてもらうことはできるか？

【答】

　以下のような特約があり、以下の特約条項の要件を満たす場合には、連帯保証人が借主からあらかじめ代理権を受け、借家契約の解除・明渡し等を行うことができる。

【文例】連帯保証人への合意解約・明渡しの代理権附与の特約

> 第○条（借主から連帯保証人への委任）
> 1　借主は前条の連帯保証人に対し、連帯保証人が借主の依頼した個人で、かつ、次の各号の何れかに該当した場合に限り、本契約を解除する権限、並びに解除に伴う貸室の立ち入り、室内の家具・動産類の破棄・処分、明渡し、敷金の返還金の受領及びこれらに関する一切の権限を委任するものとします。ただし、借主が連帯保証人の合意解約・明渡しに異議を唱えた場合は連帯保証人は代理権を行使できないものとします。
> 　1)　借主が不在でかつ賃料等の支払を3ヶ月分を超えて怠り、又は度々遅滞し、貸主の催促によってもその支払をしないとき。
> 　2)　借主が貸主へ届出をせずに所在不明のまま1ヶ月を超えて経過したとき。

第7部　退去(明渡し)　　227

3）　借主の役員が死亡その他の事由により本件賃貸建物を借主の営業拠点
として使用しないとき。

4）　借主の代表者が老齢・病気で借主の事業活動をすることが困難なとき。

2　借主は連帯保証人が委任された権限を行使したことにつき、連帯保証人・
貸主・管理者及び関係者に対して、不服の申立て又は損害賠償その他の請求
は行わないものとします。

3　借主は、本契約が存続する限り、前項の委任を解約することはできないも
のとします。

1　【第1項】借主から連帯保証人への代理権授与

　本条項は、借主から連帯保証人に対し、本契約の合意解除・明渡し等の代理
権等を付与する特約。明渡しについては法律行為ではないので準委任になる。

　賃料不払の債務不履行により、賃貸借契約を解除するためには、解除の意思
表示が借主に到達することが必要である（民法第97条第1項）。しかし、借主
が夜逃げをするなどして行方不明になった場合には、円滑に貸主から解除の意
思表示をすることや、借主との間で賃貸借契約を合意解除して、契約関係を終
了させることができなくなる。本件特約で連帯保証人が借主から代理権を付与
されていると、訴訟をせずに明渡しを受けることができる。

　今回の民法改正で、借主に個人の連帯保証人を立ててもらう意味が薄れたと
いう意見もある。確かにそのようにいえるが、連帯保証人に借主の代理人とし
て、解除・明渡しをしてもらえれば、貸主に非常にメリットがある。

　代理権授与が有効な場合として、「借主が不在でかつ賃料等の支払を3ヶ月
分を超えて怠り」（第1項第1号）と定めている。借主が夜逃げした場合ならと
もかく、借主が家賃を長期にわたり滞納しているのに退去しないような場合、
いくら連帯保証人が代理権を付与されていても、借主本人の意向を無視して、
貸主と賃貸借契約を合意解除したり、明渡しをすることは法律上できない。

　委任や代理は借主本人のために行うもので、借主本人が明白に合意解約・明
渡しを拒否していた場合には、本人の意思に反して代理人は代理権を行使でき

ないからである。

　以上の趣旨を明確にし、自力救済を防ぐため、第1項但書で、借主が本文の代理権行使に異議がある旨の意思表示をした場合には、代理権行使ができないように定めてある。

　そのため、本条項では、借主が夜逃げ状態等になった場合に、貸主が連帯保証人との間で賃貸借契約の合意解除を行い、また、貸室の明渡しが実現できるように、借主から連帯保証人に対して賃貸借契約を解除する権限や貸室の明渡しを行う権限を付与する特約を定めている。

　裁判例においては、借主から契約解除や明渡しの委任を受けた連帯保証人が借主自身と個人的な信頼関係がある者（例えば、親戚、友人など）である場合には、本条項のような特約も有効となり得ると判示したものがある（大阪高判平成25年10月17日ウエストロー・ジャパン）。

　ただ、本条項は、借主の意思に反して賃貸借契約を終了させて明渡しを実現することを可能とする特約なので、借主保護の観点から、適用範囲は限定的に解釈され、借主が行方不明になってしまった場合とか、借主の代表者が死亡し、相続人や株主が容易には判明しない場合等でないと、本条項を根拠として連帯保証人との間で貸室の明渡しの処理を進めることには、後に、（本契約の解除や貸室の明渡しに同意をしていない）借主から損害賠償請求等がなされるリスクが伴ってしまうので、貸主・管理会社としては注意が必要である。

　これに対して、借主から契約解除や明渡しの委任を受けたのが家賃保証会社等の法人である場合には、家賃保証会社による明渡しの自力救済行為を正当化するために本条項が用いられる可能性が高いことから、本条項のような特約を定めても無効になる可能性が高くなる。そのため、第1項では、上記大阪高裁の判例に従い、委任を受けた連帯保証人が借主（代表者）自身と個人的な信頼関係がある場合にのみ委任が有効であることを定めている。

2 【第2項】

　委任を受けた連帯保証人が、合意解約や明渡しをしても、借主は損害賠償等ができないことを定めている。

第7部　退去（明渡し）　　229

もちろん、この特約があっても、受任した連帯保証人が善管注意義務に違反した場合は、借主は連帯保証人に損害賠償を請求することが可能である。

3 【第3項】

本契約が終了し、明渡し等一切の借主の義務が履行されるまでは、委任を解除したり、代理権授与を撤回することはできないことを定める特約。

そもそも、委任契約は委任した借主・受任した連帯保証人が一方的にいつでも解除できるし、委任した借主が死亡した場合は終了する、第3項の特約でこれらの事由で終了しないことを特約している。

Ⅱ　家賃滞納者の退去法

> **問114**　家賃滞納者を早く・簡単に・費用をかけずに任意に退去させる方法はどのようにすべきか？

【答】

常に家賃を数ヶ月遅れている借家人・借主には「1年契約の定期借家契約」への切り替えをする。その場合、「1年以内に滞納分を完済したら、普通借家契約にもどすこと、又は、さらに定期借家で再契約すること」を条件にしてもよい。

居住用普通借家については、平成12年3月1日以降、新規に契約した契約ならば、切り替えが可能である。

定期借家施行前（平成12年2月29日まで）に締結された、古い居住用の借家契約を定期借家に切り替えはできない。

事業用普通借家については、契約日が平成12年3月1日前後を問わず、普通借家から定期借家への切り替えが可能である。

普通借家から定期借家への切り替えは特殊な契約なので、手続について、専門家に必ず相談していただきたい。

平成 11 年 12 月 15 日法律第 153 号（定期借家権を新設した良質な賃貸住宅等の供給に関する特例措置法）の附則第 3 条（借地借家法附則にある）

　第 5 条の規定（定期借家契約を新設した法律）の施行前（平成 12 年 3 月 1 日前）にされた居住の用に供する建物の賃貸借（旧法第 38 条第 1 項の規定による賃貸借＝賃貸人不在期間限定の建物賃貸借、リロケーション＝を除く。）の当事者が、その賃貸借を合意により終了させ、引き続き新たに同一の建物を目的とする賃貸借をする場合には、当分の間、第 5 条の規定による改正後の借地借家法 38 条の規定（定期借家契約）は、適用しない。

　家賃が数ヶ月遅れているが、呼び出すと来て、分割支払の申出をするし、連帯保証人も責任を表明している場合も、上記定期借家契約を活用する。

　ただ、「定期借家への切り替え」で注意すべきは、以下の点である。

①　普通借家契約の合意解約の定めをきちんと入れる。

②　定期借家契約を締結する前に、事前説明書を交付して説明する手続を忘れない。

③　定期借家で、1 年以内に滞納家賃を完済しなかったり、毎月の家賃を 1 回でも遅れたら再契約しないと定期借家契約で約束しても、1 年以内に滞納家賃を完済しなかった場合、任意に立ち退かないなら、改めて、立退き訴訟が必要になる。ただ、定期借家終了を根拠にした訴訟は、家賃不払を理由にした立退き訴訟より、明渡しの判決が取りやすい。

　今後の支払・滞納家賃の分割払いが望めない借家人・借主には、説得による合意解除、明渡しを努力する。

　解約合意書・立退き合意書は特殊なものを作るので専門家に必ず相談していただきたい。

　期限の猶予で立ち退く旨を約束するが、立ち退く約束を任意に履行するか不安な借家人とは、即決和解を成立させる。

第 7 部　退去（明渡し）　231

（注）即決和解とは、簡易裁判所に貸主・借主が１回だけ出頭して成立されることができる和解で、立退猶予期限が満了したのに借主が立ち退かない場合には、裁判せずにこの即決和解で立退きの強制執行ができる手続。公正証書では、立退きの強制執行はできない。

第5章 自力救済

I 特約による貸主の自力救済

問115 賃貸借契約において「借主が賃料を滞納した場合、貸主は、借主の承諾を得ずに建物に立ち入り、適当な処置をとることができる」旨の特約を定めれば、裁判をせずに貸主が賃貸建物に立ち入り、中の動産類・什器備品を搬出して、強制的に明渡しをさせることはできるか？

【答】

　このような特約は無効となり、貸主側で借主の承諾がないのに室内に立ち入れば、住居侵入罪、中の荷物を搬出・処分すれば窃盗罪や器物損壊罪になり、民事的には損害賠償請求を受けてしまう。

　貸主はこのような場合、正式に裁判を起こし、借主に明渡しを命ずる判決を取得し、強制執行により明渡しを実行しなければならない。

　裁判手続を経ずにこのような本来判決を取得して強制執行でしか実現できないのに、正式な裁判や強制執行手続を経ずに行う実力行使を「自力救済」という。

　マンションの1室の賃貸借契約において「賃借人が賃料を滞納した場合、賃貸人は、賃借人の承諾を得ずに建物に立ち入り、適当な処置をとることができる」旨の特約は、公序良俗に反して無効であるとして争われた事案において、賃貸人から委任を受けたマンションの管理会社が賃料を滞納した賃借人の部屋に立入る等したことが不法行為にあたるとされた事例（東京地裁 平成18年5月30日判決）がある。

Ⅱ　自力救済が許される場合

問116
貸主や管理会社が、借主所有の動産や什器・備品を賃貸建物から搬出して処分することは、いかなる場合にも、違法になるのか？

【答】

　貸主や管理会社が、借主所有の動産や什器・備品を賃貸建物から搬出して処分するという意味での自力救済は、原則禁止されるが、唯一、「賃貸建物の明渡しがなされた後に、賃貸建物内に残置された借主所有の動産や什器・備品」については許される。

　借主は賃貸建物を貸主に返還（明渡し）した場合は、賃貸建物内の借主所有の動産や什器・備品で借主に必要なものは、搬出しているであろうから、明渡し後、残置された動産類については、自力救済を認めても借主に損害を与えることはないし、逆に、明渡し後、残置された動産類についても貸主は訴訟・強制執行をしなければ処理できないというのでは、貸主に不当な負担を課することになるからである。

　したがって、一般に賃貸借契約書に定められている下記のような残置物処分の条項は有効である。

【文例】貸主による残置物処分の特約

第○条（原状回復義務等）
○　乙（借主）が、本件建物を明け渡した後、本件建物室内に残置した動産類については、その所有権を放棄したものとみなし、甲（貸主）は、これら残置物を任意に破棄・処分できるものとします。ただし、その処分費用は、乙（借主）の負担とします。

第8部

マスターリース・サブリースの終了と精算

第1章

マスターリースの終了とサブリースの終了

I　オーナーとサブリース会社、サブリース会社と転借人の法律関係

> **問 117**　サブリースでは、オーナーとサブリース会社、サブリース会社と転借人テナントとはどのような法律関係になるのか？

【答】

　オーナーとサブリース会社の間では、賃貸借契約の当事者、サブリース会社と転借人テナントとは転貸借契約の当事者の立場に立つ。オーナーと転借人の間には、何らの契約関係もない。

　ただ、誰に転貸するかはオーナーにとって重大な利害となるので、民法はオーナーの承諾がなければ、借主は転貸ができないと定めている（民法第612条）。

　しかし、現在のサブリースの実務では、特約で「オーナーは事前に包括的な転貸承諾を与え、サブリース会社の裁量で自由に転借人テナントに転貸できる」と特約する場合が多い。

　ただ、民法は転貸借関係におけるオーナーの保護のため、オーナーが承諾した転貸の転借人テナントに対し、契約関係はないが直接賃料を請求できる法律関係を認めた（民法第613条第1項）。

　逆に、民法は転貸借関係における転借人テナントの保護のため、オーナーとサブリース会社が合意でマスターリース契約を解除しても転借人テナントに対し退去を請求できないとした（民法第613条第3項）。転貸を承諾したオーナーと自ら転貸したサブリース会社が、転借人テナントの転借権を合意解約で奪うのは不当だからである。したがって、マスターリースの合意解除では、親亀

（マスターリース）がこけても（契約が合意解除されても）、子亀（サブリース）はこけない（転借権はなくならない）ことになる。

ただ、サブリース会社が家賃をオーナーに払わない（マスターリースの契約違反の場合）場合には、オーナーにサブリース会社とのマスターリース契約を解除して転借人テナントに対し退去を請求できる（民法第613条第2項）。家賃不払（違約）をされたオーナーは、転借人テナントより優先的に保護されるべきだからである。したがって、マスターリースの違約解除では、親亀（マスターリース）がこけると（賃料滞納等で契約が解除されると）、子亀（サブリース）もこける（転借権がなくなる）ことになる。

ただ、実務では、転借人テナントは自らが家賃滞納をしていないのに、サブリース会社が滞納したことで退去を求められるのでは、安心してサブリース物件を借りることはできない。そこで、後記のように特約で転借人テナントを保護する契約の事例（マスターリース契約が滞納で解除されても転借権がなくならない）が多い。

民法 第612条（賃借権の譲渡及び転貸の制限）
1 賃借人は、<u>賃貸人の承諾を得なければ、</u>その賃借権を譲り渡し、又は賃借物を転貸することができない。
2 賃借人が前項の規定に違反して第三者に賃借物の使用又は収益をさせたときは、賃貸人は、契約の解除をすることができる

（注）第1項の「賃貸人の承諾」とは、転貸に関していえば貸主（オーナー）の利害に影響する「①誰に転貸するか、②転借人にどのように使わせるか」の承諾で、本来「いくらの転貸料を取って貸すか」は承諾の対象ではない。

民法 第613条（転貸の効果）
1 賃借人（サブリース会社）が適法に賃借物を転貸したときは、転借人は、賃貸人（オーナー）と賃借人（サブリース会社）との間の賃貸借に基づく賃

第8部 マスターリース・サブリースの終了と精算

借人（サブリース会社）の債務の範囲を限度として、賃貸人（オーナー）に対して転貸借に基づく債務を直接履行する義務を負う。この場合においては、転貸借契約に定めた当期の賃料を前期の賃料の弁済期以前に支払ったことをもって賃貸人に対抗することができない。

2　前項の規定は、賃貸人（オーナー）が賃借人（サブリース会社）に対してその権利（解除権等）を行使することを妨げない。

3　賃借人が適法に賃借物を転貸した場合には、賃貸人は、賃借人との間の賃貸借を合意により解除したことをもって転借人に対抗することができない。ただし、その解除の当時、賃貸人が賃借人の債務不履行による解除権を有していたときは、この限りでない。

Ⅱ　転借人テナントがサブリース会社の違約があっても立ち退かされない特約

問118　前問で、サブリース会社の貸主（オーナー）に対する家賃不払（債務不履行）が発生すれば、サブリース会社としてもマスターリース契約を解除されるのはやむを得ないが、それでは、サブリース会社の入れた転借人テナントは、家賃を払っているのに追い出されることになる。そのような結果になれば、転借人テナントは、サブリース物件を借りてくれないので、募集にも影響が出る。反対に、貸主（オーナー）は管理のためサブリース会社を間に入れているのだから、仮にサブリース会社がどのような理由でマスターリース契約を解除されても転借人テナントは残してもそれほど不利益はないと思われる。そこで、サブリース会社と貸主（オーナー）とのマスターリース契約で、「いかなる理由でマスターリース契約が解除されても（合意解除・債務不履行解除・更新拒絶・中途解除がなされても）、サブリース会社の転借人テナントへの転貸人の地位はオーナーに当然移転する（オーナーが転借人テナントへ貸し続ける）」という特約は作れないか？

【答】

設問のような、「いかなる理由でマスターリース契約が解除されても（合意解除・債務不履行解除・更新拒絶・中途解除がなされても）、サブリース会社の転借人テナントへの転貸人の地位にオーナーに当然移転する（オーナーが転借人テナントへ貸し続ける）」という特約を作ることは可能である。

借主サブリース会社が契約違反で解除されれば、転借人テナントの転借権は保護されないというのは、民法の原則であるが、改正後の民法第613条第3項（違約解約は転借権が保護されない）は任意の規定であるから特約で変更できる。

サブリースの実務では、マスターリース契約とサブリース契約において、転借人テナントを保護するため、貸主（オーナー）と借主サブリース会社（転貸人）とのマスターリース契約がどのような理由で終了した場合（合意解除・債務不履行解除・更新拒絶・中途解除）でも、下記特約のように貸主（オーナー）は、サブリース会社の転貸人としての地位を引き継ぎ、転借人テナントが立ち退かなくても済むようにしている。このように特約で配慮しないと、設問のように、転借人テナントは、何ら契約違反をしていないのに、サブリース会社が違約した場合に立ち退かされてしまうことになり、転借人テナントの募集に悪影響を及ぼすからである。

【文例】マスターリース契約

> 第○条（明渡し等の契約終了時の処理）
> ○　本契約が理由の如何を問わず終了したときは、甲（オーナー）は、乙（サブリース会社）と転借人テナントとの間の転貸借契約上の転貸の地位を当然に継承するものとします。

■　サブリース契約への連動

上記のとおり、マスターリース契約がどのような理由で終了した場合でも、サブリース会社の転貸人としての地位を貸主（オーナー）に引継がせるために

第8部　マスターリース・サブリースの終了と精算　239

は、転借人テナントの同意が必要となる。

転借人テナントの同意を個々に取得するのは面倒なので、あらかじめ、サブリース契約に包括承諾を入れておく必要がある。

【文例】サブリース契約

第○条（賃貸人の地位の継承）

1. 転借人テナントは、サブリース会社がオーナーから本物件を賃借し、転借人テナントに転貸していることに同意します。

2. オーナーとサブリース会社とのマスターリース契約が期間満了、解除等により終了したときは本契約のサブリース会社の地位（転貸人の地位）及び敷金返還義務はオーナーが継承することにつき異議を述べないものとします。

3. 前項の場合、オーナーは転借人テナントに対し、サブリース会社から引継ぎを受けた範囲内において、転借人テナントに対し敷金の返還義務を負うものとし、オーナーに移管できなかった敷金についてはサブリース会社が返還義務を負うものとします。

改正民法　第613条（転貸の効果）

3　賃借人（サブリース会社）が適法に賃借物を転貸した場合には、賃貸人（オーナー）は、賃借人（サブリース会社）との間の賃貸借を合意により解除したことをもって転借人テナントに対抗することができない。ただし、その解除の当時、賃貸人（オーナー）が賃借人（サブリース会社）の債務不履行による解除権を有していたときは、この限りでない。

Ⅲ　マスターリース契約終了時のオーナーへの敷金（保証金）の移管

問 119

前問で、貸主（オーナー）としては、貸主（オーナー）と借主サブリース会社のマスターリース契約で、「いかなる理由でマスターリー

ス契約が解除されても（合意解除・債務不履行解除・更新拒絶・中途解除がなされても）、サブリース会社の転借人テナントへの転貸人の地位はオーナーに当然移転する（オーナーが転借人テナントへ貸し続ける）」という特約は納得できる。しかし、借主サブリース会社の経営が悪化し、貸主（オーナー）への敷金（保証金）の移管がされていないのに、サブリース会社の転借人テナントへの転貸人の地位はオーナーに当然移転されると、オーナーが自腹を切って転借人テナントへ敷金（保証金）を返さなければならなくなるのは困る。公平な特約を作れないか？

【答】

　マスターリース契約が理由の如何を問わず終了したとき、サブリース会社の転借人テナントに対する貸主（転貸人）の地位をオーナーが引き継ぐとの特約がある場合、オーナーがサブリース会社の転貸人の地位を引き継ぐと、サブリース会社の転借人テナントに対する敷金（保証金）返還義務も引き継いでしまうのでは、貸主（オーナー）は不利益をこうむる。

　貸主（オーナー）は、敷金（保証金）の移管を受けられないのに、サブリース会社の転貸人の地位だけ引き継いでしまうと、貸主（オーナー）は敷金（保証金）の分だけ損失を被ることになる。

　転借人テナントは、本来立ち退かなければならない場合でも、転借権を保護され、オーナから直接借りる立場になる。言い換えれば、転借権が賃借権に強化される。また、転借人テナントが敷金を預けたのはサブリース会社であるから、サブリース会社の経営が悪化して、敷金が返還されないリスクは転借人テナントが負うのが公平である。

　そこで、サブリース会社の転貸人の地位をオーナーが承継する特約がある場合、オーナーがサブリース会社の貸主の地位を引き継いだとしても、現実に移管を受けた敷金の範囲内でしか、オーナーは転借人テナントに返還の責任を負わないとする特約が公平である。以下のような特約が妥当であろう。

第8部　マスターリース・サブリースの終了と精算　　241

【マスターリース契約に入れる特約文例】

オーナーの転借人に対する敷金返還義務は、サブリース会社から現実に移管を受けた敷金額に限定するとの特約

> 第○条（明渡し等の契約終了時の処理）
> 1 本契約が理由の如何を問わず終了したときは、甲（オーナー）は、乙（サブリース会社）と転借人テナントとの間の転貸借契約上の転貸人の地位を当然に継承するものとします。この場合、サブリース会社は、速やかに転借人テナントから預託を受けた敷金をオーナーに移管するものとします。
> 2 前項の場合、オーナーは転借人テナントに対し、サブリース会社から引継ぎを受けた範囲内において、転借人テナントに対し敷金の返還義務を負うものとします。

（注）上記2項は、マスターリース契約がいかなる理由で終了しても、オーナーが現実にサブリース会社から敷金等の移管を受けた額の範囲で、転借人テナントに敷金返還義務を負担する内容。

【サブリース契約に入れる特約文例】

> 第○条（賃貸人の地位の継承）
> 1 乙（転借人テナント）は、甲（サブリース会社）がオーナーから本物件を賃借し、乙（転借人テナント）に転貸していることに同意します。
> 2 オーナーと甲（サブリース会社）との賃貸借契約が違約解約・期間満了・合意解約・中途解約等いかなる理由により終了したときでも本契約の甲（サブリース会社）の転貸人たる地位及び敷金返還義務は建物所有者が継承することにつき異議を述べないものとします。この場合、サブリース会社は、速やかに転借人テナントから預託を受けた敷金をオーナーに移管するものとします。
> 3 前項の場合、オーナーは転借人テナントに対し、サブリース会社から移管を受けた範囲内において、敷金の返還義務を負うものとし、オーナーに移

管できなかった敷金についてはサブリース会社が返還義務を負うものとします。

Ⅳ　正当事由によるサブリース会社の保護（オーナーの更新拒絶）

問 120
マスターリース契約において、サブリース会社は借地借家法で借主としてどの程度保護されているのか？　例えば、オーナーがマスターリース契約を 3 年の期間で締結した場合、オーナーがサブリース会社の管理に不満を持ち、3 年の期間満了で更新拒絶を主張する場合、無条件に更新拒絶は可能か？　それとも、通常の借家契約のように正当事由は必要か？　仮に更新拒絶に正当事由が必要とされる理論を採用した場合でも、サブリース会社は使用してはいないのだか通常の正当事由よりもオーナーに有利に判断してもらえないか？

【答】
　オーナーからの期間満了時の更新拒絶に全く正当事由が不要という理論構成はとれない。無条件に更新拒絶はできない。
　サブリース会社が、普通借家契約によるマスターリース契約に正当な利益を有する場合もあるから、例えば、サブリース会社がオーナーにある店舗の誘致を提案し、以下のような処理に多額の労力と費用をかけた場合には、借主として保護するために、更新拒絶に正当事由が必要とした方がよい。
　・出店企業の募集
　・出店企業との条件交渉
　・店舗・駐車場等の企画・設計などの開発業務
　・近隣対策
　このサブリース会社は、例えば、家賃差額として毎月 10 万円程度しか取得していないような場合には（転借人が払う家賃は 100 万円、オーナーに払う家賃

第 8 部　マスターリース・サブリースの終了と精算　　243

は 90 万円）、長期にマスターリース契約を継続してもらえないと、サブリース
会社は投下資本の回収ができない。

最高裁平成 15 年 10 月 21 日第三小法廷判決は、サブリース契約については、
借地借家法第 32 条第 1 項（賃料の増減額請求権）の適用があるとして、マスタ
リース契約にも原則借地借家法の適用があることを認めた。

東京地裁平成 24 年 1 月 20 日判決もビルのマスターリース契約の更新拒絶に
正当事由が必要か（正当事由があるか）の争点で、①オーナーからの更新拒絶
があれば、契約を終了させる特約があり、②オーナーが、サブリース会社に立
退料として 300 万円支払うという提案を行った、③オーナーから、上記立退料
の提案と転貸借契約を引き継ぐことを条件に更新拒絶をした事案では、裁判所
は貸主の正当事由を認めなかった。

V　サブリース会社排除の方法

問 121　オーナーがマスターリース契約で、サブリース会社に貸している場
合、サブリース会社は借地借家法で借主として保護されているので、
簡単に解除や更新拒絶ができない。オーナーがサブリース会社に管理
方法の改善を要求しても応じてもらえない、転借人テナントの家賃を
努力して上げてくれないなど、サブリース会社の不適切な対応がある
ため、マスターリース契約を終了させたい場合もあると思われる。
オーナーの立場からマスターリース契約を必ず終了できる対策はある
か？

【答】

オーナーの立場からマスターリース契約を必ず終了できる対策はある。マス
ターリース契約を定期借家にすれば良い。

サブリース会社としても、2 年程度でマスターリース契約を終了させられて
は困るので、定期借家の期間は 3 年〜4 年程度にする。

また、マスターリース契約が終了した場合、転借人テナントは、オーナーが引受け、賃貸を継続するようにしておく。

　ただ、オーナーは定期借家の事前説明等の手続を完璧にしておかないと、サブリース会社から普通借家を主張されてしまうので注意が必要である。

　また、サブリース会社もオーナーの気持ちを汲んで、正当な値上げ交渉や、管理に努力し、オーナーから、マスターリースの再契約をしてもらうようにするべきである。

第8部　マスターリース・サブリースの終了と精算　　245

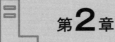

第2章 マスターリース終了時の精算

I 管理のためのマスターリースでの契約終了時の原状回復義務

問 122　当社は、賃貸マンションを所有しているオーナー会社からマンションを一棟丸ごと借り上げ、転貸承諾を受けて、これを一般の入居者に賃貸を予定しており、いわゆるサブリース方式の管理をしようとしている。

マスターリース契約がどのような理由で終了しても、入居者が退去しないで済む特約をしたが、マスターリース契約終了に伴うサブリース会社である当社の原状回復義務はどのように定めればよいのか？

【答】

サブリース会社は、サブリース契約が終了し、オーナーに対し本件建物を明け渡すときは、原状回復して明け渡すのが原則である。ただ、どこまで原状回復するかは特約で定める必要がある。

ただ、入居中の部屋（転貸中の部屋）の原状回復工事はできないので、解除時の現状で引き渡す。

マスターリースの終了時に、サブリース会社と、転借人テナントや不法占拠者等との間で紛争があるときには、オーナーに迷惑をかけないよう、サブリース会社が紛争を解決してからオーナーに返すというのが公平である。そこで、紛争解決が必要な貸室については、紛争解決に必要な期間中、オーナーはサブリース会社との賃貸借契約を継続するものとし、その部分については、借上賃料を支払うという約定をする。

例えば、借り上げていたマンション30室のうちの1部屋が不法占拠されてい

た場合、この1室を除いて29室は返す。その1室については今までどおり借上賃料10万円を支払う。そして、訴訟を起こす等して退去させ、原状回復して明け渡す。

　サブリース会社が紛争を解決するまで借り上げる物件・部屋につき、保証賃料以外の、明渡し遅延等の責任は負わないものとする。

　つまり、「明渡しを怠ったら倍額」と契約している場合に遅延責任を免除してもらう特約を入れる。

　管理のためのマスターリースの場合、下記のように転借人への賃貸をオーナーに引き継ぎ、原状回復もマスターリースの契約内容で空室の部屋だけ行えば合理的な退去精算になる。しかし、管理のためではなく、サブリース会社の独自の利益追求のための旧来のマスターリースの場合は、合意解約・違約解約・更新拒絶等いかなる理由でマスターリース契約が終了した場合でも、転借人をサブリース会社の責任で退去させ、原状回復をした上で、オーナーに返還させる処理が合理的である。

【文例】マスターリース契約

> 第○条（明渡し等の契約終了時の処理）
> 1　本契約が終了し、サブリース会社がオーナーに対し本物件を明け渡すとき、空室がある場合は、サブリース会社は原状回復工事を完了してオーナーに明け渡すものとします。この場合、サブリース会社は空室の玄関の錠（シリンダー部分）の交換を行うものとします。
> 2　本契約が理由の如何を問わず終了したときは、オーナーは、サブリース会社と転借人入居者との間の転貸借契約上の転貸人の地位を当然に継承するものとします。この場合、サブリース会社は、速やかに転借人入居者から預託を受けた敷金をオーナーに移管するものとします。
> 3　前項の場合、オーナーは転借人入居者に対し、サブリース会社から引継ぎを受けた範囲内において、転借人入居者に対し敷金の返還義務を負うものとします。

第8部　マスターリース・サブリースの終了と精算　　247

4 サブリース会社と転借人入居者の転貸借契約が継続中の場合、サブリース会社は、返還時の転借人入居者居住のまま原状回復工事をせず、本物件をオーナーに明け渡すものとします。

5 本契約が終了したにもかかわらず、サブリース会社と、転借人入居者・不法占拠者・その他利害関係人との間で、賃貸借契約又は、本物件に関して生じた訴訟その他の紛争あるときには、サブリース会社がこれら諸問題を解決し、終了させたうえで、本物件を返還することとし、オーナーに迷惑をかけないものとします。

6 前項により、サブリース会社が紛争を解決する間は、サブリース会社はオーナーに対して返還未了の本物件（アパート等の場合は、各部屋ごととする）につき、従前の借上保証賃料を支払うものとし、サブリース会社は借上保証賃料以外に明渡しの遅延につき責任を負わないものとします。

　管理のためのマスターリースでは、サブリース会社はオーナーに敷金・保証金の差し入れをしないのが通常なので、オーナーからの敷金等の返還条項は定めていない。もし、サブリース会社はオーナーに敷金等の差し入れがある場合には、通常の返還条項を定めたり、引き継ぐ転貸借契約の敷金をサブリース会社が移管できなければ、オーナーが預かっている敷金等を充当する特約を定めるとよい。この特約は以下のとおりとなる。

7 オーナーがサブリース会社から敷金（保証金）の預託を受けている場合、第2項の移管すべき転借人入居者の敷金に不足があれば充当できるものとします。

【文例】サブリース契約

サブリース会社と転借人との貸主の地位移管と特約

> 第○条（賃貸人の地位の継承）
> 1　転借人入居者は、サブリース会社が建物所有者から本物件を賃借し、転借人入居者に転貸していることに同意します。
> 2　オーナーと甲（サブリース会社）との賃貸借契約が違約解約・期間満了・合意解約・中途解約等いかなる理由により終了したときでも本契約の甲（サブリース会社）の転貸人たる地位及び敷金返還義務は建物所有者が継承することにつき異議を述べないものとします。この場合、サブリース会社は、速やかに転借人入居者から預託を受けた敷金をオーナーに移管するものとします。
> 3　前項の場合、オーナーは転借人入居者に対し、サブリース会社から移管を受けた範囲内において、敷金の返還義務を負うものとし、オーナーに移管できなかった敷金についてはサブリース会社が返還義務を負うものとします。

Ⅱ　旧来のマスターリースでの契約終了時の原状回復義務

問 123　当社は、ビルのオーナーであるが、ある倉庫業者が「ビル1棟を全部貸して欲しい。レンタル倉庫として細分化して転貸したい。オーナーにはどんなことがあっても固定家賃を払うので、いくらで転貸するかについてはオーナーは干渉しないで欲しい」との提案であった。当社としても、どんなことがあっても固定家賃を払ってくれるというならよいので貸したいが、原状回復についてはどんな点に注意すればよいのか？

【答】

　管理のためのマスターリースの場合、マスターリース終了時には転借人への

第8部　マスターリース・サブリースの終了と精算　249

賃貸をオーナーに引き継ぎ、原状回復もマスターリースの契約内容で空室の部屋だけ行えば合理的な退去精算になる。

　しかし、設問のように管理のためではなく、サブリース会社の独自の利益追求のための旧来のマスターリース（転貸）の場合は、合意解約・違約解約・更新拒絶等いかなる理由でマスターリース契約が終了した場合でも、全転借人をサブリース会社の責任で退去させ、原状回復をした上で、オーナーに返還させる処理が合理的である。

【文例】マスターリース契約

第○条（明渡し等の契約終了時の処理）

1　本契約が合意解約・違約解約・更新拒絶等、理由の如何を問わず終了したときは、サブリース会社は、全ての転借人との転貸借契約を解除して転借人全てを退去させなければならないものとします。

2　本契約が終了したときは、サブリース会社は、別紙原状回復仕様書により、明渡し時までに原状回復を完了させた上でオーナーに対し、本賃貸物件を明け渡すものとします。

3　前項の場合、明渡し時にサブリース会社又は転借人の残置物があった場合には、サブリース会社の責任と費用により撤去するものとします。

4　オーナーは、第2項の原状回復の完了・第3項の残置物のないことを確認の上、明渡しの完了後2ヶ月以内に貸主の住所地において敷金（保証金）を返還するものとします。

5　本契約が終了したにもかかわらず、サブリース会社と、転借人・不法占拠者・その他利害関係人との間で、サブリース会社からオーナーに対し本賃貸物件の返還に障害となる訴訟その他の紛争あるときには、サブリース会社がこれら諸問題を解決し、終了させたうえで、本物件を返還することとし、オーナーに迷惑をかけないものとします。

第3章 転借人テナントの失火・事故責任

I 転借人の失火で建物を損傷した場合の管理のためのサブリース会社の責任

問124　当社はサブリース会社で、店舗ビル一棟を丸ごと借り上げて、複数の転借人テナントに転貸している。次のような問題が生じたときにサブリース会社である当社の責任はどの程度生ずるのか？　また、サブリース会社である当社の負担が重くならないようにするにはどうしたらよいか？

　小問1　転借人テナントの過失で火災が生じ、当該テナントの転借部分が焼失した場合に、当社（サブリース会社）がオーナーに対して負う責任はあるか？　転借人テナントが当社やオーナーに対して負う責任はどのようになるのか？

　小問2　転借人テナントの過失で火災が生じ、当該テナントの隣接テナントの店舗が焼失した場合に、店舗ビル一棟を丸ごと借り上げ当社が隣接テナントの店舗について転貸人としての責任はあるか？　転借人テナントがオーナー・当社（サブリース会社）や隣接テナントに対して負う責任はどのようになるか？

【答】

1　小問1の答

　転借人テナントに火災についての故意過失がある場合には、転借人テナントは、借主として貸主（転貸人）であるサブリース会社に対し、債務不履行による損害賠償責任を負う。その理由は、賃貸借契約の借主（転借人テナント）は、賃貸目的物を善良な管理者としての注意義務を持って保管する義務を貸主（サ

ブリース会社）に対して負うが、故意過失による火災によりこれを毀損することは、この保管義務に違反するからである。

　この場合、サブリース会社（借主）とオーナー（貸主）との間でも、サブリース会社はオーナーに対し、免責特約なき限り、転借人テナントの失火につき債務不履行（契約違反）による損害賠償責任を負う。その理由は、賃貸借契約の借主（サブリース会社）は、賃貸目的物を善良な管理者としての注意義務を持って保管する義務を貸主（オーナー）に対して負うが、故意過失による火災によりこれを毀損することは、この保管義務に違反するからである。

　転借人テナントの失火であるにも関わらず、サブリース会社がオーナーに対して火災により生じた損害を賠償する義務があるのは、サブリース会社は転借人テナントに転貸することにより自ら（サブリース会社）の代わりに賃貸目的物を使用させており、オーナーに対する関係ではサブリース会社と転借人テナントは、一心同体（履行補助者）と見られ、転借人テナントの故意・過失（保管義務違反）は、借主（サブリース会社）の保管義務違反とみなされているからである。

＜履行補助者の理論＞

　履行補助者とは、借主の手足のごとく、借主と一体と評価される者をいう。例えば、借主の従業員や家族は、借主の履行補助者になる。

　転貸においても、サブリース会社は、法律上自己の責任（転貸について全責任を負う趣旨）で転貸するため、転借人テナントに故意過失があれば、サブリース会社は、自らに故意過失がなくとも、サブリース会社自身に故意過失があったと同じ責任を負うことになるため、転借人テナントはサブリース会社の履行補助者といわれている。

　履行補助者の故意・過失は、借主本人の故意・過失とみなされる。

　転借人テナントはサブリース会社の履行補助者であるため、転借人テナントの過失で、テナント部分を焼失させたときは、サブリース会社自身の過失でテナント部分を焼失したものとみなされ、オーナーに対し、債務不履行（契約違反）による損害賠償義務を負わなければならない。

また、転借人テナントのオーナーに対する責任として、不法行為に基づく損害賠償責任が考えられるが、この理論構成で考える場合には、後に述べる失火責任法による責任軽減の問題（軽過失の失火では責任を負わない）が生ずるので、テナントに悪意又は重過失がないと、オーナーは転借人テナントに不法行為による損害賠償責任を追及することができない。

（注）重過失とは、「ちょっと注意すれば防げたのに、ちょっとの注意すらしなかった」場合の注意義務違反をいう。言い換えれば、不注意の程度が甚だしい場合をいう。天ぷら鍋を火にかけたまま、玄関まで応接に出て火を出すと重過失があるとされる。

2　小問2の答

出火元の転借人テナントと隣接テナントは、契約関係がないので、「赤の他人である（隣同士と変わりがない）。そのため、出火元の転借人テナントが、隣接テナントに対して負う失火の責任については、失火責任法による責任軽減により、失火者に故意又は重過失が無い限り、失火者と契約関係にはない隣接テナントへの補償をしなくてもよい。

貸主・借主という契約関係にあれば、借主は契約上の保管義務があるので、契約違反により軽過失で責任が生じる。これに対し、赤の他人同士であれば、不法行為責任の問題になり、不法行為責任の場合には、失火責任法が適用され、失火者は故意重過失なき限り、責任を負わない。

失火責任法がなぜ失火者の責任を軽くする（軽過失だけなら責任を負わない）のは、日本は火災が多く、一度火が出れば近隣の損害が甚大となり、出火元が全ての責任を負いかねるので、責任の範囲を限定すべきことと、近隣は自ら火災保険を契約することで自衛すべきと考えられていることにある。

この失火責任法による責任軽減は、契約関係にない者の間の責任減免だけであり、貸主・借主間の賃貸借契約等があり、借主が保管義務を負う場合には適用されない。

第8部　マスターリース・サブリースの終了と精算　　253

> 失火の責任に関する法律（失火責任法）
> 　民法第709条の規定は失火の場合にはこれを適用せず。但し失火者に重大な過失があるときはこの限りにあらず。

（1）隣接テナントに対する貸主としての責任

　問題は、当社が、ビル1棟をオーナーから借り上げているサブリース会社であるため、隣のテナントについてはサブリース会社である当社が貸主になっている点である。出火元のテナントが、当社の履行補助者であり、当社は隣のテナントに対して貸主の立場であるから履行補助者の故意過失として、隣のテナントに対し契約上の責任を負わないかが問題となる。

　サブリース会社である当社と隣接テナントとの契約関係はあるが、出火元のテナントの故意過失を、自らの故意過失として責任を負わなければならないのは、転貸人であるオーナーとの関係のみである。

　隣接テナントに対しては単純にサブリース会社である当社に貸主としての故意過失があったかどうかを判断すれば足りる。出火元テナントの故意過失は問題にならない。通常、転借人テナントが火事を起こしたことについてサブリース会社自体に故意過失は認められない。

　したがって隣のテナントとの賃貸借契約の問題としては、サブリース会社は、隣接テナントに対し、債務不履行責任も不法行為責任も負わない。

（2）責任を負う損害の範囲

　サブリース会社は、オーナーとの関係では、契約関係にあり、保管義務を負うから、免責特約なき限り、火事との因果関係があれば、隣接テナントの消失部分のうちオーナーの損害については、損害を賠償する責任を負う。

　このように、オーナーに対して、借りている部分以外についても責任を負う理由は、サブリース会社は、オーナーとサブリースで借りている当社との関係は、賃貸借契約上の損害賠償義務であり、オーナーは、借り主である当社に対し、その失火で発生した相当因果関係にある損害を全て賠償請求できるからである。

　本件では、サブリース会社である当社は、ビル全体を一棟で借りているが、

仮にサブリース会社が当該出火元のテナント部分だけをサブリースで借り上げ
ていても、隣接テナント部分で発生したオーナーの損害については、借りてい
るサブリース会社が負担しなければならない。契約違反から発生した因果関係
のある損害になるからである。

(3) サブリース会社の責任軽減特約の必要性

　サブリースの実態は、管理のために行うのであり、管理会社としては、入居
者の過失による建物焼失等についてまで管理責任を負えないので、マスター
リース契約において、以下の特約による責任軽減が必要であり合理性もある。

【マスターリース契約の文例】

サブリース会社の免責特約

第○条（転貸者等によって損害が生じた場合の借主の責任）

　借主サブリース会社は、転借人、及び転借人の来客、出入り業者その他転借
人に関わる者の一切の故意・過失によって本件建物に損害が生じた場合でも、
貸主オーナーに対し、一切の責任を負わないものとします。

第○条（火災保険等）

1　貸主は、本物件に再調達価格を保険金額とする損害保険（火災保険）を付
　保し、万一、天災地変、火災、事故等により本物件の滅失毀損等が生じた場
　合は、その損害は保険金等により補填し、借主サブリース会社は一切の責を
　負わないものとします。

2　本物件の敷地内の交通事故、転借人テナントの行為による事故、その他転
　借人テナント・取引先等の故意過失による損害について、サブリース会社は
　一切の責を負わないものとします。

第8部　マスターリース・サブリースの終了と精算　　255

Ⅱ　旧来のマスターリースでの転借人の失火で建物を損傷した場合

> **問 125**　当社は、店舗ビルのオーナーであるが、あるサブリース業者が「ビル1棟を全部貸して欲しい。飲食店舗等として細分化して転貸したい。オーナーにはどんなことがあっても固定家賃を払うので、いくらで転貸するかについてはオーナーは干渉しないで欲しい」との提案であった。当社としても、どんなことがあっても固定家賃を払ってくれるというならよいので貸したいが、転借人テナントの失火で当社の保有ビルに損傷が出た場合、サブリース業者にはどのような責任を負ってもらえばよいのか？

【答】

　管理のためのマスターリースの場合、あくまでサブリース業者はオーナーに代わって管理を引き受けるに過ぎず、差額家賃も管理料程度に安いので、転借人テナントの失火・事故等についてまで責任を負えない。

　しかし、設問のように管理のためではなく、サブリース会社の独自の利益追求のための旧来のマスターリース（転貸）の場合は、転借人の失火や事故については、サブリース会社は自己の責任として負ってもらわないと妥当な解決にならない。そこで、以下のような特約が妥当である。

【マスターリース契約の文例】

> 第○条（転貸者等によって損害が生じた場合の借主の責任）
> 　借主サブリース会社は、転借人、及び転借人の来客、出入り業者その他転借人に関わる者の一切の故意・過失によって本件建物に損害が生じた場合には、貸主オーナーに対し、借主サブリース会社の故意過失とみなして責任を負うものとします。

（注）管理のためのサブリースに定めた保険の範囲でサブリース会社は責任を負わないとした前問の特約条項は定めない。

第9部

明渡しの強制執行

第1章 明渡しの最終交渉

I 家賃滞納等による不良入居者に対する訴訟の決断

問 126 明渡しの訴訟手続を執るか、交渉で明渡しを求めるかの判断のポイントは？

【答】

　通常、家賃滞納その他の債務不履行により賃貸借契約を解除した不良入居者（以下「家賃滞納者等」という）に対し明渡しを求める多くの場合は、弁護士に訴訟を依頼して、明渡しを実現するよりも、延滞賃料の免除や、立退料の支払によって明渡しを実現した方が、より安く、早く実現できる場合が多い。

　したがって、明渡しの訴訟による解決は、費用と時間がかかるので最終手段となる。

　家賃滞納を理由とする明渡しの場合、以下のように、できるだけ家主に有利な解決方法を順に検討する。

① 保証人に本人を説得してもらって立ち退かせ、保証人から滞納賃料を回収することができないか？

② 期限内に立ち退くことを条件に、預り敷金から滞納賃料と原状回復費用を差し引かず、敷金を返してやることで立退きの合意ができないか？

③ 期限内に明渡しをすることを条件に、敷金の返還＋立退料を支払うことで、任意に立ち退いてもらえないか？

　家賃滞納以外の債務不履行により解除した場合の不良入居者についても、まず、保証人による説得や、立退料の支払による立退きの実現を検討すべきである。

明渡しの訴訟を提起し、勝訴判決を得て、強制執行により明渡しを実現するには、手続が順調に進んでも最短で約4ヶ月、相手が賃貸借契約の解除の有効性を争う等した場合には、第一審の訴訟だけでも1年以上かかる場合も珍しくない。

したがって、弁護士費用、裁判所に納める訴訟費用、強制執行費用、訴訟期間中の滞納賃料の合計額よりも、安い立退料で立ち退いてもらえるのであれば、立退料を支払って早期に解決する方が、家主にとっては経済的に有利と言える。

任意の立退きを借主が同意した場合は、必ず「立退き合意書」を作成する。

訴訟による解決を選択する場合は、以下のような場合である。

・資力のある保証人がいる等して、勝訴判決を得れば、滞納賃料や原状回復費用を回収できる可能性がある。

・入居者・保証人とも連絡が取れず、交渉ができないので、裁判しか解決方法がない。

・入居者本人が任意に立ち退く意思が全くない。

実務では、訴訟前の任意の話し合いがうまくいかない場合でも、訴訟を提起して、裁判官から説得してもらうことによって、訴訟上の和解が成立したり、勝訴判決を得て明渡しの強制執行手続を執った場合に、ようやく入居者があきらめて、引越代の支払と引替えに立退きに応じる場合もよくある。

Ⅱ　強制執行前の最終交渉

問127　建物の明渡しの訴訟を提起する必要が出てきたが、なんとか強制執行をせずに、簡単に安く立ち退かせる方法はないか？

【答】

訴訟提起前に弁護士名で解除・立退き請求をしてみる。

仲介・管理業者が「裁判前に任意に立ち退いたら、立退料を出す」と提案し

ても良い。ただし、「頑張ればもっと立退料を取れる」と足下を見られる可能性があるから、状況を判断して慎重に提案する。

　裁判するなら、訴訟の中で、立退きの和解をして、できる限り任意に立退きをさせる。立退料の提案をしてもよい。

　未払家賃・立退きまでの賃料相当損害金・違約金も借主本人と連帯保証人に裁判で請求してみる。

　連帯保証人が借主本人を説得して、任意の立退きを実現できる場合もある。

　未払賃料の支払を命ずる判決に基づき、借主が保有する動産の差押え等ができるが、家賃が払えない借主は、価値のある動産は売却してしまっていることが多く、判決による動産の差押えをしても、ほとんど未払家賃等は回収できない。

　そのため、未払家賃の回収はあきらめ、滞納している借家人は早く立ち退かせて、家賃を払ってくれる次のテナントに早く貸せるように努力すべきである。

　判決を取るなら、できる限り仮執行宣言を出してもらうよう配慮する。借主が控訴によって判決の確定を妨げ、時間を稼ごうとしても、強制執行ができるようにしておくためである。

　明渡しの判決取得後、強制執行する前に、仲介・管理業者から、任意の立退きを条件に立退料の提案をしてみる。

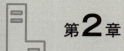

第2章 明渡しの強制執行をする為の準備

I　明渡しの強制執行ができる書類

　建物の明渡しの強制執行ができる書類（債務名義）にはどのようなものがあるか？

【答】

次のような書類があれば、明渡しの強制執行の申立てができる。

① 確定した明渡しを命ずる判決

　　　（注）第1審（地裁・簡裁）の明渡判決に対し、上訴されないと確定する。

② 仮執行宣言が付された明渡しを命ずる判決（民事執行法第22条第2号、民事訴訟法第259条等）

　　　（注）第1審の明渡判決に対し、控訴がされた場合には判決は確定しないが、貸主の明渡請求権が明白に認められる場合は、控訴された場合でも「仮に執行できる」という仮執行宣言を付けてくれる場合がある。この仮執行宣言があれば判決が確定しなくても（控訴・上告されている最中でも）強制執行ができる。

③ 明渡しを内容とする裁判上の和解調書
④ 明渡しを内容とする即決和解調書
⑤ 明渡しを内容とする調停調書（簡裁等の調停で貸主が明渡しを約定した調書）

Ⅱ　賃貸借契約についての公正証書の作成

> **問 129**　賃貸会社は、借主会社の社長が、勤務していた会社から独立して新しい会社を設立し、太陽光パネルの製造・販売をしたいということで、工場を貸した。心配なので、家賃が未払になったときに、直ちに明渡しをしてもらいたい。賃貸借契約を公正証書で作成するのは有効か？

【答】

　公正証書の作成は滞納家賃の回収としては、一定の効果はあるが、明渡しのために公正証書は使えない。

　公正証書に強制執行認諾文があれば、裁判を起こさなくても家賃の滞納があれば、直ちに未払家賃の回収のための強制執行手続ができる。

　強制執行認諾文というのは、「債務者が直ちに強制執行に服する旨の陳述（執行認諾行為）をした」という趣旨の条項（執行認諾文言）である。ただ、公正証書で強制執行ができるのは、金銭債権取立のための差押え・競売（取立て）だけであり、明渡しのための強制執行（強制退去）ができないことに注意しなければならない。

　ただ、家賃を滞納し続けているのに、退去に応ぜず、営業や操業を続けている場合、商品や工場内の機械を差押え、動産競売を行い、商品や工場内の機械を貸主が競落したり、任意退去を条件に商品や工場内の機械を差押えを解除する提案も可能になる。なお、アパート等の一般住宅の借主の場合、一般家庭にある家財はほとんどが最低生活保障のための「差押禁止財産」として、差押えができなくなっているので注意されたい。

　借主テナントの銀行預金の差押え、取立も、理論的には可能であるが、家賃を滞納しているテナントには銀行預金の残高はほとんどない場合が多い。

　公正証書を作成する機会としては、家賃滞納が生じた後も考えられるが、家賃滞納後に強制執行ができる書類を作るなら、後記「即決和解」をお勧めする。

264

■　公正証書を作成する場合の注意点

　公証人に公正証書に「強制執行認諾文を入れて欲しい」と依頼すると、以下のような認諾文が入る。

第○条
　貸主○○、借主○○、連帯保証人○○は、本書記載の債務を履行しないときは、直ちに強制執行を受けても異議のないことを認諾した。

　ただ、この認諾文にすると、原状回復費用で見解が分かれた場合、貸主が借主の敷金・保証金の返還に応じないと、テナントから貸主の銀行預金を差し押さえられる危険もある。したがって、信用が低い借主への対応としてのみ公正証書を利用するのであれば、以下のように、貸主だけは認諾しない文言にしておくとよい。

第○条
　借主○○、連帯保証人○○は、本書記載の債務を履行しないときは、直ちに強制執行を受けても異議のないことを認諾した。

Ⅲ　契約途中の公正証書作成

> **問130**
> 　あるテナントが、近時家賃をしばしば滞納するようになった。在庫商品や売掛金はあるので、公正証書の作成を提案したところ、拒否されてしまった。当初の契約にどのような条項を整備しておけばよかったのか？

【答】

　以下のような公正証書作成義務・即決和解作成義務を定めておくと、作成を

第9部　明渡しの強制執行　　265

拒否したこと自体を「契約違反」と主張することができる。

第○条（公正証書・即決和解）

1　借主は貸主が請求した場合には、本契約について強制執行認諾文付きの公正証書の作成に応じるものとします。

2　借主が家賃を滞納した場合、即決和解の作成に応じるものとし、裁判所の呼出期日に出頭して即決和解を作成するものとします。

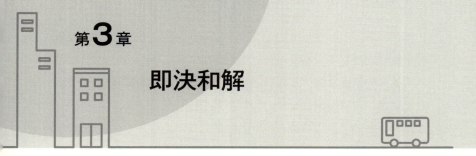

第3章 即決和解

> **問131** ある会社の事務所として保有ビルの3階を貸した。貸して3年目頃から、家賃が遅れだした。退去を促したところ、「あと1年で必ず出るから、待って欲しい」と懇願された。どのように対処すれば良いか?

【答】

即決和解をする。

即決和解とは、簡易裁判所で、和解の合意内容を記載した和解調書を作成する手続である。

この和解調書によって1年後に立ち退かなかったら、明渡しの本裁判を提起することなく明渡しの強制執行ができる。

滞納家賃（将来の滞納家賃も）についても取立の強制執行（差押え）ができる。

連帯保証人も即決和解に応じてくれれば、滞納家賃（将来の滞納家賃も）についても、連帯保証人の預貯金・不動産等に対し取立のための差押え・競売手続・預貯金の取立てができる。

即決和解は、簡易裁判所で、借主が1回裁判所の指定した期日に出頭し、和解の合意内容を記載した和解調書の作成に同意してくれれば成立する。

「即決」とは、1回だけ裁判所に貸主・借主等が出頭すれば作成できるという意味である。

> **問 132** 家賃は滞納しているが、呼び出し等には応じる。ただ、いつも約束
> はするが約束通り履行しない。とりあえず、滞納家賃分は分割払いさ
> せたいが、次に滞納したり、分割家賃を払わない場合には、立ち退か
> せたい。どのように対処すればよいか？

【答】

　即決和解をする。

　即決和解とは、簡易裁判所で、和解の合意内容を記載した和解調書を作成す
るものである。借主が任意に立ち退かない場合には、この和解調書によって強
制執行ができる。

　即決和解成立までは1ヶ月以上時間がかかり、その間に借主の気持ちが変
わってしまうこともあるので、私製の合意書で、①滞納家賃の分割払い、②不
払の場合の当然解除等の合意書を作成し、この合意書の中に③即決和解で和解
調書を作る約束も入れる。

　即決和解をするには、借主に簡易裁判所まで出てきてもらわなければならな
い。そこで、「簡易裁判所まで出てきてくれたら分割払いに応じ、直ちに解約
はしない」と提案する。このように、借主に簡易裁判所まで出頭させ、即決和
解を成立させる工夫をする必要がある。

第4章 明渡訴訟・強制執行

I　明渡訴訟

> **問133**　建物の明渡しの訴訟を提起する際の注意点は？

【答】

　家賃滞納が3ヶ月を超えて、滞納解消の兆しが見られない、任意立退きの説得にも応じないなら、早めに明渡訴訟を起こす。

　家賃保証会社の保証上限（保証契約の極度額）、敷金・保証金の金額、原状回復費用の予想額を精査し、不足が生じないようなるべく早く訴訟を提起する。

　借主側の連帯保証人がいれば、一緒に被告にして訴訟を提起する（連帯保証人が借主に早期の退去を促してくれることもある）。

　借主が第三者に又貸し等で占有を移転し、貸主側の強制執行を妨害する可能性があれば、弁護士と相談して「占有移転禁止の仮処分」を検討する。

　明渡訴訟は弁護士に依頼した方が良い。

　訴訟を提起した場合も、移転費用を多少出しても和解で任意に立ち退くよう促すことを弁護士に依頼する。明渡しの勝訴判決を得ても、後に説明するように、強制執行の費用（特に作業員代）が多額にかかるからである。

II　明渡訴訟・強制執行の費用

> **問134**　明渡訴訟・強制執行の費用はどのくらいかかるか？

第9部　明渡しの強制執行　　269

【答】

1 明渡訴訟の裁判（第1審地方裁判所）についての裁判費用・弁護士費用

①弁護士着手金

　数十万円（賃貸物件の価格・家賃・訴訟の難易等で変わるので最初の相談で見積りを作ってもらう）。なお、着手金は活動の対価で、敗訴しても返還されない。

②弁護士報酬金

　数十万円（通常、着手金の倍額とする場合が多い。例えば、着手金が40万円なら、報酬金は80万円になる場合が多い。報酬は成功報酬であるが、明渡しを命ずる判決又は和解が成立すると、成功とされ報酬の支払義務が生じる。明渡しが実現することではないので注意）。

③実費

　印紙代（裁判所に提出する訴訟の手数料）、郵便切手代（裁判所が訴状を借主等に送達するための費用）、その他雑費（借主会社の会社謄本の取得費用、賃貸建物の建物謄本の取得費用、内容証明発送費用、交通費など）

　第1審地方裁判所で、貸主側が明渡しを命ずる勝訴判決を取得できても、借主側が控訴すると、判決は確定せず、強制執行ができない。控訴された場合、控訴の弁護士費用（着手金は、地裁、高裁、最高裁で別々にかかる。報酬は1回のみ）、控訴での訴訟中に家賃が払われない、明渡しの強制執行に費用がかかること等のデメリットを考えると、第1審の地方裁判所で多少移転費用等を払っても、和解して任意に立ち退かせた方が得な場合も多い。どのような方針が得か、弁護士と随時相談することが必要である。

（注）和解をするとその和解内容で最終解決を図ることを約束するので、和解をすると上訴（控訴・上告）はできない。

2　明渡しの強制執行についての裁判費用・弁護士費用

①　弁護士手数料

数十万円（賃貸物件の価格・家賃・強制執行の難易等で変わるので最初の相談で見積りを作ってもらう）。なお、明渡しの強制執行の手数料以外、報酬は請求しない弁護士が多い。この手数料で、強制執行の申立てに必要な、執行文の取得、強制執行の申立て、強制執行への立会をしてくれる。

②　執行官手数料

強制執行は裁判所の執行官が行い、未払家賃による、賃貸建物内の商品・什器備品等の動産差押え、明渡執行の手続をしてくれる。明渡しの強制執行は、明渡し対象物件の所在地を管轄する地方裁判所の執行官室に申し立てるので、申立先の執行官室が公表する「執行予納金納付額一覧表」で手数料を予納する必要がある。

③　作業員代

数十万円から100万円を超えるときもある。執行官の見ている前で、短時間に賃貸建物の中にある借主所有の動産類を賃貸建物の外に運び出すための作業員代なので非常に高い。強制執行の最初の明渡催告の際に執行業者に同行してもらって、賃貸建物内の動産の量を確認してもらい見積りを取る。

なお、この作業は通常の引越業者は受託してくれない。心当たりがない場合には、執行官が紹介してくれることが多い。

④　実費

印紙代（裁判所に提出する執行文付与の手数料）、郵便切手代（裁判所が執行文を借主等に送達する必要がある場合の費用）、その他雑費（借主会社の会社謄本の取得費用、賃貸建物の建物謄本の取得費用、内容証明発送費用、交通費など）

3　明渡執行の申立て場所

賃貸建物の所在地を管轄する地方裁判所の執行官室に申し立てる。

例えば、賃貸建物が千葉市にあれば、合意管轄によって横浜地方裁判所の明渡判決を取得したとしても、執行の申立ては賃貸建物の所在地たる千葉地方裁

判所にしなければならない。

Ⅲ　明渡しの強制執行の手順

問 135　明渡しの強制執行はどのような手順で行われるのか？

【答】

　執行官に明渡しの強制執行の申立てをすると執行官が、債務者に対し、いきなり明渡しの執行（断行）を行うのでなく、最初に明渡催告を行う。

　明渡催告は、執行官が明渡しの対象の賃貸建物に出向き、明渡し執行の期日（断行期日）までに任意に明け渡すよう、事前に促す手続である（民事執行法第 168 条の 2）。

　明渡催告があった場合には、債務者は、貸主（債権者）以外には、不動産等の占有を移転できない（民事執行法第 168 条の 2 第 5 項）。明渡催告後は、強制執行の妨害になるため賃貸建物の占有を移転できない。

　明渡催告を行うのは、次のようなメリットがあるからである。

　　①　債務者にとっては、あらかじめ明渡しを求められれば、いきなり執行を断行されるより、転居先の確保・荷物の片付け等、自ら転居準備を進めることができる。

　　②　債権者にとっても、催告で任意に立ち退いてくれれば、執行費用（特に作業員代）が節約できる。

　　③　明渡催告後の占有移転が原則として禁止されることで、占有移転があっても承継執行文の付与なく強制執行が可能である。

　執行官は具体的に明渡催告を次のような形で行う。

　執行官が、明渡しの対象物である賃貸建物へ出向く。

　判決に表示された借主が、現に占有していることを確認する。

　断行予定日（原則として明渡しの催告の日から 1 ヶ月を経過した日）までに、任意に明け渡すよう促す。

さらに、執行官は、催告をした旨、明渡期限及び民事執行法（第168条の2第5項）の規定により借主が不動産等の占有を移転することを禁止されている旨を当該不動産等の所在する場所に公示する。

動産の差押えを同時に行う場合、貸主と協議し、「借主が任意に明け渡し、貸主（代理人）に連絡をすれば、明渡しと同時に、動産の差押え（競売）も取り下げ、借主が差押動産を持って引っ越すことが可能」だと告げて、任意の明渡しを促す。

貸主（代理人弁護士）は、執行官が「上記任意明渡しをすれば、動産の差押えも取り下げる」旨を告げないときは、積極的にこれを借主に告げ、任意の明渡しを促すこともある。

さらに、借主が任意の明渡しをする場合は、相当額の立退料を支払う提案をしてもよい。

この明渡催告の際に執行業者に賃貸建物の中を見てもらい、作業員代の見積りをしてもらう。

1 動産差押え

上記明渡催告の際、滞納家賃等による動産差押えの申立てをしていると、執行官は同時に動産の差押えをする。

事業用の賃貸物件の明渡しの場合には、未払賃料等で動産の差押えをも同時に申し立てるとよい。

差し押さえた動産が売れるような物であれば競売にかけ、その代金から未払賃料を多少なりとも回収ができる。

明渡しは、賃貸建物内の借主の動産類を全部賃貸建物外に運び出すことにより実行されるが、運び出した動産類は借主の所有物であるから、借主が引き取らなければ（引き取らないことが圧倒的に多い）、貸主が倉庫を借りて一定期間保管しなければならない。しかし、貸主が賃貸建物内の動産を差し押さえれば、差押えた動産を貸主が競落し、保管場所に運ばず、そのまま産業廃棄物として処理（破棄）してしまえば、保管場所に運ぶ費用も、保管のための倉庫代もかからない。

第9部 明渡しの強制執行　273

借主に任意の立退きを促すことができる。差し押さえた借主の動産類が商品等で、借主が欲しいものであれば、「動産類を借主自身が運び出して、任意に立ち退くのであれば、建物内動産の差押えを解く」という条件を出すことで、借主に任意の立退きを促すことができる。

明渡催告の際に動産差押えをすると、1ヶ月後の明渡断行の日に、執行官は動産競売をしてくれる。動産の競落を希望する中古販売業者がいれば声をかけて競落してもらい、直ちに搬出してもらう。

2　明渡し・動産競売までの期間

執行官は、不動産明渡しの強制執行の申立てがあった場合、原則として申立ての日から2週間以内の日に明渡しの催告を実施する（民事執行規則第154条の3第1項）。

執行官は、原則として明渡催告の日から1ヶ月を経過した日を引渡期限と定めて、明渡催告をする（民事執行法第168条の2第2項本文）。ただし、執行官は、執行裁判所の許可を得て、引渡し期限を延期することもできる（同項但書）。

明渡催告をした引渡期限前に借主が、任意に明渡しをしないときは、作業員を伴い、引渡期限の日に、明渡しを実行（断行）する。

3　建物の鍵が閉まっていた場合

明渡催告や、明渡断行の日に、建物の鍵が閉まっており、貸主側が合鍵を持っていない場合には、解錠の専門家（鍵屋）に解錠してもらい、建物内に入る。この場合、開錠の費用（数万円）がかかる。

4　作業員

明渡断行は、賃貸建物内の借主が所有する動産類を建物の外に運び出し、借主の占有を無くすことで明渡しを実現する。

執行官が見ている前で、少なくとも数時間で賃貸建物の中の動産類を段ボール詰めして外に出す必要があるので、アパートでも5～6人、店舗・事務所なら

10 人以上の作業員を調達する必要がある。

　強制執行がらみの荷物の片付け・搬出については、一般の引越業者が引き受けてくれない。執行官に相談すれば、執行官が執行に慣れた専門業者（執行屋）を用意してくれる。ただ、比較的費用が高いことを覚悟する必要がある。例えば、アパートでも、数十万円、店舗・事務所なら 100 万円以上かかってしまうこともある。明渡催告のときに業者に見てもらい、見積りを取って、費用と段取りを相談しておく必要がある。

5　明渡執行に伴う目的外動産（差押えができなかった・しなかった動産）の処分

　動産差押えをしない場合、賃貸建物内の借主が所有する動産類は建物の外に運び出すが、借主が引き取らなければ、貸主側で倉庫を借りて保管しておく必要がある（執行に慣れた専門業者がこの段取りをしてくれる場合も多い）。

　執行官は、明渡断行に先立つ明渡催告日に、「目的外動産については、明渡断行日に明渡しの強制執行の現場で売却する」旨の決定ができる（民事執行規則第 154 条の 2 第 2 項）。執行官は、この決定に基づき、明渡断行日に「目的外動産が生じ」かつ「相当の期間内に、借主等が引取る見込みのない場合」は、これら目的外物件を売却することができる。

　この売却は、明渡断行日に行ってもよいし、断行日から 1 週間以内に売却日を決めて行ってもよい。

6　ゴミとしての処分

　借主がいわゆる夜逃げをしたような場合、すなわち残置物に対して、所有権を主張しないような場合、執行官によっては、執行を行う賃貸建物内にある動産類のかなりの部分を無価値物（ゴミ）と認定してくれる。

　ゴミであれば、引渡しや売却の必要はなく、廃棄処分することが許される。そこで、執行官に状況を説明し、ゴミとして廃棄処分してよいかどうかの判断を求めると良い。ゴミと判断してもらえれば、ゴミとして廃棄してしまえばよい。

第 9 部　明渡しの強制執行　　275

7　以上を踏まえた明渡しの強制執行を考えた実務処理のポイント

　建物明渡訴訟を提起する際には、未払賃料支払請求訴訟も一緒に提起する。未払賃料の支払を命ずる判決に基づき、動産の差押え等ができるからである。

　判決を取得する場合、できる限り仮執行宣言を出してもらうよう配慮する。借主が控訴によって判決の確定を妨げ、時間を稼ごうとしても、強制執行ができるようにしておくためである。

第10部

借主・貸主の倒産と退去・精算

第1章 借主破産時の貸主・管理業者の対応

I 借主が破産した場合の貸主側の対応

問136

貸主A社は、店舗・事務所用のビルを所有し、借主B社に、このビルの1階を店舗として月額賃料100万円（消費税抜き）、2023年8月1日から2025年7月31日までの2年間の普通借家契約で賃貸した。借主B社は貸主A社に対して敷金600万円を預託していた。

ところが、2024年6月1日、借主B社は破産手続開始決定を受け、破産管財人Cが選任された。

そこで、貸主A社の社長は、顧問弁護士に以下の相談をした。

破産開始時点で、滞納賃料がまだない場合、まだ貸主としては損害は発生していないが、破産して店を閉じている（破産の張り紙までされている）店舗は早く退店してほしい。借主B社との賃貸借契約を家賃滞納ではなく「破産」を理由に即時解除して立ち退かせたいが、できるか？

【答】

貸主は、借主の破産したことだけを理由として解除はできない。

ただし、破産開始後、破産した借主（破産管財人）が破産手続開始決定後も家賃を滞納し、滞納額が高額になり信頼関係の破壊が認められれば、貸主は借主の家賃滞納を理由に解除することができる。例えば、本件では、破産開始時点で、滞納賃料がないが、その後滞納が続き、敷金の600万円では滞納家賃や原状回復費用を賄えなくなれば、「家賃滞納」を理由に破産管財人に対し解除ができる。

破産管財人は、破産した会社の全財産や契約関係を管理・処分する立場にあり、いわば、会社の代表者としての地位にある。したがって、滞納家賃・契約の解除通知・明渡交渉は破産管財人に対し行うことになる。

　ただ、貸主は、借主の破産手続開始決定のみを理由に、賃貸借契約を契約を解除することはできないが、破産管財人からは、破産したことだけを理由に、店舗賃貸借契約を解除できる。破産管財人としては、店舗を借り続け、家賃を払い続けると、他の債権者に配当する金が少なくなってしまうから、破産法により破産整理を迅速に行えるようにするため、破産を理由に双方未履行の契約を解除する権限を与えられている（建物賃貸借は、将来の貸し借り分が双方未履行になる）。

　破産法では、中途解約の特約がなく本来は契約期間中に借主からも解除できなくても、破産すれば破産管財人に中途解除ができる（破産法第53条の双方未履行の双務契約の解除）、この解除は、破産管財人の破産整理の便宜のため認められるものであるから、破産管財人側からでないと解除できず、貸主側は、この破産法の解除権を使えない。

■　旧民法第 621 条

　旧民法第 621 条では、賃借人が破産した場合に、賃貸人又は賃借人の双方から破産管財人からの解約の申入れを認め、かつ、当事者は相手方に対して損害賠償を求めることができない旨が定められていた。

　しかし、賃借人破産の場合に、貸主からも破産を理由とする解除ができるとすると、個人破産者が破産後も家族の協力で家賃を払い続けていても居住することができなくなるという弊害が生じる。テナント破産でも、破産管財人が破産整理のため、家賃を払って事務所・店舗を借り続ける必要がある場合もある。

　そのため、破産法第53条で、破産管財人が必要と認めた場合のみ解除を認めればよく、破産法第53条の定めと異なる取扱いをする必要性がないので、旧民法第 621 条は削除された。

　賃借人の倒産（破産・民事再生・会社更生）を理由に解除できる旨の特約（倒産解除条項）の有効性については、後述する。

第 10 部　借主・貸主の倒産と退去・精算　　279

> 破産法 第53条（双務契約）
> 1 双務契約について破産者及びその相手方が破産手続開始の時において共にまだその履行を完了していないときは、破産管財人は、契約の解除をし、又は破産者の債務を履行して相手方の債務の履行を請求することができる。
> 2 前項の場合には、相手方は、破産管財人に対し、相当の期間を定め、その期間内に契約の解除をするか、又は債務の履行を請求するかを確答すべき旨を催告することができる。この場合において、破産管財人がその期間内に確答をしないときは、契約の解除をしたものとみなす。
> 3 （略）

（注）貸主は将来借主に使わせる債務があり、借主は将来家賃を払う債務があるが、「共にまだ履行を完了していない」

Ⅱ 倒産（破産・民事再生・会社更生手続）解除特約の効力

問 137 前問で、建物賃貸借契約書に「借主が破産・民事再生・会社更生を申立て、又は、申し立てられたときは、貸主は本件契約を催告を要することなく解除することができる」との特約があった場合、貸主の方から、借主の破産・民事再生・会社更生申立てを理由に建物賃貸借契約を解除できるのか？

【答】

倒産（破産・民事再生・会社更生手続）解除特約は無効である。

1 破産の場合

破産手続の申立（又は開始決定）を理由とする解除特約は、借主に不利な特

約として無効と解されている（借地借家法第28条、第30条参照）。破産しただけでは（家賃が払われていないなどの契約違反がなければ）貸主に不利はないからである。

　最高裁昭和43年11月21日判決でも、破産解除特約を無効とし、「建物賃借人が、差押を受け、又は破産宣告の申立を受けたときは、賃貸人は、直ちに賃貸借契約を解除することができる旨の特約は賃貸人の解約を制限する借家法1条ノ2の規定の趣旨に反し、賃借人に不利なものであるから同法6条により無効である」と判示している。

　なお、破産解除特約無効の理由として、この特約を有効とすると、破産法が、破産管財人に解除の選択権（破産法第53条）を与えた趣旨を没却する（破産管財人は、破産整理の都合上、契約を継続するか、解除するかの選択権を持つが、破産解除特約を有効にしてしまうと破産管財人に契約を継続するかやめるかの選択権を与えた意味がなくなる）とも説明されている。

　破産手続開始決定前から既に賃料の未払があり、貸主が特約によらなくても債務不履行による解除権を行使できる状況にあれば、破産管財人に対し、債務不履行による解除権を行使することはできる。

2　民事再生・会社更生の場合の倒産解除特約の効力

　借主について民事再生・会社更生の申立てをしたことを理由に建物賃貸借契約を解除できるとする特約（倒産解除特約）も、無効と解されている。

　民事再生・会社更生手続は、いずれも利害関係人の利害を調整しながら事業の維持・再建を図ろうとする手続であり、双方未履行の双務契約について、契約を継続するか否かの選択権を再生債務者（借主）・更生管財人に与えているが、貸主側からの一方的に解除できるとする上記倒産解除特約は、この制度趣旨に反し無効と解される（家賃を払っているのに、貸主から一方的に事務所・店舗・工場等の賃貸借契約を解除されてしまうと、会社の再建ができなくなってしまう）。

　賃貸借契約における倒産解除条項の有効性を正面から判断した裁判例は見あたらないが、考え方の参考例として以下の判例がある。

第10部　借主・貸主の倒産と退去・精算　　281

売買契約における倒産解除特約の効力を無効と解した判例

（最高裁昭和 57 年 3 月 30 日判時 1039-127）

「買主たる株式会社に更生手続開始の申立ての原因となるべき事実が生じたことを売買契約解除の事由とする旨の特約は、債権者、株主その他利害関係人の利害を調整しつつ窮境にある株式会社の事業の維持更生を図ろうとする会社更生手続の趣旨、目的を害するものであるから、その効力を是認しえないものと言わなければならない」

ファイナンスリース契約のユーザーが民事再生を申し立てたことを理由とする
解除特約が無効であるとした判例

（最高裁平成 20 年 12 月 16 日）

「ファイナンス・リース契約におけるリース物件は、リース料が支払われない場合には、リース業者においてリース契約を解除してリース物件の返還を求め、その交換価値によって未払リース料や規定損害金の弁済を受けるという担保としての意義を有するものであるが、同契約において、民事再生手続開始の申立てがあったことを解除事由とする特約による解除を認めることは、このような担保としての意義を有するにとどまるリース物件を、一債権者と債務者との間の事前の合意により、民事再生手続開始前に債務者の責任財産から逸出させ、民事再生手続の中で債務者の事業等におけるリース物件の必要性に応じた対応をする機会を失わせることを認めることにほかならないから、民事再生手続の趣旨、目的に反することは明らかであるというべきである」

Ⅲ　貸主から破産管財人への催告権

問 138

【問 136】で、2024 年 6 月 1 日、借主 B 社は破産手続開始決定を受け、破産管財人 C が選任された。破産管財人に建物賃貸借契約を続けるのか、それとも、破産管財人の方から建物賃貸借契約を解除して

立ち退くのか方針をはっきりして欲しいと申し出ても、破産管財人は「今忙しいから……」と言って方針を決めてくれない、貸主側から借主B社の破産管財人に対して、解除するか継続するか促す方法はあるか？

【答】
　破産管財人が家賃を払い続けている場合、破産管財人側からでないと解除できない。ただ、破産管財人が解除するか継続するか方針を決めてくれないと貸主側でも困る。
　そこで、破産法では貸主A社は、借主B社の破産管財人Cに対し、双務契約の双方未履行の契約として、解除しないで店舗賃貸借契約を続けるのか、それとも解除するのか、その選択を管財人に対し確答するよう求めることができる（破産法第53条第2項、第54条）。

（注）建物賃貸借は、将来にわたり、貸主は建物を提供する債務、借主は対価として家賃を将来にわたって支払う債務を双務契約で、将来分は貸主・借主共に未履行である（双方未履行）。

　例えば、破産管財人が解除するか継続するかハッキリ答えない場合は、「1ヶ月以内に解除するか継続するか回答せよ」と催告し、それでも破産管財人が解除すると確答しなければ、「解除したものとみなされる」。したがって、この場合には破産管財人に明渡しを請求することができる。
　貸主として、破産して開店していない店舗は早く退店してほしいと考え、破産管財人が多忙を理由として処理を怠っているなら、この催告をするとよい。

破産法 第53条（双務契約）
1　双務契約について破産者及びその相手方が破産手続開始の時において共にまだその履行を完了していないときは、破産管財人は、契約の解除をし、又は破産者の債務を履行して相手方の債務の履行を請求することができる。

第10部　借主・貸主の倒産と退去・精算　　283

2　前項の場合には、相手方は、破産管財人に対し、相当の期間を定め、その期間内に契約の解除をするか、又は債務の履行を請求するかを確答すべき旨を催告することができる。この場合において、破産管財人がその期間内に確答をしないときは、契約の解除をしたものとみなす。

3　（略）

破産法　第54条

1　前条第1項又は第2項の規定により契約の解除があった場合には、相手方は、損害の賠償について破産債権者としてその権利を行使することができる。

2　前項に規定する場合において、相手方は、破産者の受けた反対給付が破産財団中に現存するときは、その返還を請求することができ、現存しないときは、その価額について財団債権者としてその権利を行使することができる。

Ⅳ　未払家賃による破産会社の動産差押え

問139
【問136】で、店舗の事務所には、高価なサーバーコンピュータその他換価可能な事務機器があり、時価200万円相当のものがある。

　この場合に、貸主A社は、破産が開始した場合で、破産前の4月分から未払賃料が3ヶ月分の300万円＋消費税あった。原状回復が多額にかかるので未払賃料があると、敷金600万円ではまかないきれない。貸主は未払家賃の回収のため、破産した借主B社に対して何か法律上の手続をとれないか？

【答】

　貸主A社は、未払家賃があれば、支払請求の裁判を提起せずに、破産した借主B社所有の事務機器等、貸した建物内の借家人の動産に対して動産先取特権を主張することができる（民法第313条）。具体的には、貸店舗内の破産した借家人の所有動産を差し押さえて売却し、滞納家賃に充当することができる。こ

の貸家の賃貸人に認められた動産先取特権は、借主が破産しても、貸主は行使することができる。

破産法は、貸家の賃貸人に認められた動産先取特権（特別の先取特権）を別除権（破産法第2条第9項）として、貸主A社は、借主B社が破産しても自由に行使できるものと定めている。

（注）破産法において「別除権」というのは、破産管財人の債務整理手続とは別に認められた回収の権利という意味で、抵当権等の担保権以外に家賃の先取特権も別除権になる。

下記民法第315条により、「賃借人の財産の全てを精算する場合」は、貸家の賃貸人に認められた動産先取特権が認められる範囲は、前期・当期・次期（月払いなら前月・当月・翌月）の賃料であって、敷金で弁済を受けられない範囲に限られる（民法第315条、第316条）。

【ポイント】
貸主は敷金・保証金でまかなえない滞納家賃・原状回復費用等があり、かつ、貸店舗や事務所内に高価な動産があれば、賃貸人に認められた動産先取特権を早めに行使して、優先的に回収することを検討する。

ただ、動産先取特権は、行使方法が難しい。未払家賃が存在すること、敷金では賄えないこと等が明白になる書面等を裁判所に提出する必要があるので、破産前に破産者から「未払家賃の支払確約書」を取得しておいたり、原状回復費用の見積書の用意等の対応が必要である。また、破産管財人が動産を売却して第三者に引き渡す前にしなければならない（民法第333条）。

民法 第313条（不動産賃貸の先取特権の目的物の範囲）
 2　建物の賃貸人の先取特権は、賃借人がその建物に備え付けた動産について存在する。

民法 第315条（不動産賃貸の先取特権の被担保債権の範囲）
　賃借人の財産のすべてを清算する場合には、賃貸人の先取特権は、前期、当

期及び次期の賃料その他の債務並びに前期及び当期に生じた損害の賠償債務
についてのみ存在する。

民法 第316条

　　賃貸人は、第622条の2第1項に規定する敷金を受け取っている場合には、
その敷金で弁済を受けない債権の部分についてのみ先取特権を有する。

民法 第333条（先取特権と第三取得者）

　　先取特権は、債務者がその目的である動産をその第三取得者に引き渡した後
は、その動産について行使することができない。

V　破産開始後の家賃

問140

　　【問136】で、選任された破産管財人Cは、「破産処理をするため、
すぐに店舗賃貸借契約を解除できない」と言っている。ならば、破産
手続開始決定後の家賃は優先して払ってもらえないのか？

【答】

　　破産管財人は、店舗賃貸借契約を解除しないなら、破産開始決定後の家賃は
優先的に貸主に支払う義務がある。

　　破産手続開始決定後に生じた賃料は、破産管財人が契約の履行を選択（借家
契約を継続）して賃貸借契約の継続を希望したときは、破産管財人に支払原資
がある限り、財団債権として随時（破産手続の一般債権者への最終的な配当前
に支払えるという意味）、貸主に対し他の一般債権者に優先して支払われる。

　　破産管財人が支払う破産開始後の家賃は、破産法第148条第1項第2号の「破
産財団の管理……に関する費用」として、破産管財人が破産整理の中で集めた
現金から払われる。ただし、破産した会社に資産が全くなく、破産管財人が家

賃として払う現金がなければ払ってもらえないことに注意しなければならない（解除・早期の明渡しをもとめる以外にない）。

　また、破産管財人の中には、破産開始後の家賃を払えないことを承知しながら、破産整理のため直ぐには明渡しができないといって、退去を引き延ばす者がいることも事実であり、そのような場合には、貸主側も弁護士に依頼するなど対応が必要である。

破産法　第148条（財団債権となる請求権）
1　次に掲げる請求権は、財団債権とする。
　二　破産財団の管理、換価及び配当に関する費用の請求権
　四　破産財団に関し破産管財人がした行為によって生じた請求権
　八　破産手続の開始によって双務契約の解約の申入れ（第53条第1項又は
　　　第2項の規定による賃貸借契約の解除を含む。）があった場合において破
　　　産手続開始後その契約の終了に至るまでの間に生じた請求権

　なお、破産法は、破産手続開始決定前に生じた未払家賃は破産債権となる。
　破産債権は、破産開始後の家賃や破産整理の経費・優先債権の税金・労働債権等、財団債権を払った残りがあれば、破産手続の最終段階（例えば1年以上先になることもある）の配当手続で、他の一般債権と一緒に債権額の割合（通常は債権額の数％しか配当されないことが多いになることが多い）で配当されるに過ぎない。

　破産の実務では、優先支払が行われる財団債権すら全額払えない場合も多く、破産債権には配当ができない場合も多い。

　実務的には、破産債権への配当はほとんど期待できない。

　このような場合、貸主は敷金・保証金からの回収、破産していない連帯保証人への請求で回収せざるを得ない。よく、会社に貸す際に社長を連帯保証人とすることが多いが、会社が破産すると社長個人も破産してしまうことが多く、この点からは会社の社長を連帯保証人とする意味はあまりない。

　なお、破産管財人が賃貸借契約の解除を選択した場合も、明渡しまでの賃料

第10部　借主・貸主の倒産と退去・精算　　287

相当額は破産法第148条第1項第8号により、同じく財団債権となり、破産開始から解除までの賃料は財団債権として優先的に支払われる。

（注）賃貸借契約書に「契約が解除されたにも明渡しが遅れた期間は賃料の倍額の支払義務がある」との違約金の特約があっても、破産管財人による解除には適用されず、従前の賃料額と同額しか払われない。

Ⅵ 破産と敷金・保証金の充当

問141 【問136】で、選任された破産管財人Cは、「破産処理をするため、すぐに店舗賃貸借契約を解除して明け渡すことはできない。ただ、破産の整理手続で回収できるお金が全くなく、優先的に家賃を払えない」と言っている。貸主としては、どのような対応策がとれるか？

【答】
　破産管財人は、店舗賃貸借契約を解除しないなら、破産開始決定後の家賃は優先的に貸主に支払う義務があるが、破産財団に資金が集まらないのであれば、支払を受けられない。
　貸主が預け入れを受けている敷金・保証金があれば、破産手続とは関係なく、以下のものを優先的に控除できる。
　① 破産前の未払賃料
　② 破産後の未払賃料
　③ 借主の破産管財人が借家契約を解除したことによる原状回復費用
　④ 賃貸借契約で定めた退去時の敷金・保証金償却分
　⑤ その他賃貸約終了に至るまでの賃貸借契約上の全ての請求権

■ 敷金・保証金でまかなえない貸主の借主に対する請求権

　借主の破産管財人が賃貸借契約を解除したことによって貸主が被った損害に

関する損害賠償請求権は破産債権として届け出ることができる。ただし、先にも説明したとおり、通常は配当されても数％しか配当されないので、期待はできない。

Ⅶ　借主破産管財人の解除と中途解約違約金・原状回復費用

問142
破産した借主Ａ社に対する貸主Ｙ社の以下の請求は認められるか？

破産した借主Ａ社が、貸主Ｙ社から家賃月額2,100万円、保証金2億円で建物を契約期間10年、中途解約不可（中途解約による保証金没収）の特約で賃借していた。

借主Ａ社の破産管財人Ｘが、破産法第53条第1項により賃貸借契約を解除し、未払賃料・原状回復費用を差し引いた残額9,231万9,139円を請求した。

これに対し、貸主Ｙ社は、借主Ａ社の中途解約に関する違約金条項により、保証金は全額没収できるとして、破産管財人の請求を争い、反訴として、原状回復費用として、破産管財人に対して6,014万円の支払を請求した。

【答】

この事案の論点は以下のとおりである。

（1）賃貸借契約にある「中途解約による違約金条項（保証金没収）」は破産管財人が破産法第53条第1項により解除した場合にも適用があるか？

（破産管財人は、保証金没収の違約条項は、破産法第53条第1項による解除権行使を実質的に制限するものであり、同条に反するので無効である、公序良俗違反による無効である（民法第90条）と主張して争った）

（2）破産管財人による賃貸借契約解除で発生した原状回復費用は財団債権か？

第10部　借主・貸主の倒産と退去・精算　　289

■ 東京地裁（平成 20 年 8 月 18 日）の判断

（1）違約金条項の効力

　本件契約は、中途解約を許さない契約であるから、違約金条項は、賃借人側の事情で期間中に契約が終了した場合に、新たな賃借人に賃貸するまでの損害等を保証金が担保する趣旨と解する。

　違約金特約を定めた本件賃貸借契約は、貸主・借主の自由な意思によって締結されている。

　貸主は、10 年間継続して賃料収入があることを期待して契約しており、保証金 2 億円は賃料の約 9 ヶ月分相当の金額であるから、保証金全額を違約金としても、過大とは言えない。

　したがって、正義公平の観点に照らして無効とは言えないとして、貸主側の破産管財人の破産法による解除についても、保証金全額を没収することができるとした。

　上記東京地裁の判例とは逆に、名古屋高判（平成 12 年 4 月 27 日）の別事件では、建築協力金方式で建てられた店舗の借主が契約期間途中で破産し、破産管財人が破産法で解除し、預託敷金の返還・建設協力金の返還を求めた事案がある。名古屋高判では、「契約期間中に借主から解約申入れがなされた場合は、借主は貸主に対し敷金及び建設協力金の未返還部分の合計額に相当する違約金を支払う」旨の特約について、貸主側の実質的な損害（新たなテナントを見つけるまでの空室期間と新たなテナントの賃料減額分合計 2,100 万円）及び原状回復費用のみを認め、敷金及び建設協力金の未返還部分の合計額に相当する違約金全額は認めなかった。

　要するに、テナント契約では、高額な保証金・建築協力金の支払と、中途解約禁止、万が一解除されてしまったら、貸主は保証金・建築協力金を全額没収できる、との特約がなされている場合、保証金・建築協力金の没収が、貸主の実損を上回る（貸主が得をする）場合には、全額没収の特約は実損程度に制限されてしまうことを覚悟しておく必要がある。

（注）保証金・建築協力金の没収の特約があるからといって、借主会社が破産し、債権者のほとんどが満足な支払を受けられない状態なのに、貸主だけが没収の特約により、利益を受けるのは認められないという理由である。

(2) 原状回復費用

　上記平成20年の東京地裁判決では、破産管財人の解除による原状回復請求についても以下のとおり貸主の優先的請求（保証金・建築協力金から優先的に控除できる）を認めた。

　原告（破産管財人）は、破産手続開始決定後1ヶ月間建物を使用した後、破産法第53条第1項により契約を解除し、原状回復義務を履行しないまま本件建物を明け渡したので、破産管財人が本件建物を明け渡した時点で、原状回復義務の履行に代えて賃貸人に対し原状回復費用債務を負担（金銭負担）したと解するのが相当と判断された。

　この原状回復費用債務は、破産管財人が破産手続の遂行課程で、破産財団の利益を考慮した上で行った行為（賃料を財団債権として払い続けるより、解除して賃料の発生を停めた方が良いとの判断）の結果生じた債権といえるので、破産管財人の解除により発生した債務（破産法第148条第1項第4号、及び、第8号の適用又は類推適用）として、財団債権となる。

破産法　第148条　（財団債権となる請求権）
1　次に掲げる請求権は、財団債権とする。
　四　破産財団に関し破産管財人がした行為によって生じた請求権
　八　破産手続の開始によって双務契約の解約の申入れ（第53条第1項又は第2項の規定による賃貸借契約の解除を含む。）があった場合において破産手続開始後その契約の終了に至るまでの間に生じた請求権

　なお、反対の見解として、原状回復費用については、以下のように破産債権とすべきとの見解もある。

　①　財団債権は、本来は破産債権者全体の利益となる費用等であるが、原状

回復費用にそのような性質を認めることは困難である（園尾隆司、西謙二ほか編「新・裁判実務体系（28）新版 破産法」216頁）。

② 破産手続開始前の毀損や設備設置行為に起因する費用の請求権も原状回復費用に含まれるとして破産債権とする見解もある。

Ⅷ 借主の破産と連帯保証人への請求

問143 破産手続開始決定前の未払賃料・破産管財人が払えなかった破産手続開始決定後の賃料を連帯保証人に請求することはできるか？

【答】

破産開始決定前の未払賃料については、上記のとおり破産債権として配当の対象となるが、現実には破産が開始してすぐに払われないし、破産手続終了間際に配当される場合でも数％の配当しかないのが通常である。

そこで貸主としては、滞納家賃や原状回復費用等については、連帯保証人に請求することになるが、借主が破産していても連帯保証人に請求することは可能である。

ただ、借主が会社で、借主の連帯保証人が会社の代表者のような場合、会社の破産と同時に代表者個人も自己破産の申立てをすることが多く、連帯保証人である代表者が破産手続に入ると、代表者個人の資産はそれほど多くないので、現実にほとんど代表者個人の破産手続から配当を受けられない場合が多い。

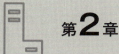

第2章 借主の民事再生・会社更生時の貸主・管理業者の対応

I 民事再生になった借主側からのテナント契約の解除

問144 店舗を借りている借主会社が民事再生開始決定を受けた。借主は借主自身が民事再生になったことを理由に解除できるか？　借主が会社更生になった場合はどうか？

【答】

　借主が民事再生になった場合、民事再生になった借主からの解除権は認められている（民事再生法第49条）。したがって、借主からの中途解約条項がなくても解約できる。民事再生のため、契約整理の必要があるから、民事再生法は特別な解除権を民事再生になった借主に認めているからである。

　なお、民事再生開始後民事再生法によるテナント契約の解除は、再生債務者（民事再生になった会社自身＝現実には代理人弁護士）からなされる。民事再生は、民事再生になった会社自らがその手続を行うからである。

　契約書に、例えば「借主テナントから解除するには、6ヶ月前に予告が必要（直ちに解除するには6ヶ月分の違約金）」いう制限があっても、契約上の特約によらず、民事再生法により解除するので、この契約上の制限は適用されない。

　会社更生の場合も、テナント契約の解除権が更生会社に認められている（会社更生法第61条第1項）。なお、会社更生の場合は、「更生管財人」が選任されるので、解除の判断・解除手続は、更生管財人が行う。

第10部　借主・貸主の倒産と退去・精算　　293

民事再生法 第 49 条（双務契約）

1　双務契約について再生債務者及びその相手方が再生手続開始の時におい
て共にまだその履行を完了していないときは、再生債務者等は、契約の解除
をし、又は再生債務者の債務を履行して相手方の債務の履行を請求すること
ができる。

会社更生法 第 61 条（双務契約）

1　双務契約について更生会社及びその相手方が更生手続開始の時において
共にまだその履行を完了していないときは、管財人は、契約の解除をし、又
は更生会社の債務を履行して相手方の債務の履行を請求することができる。

Ⅱ　貸主側からのテナント契約の解除

問 145　店舗を借りている借主会社が民事再生開始決定を受けた。貸主は借
主が民事再生になったことを理由に解除できるか？　借主が会社更生
になった場合はどうか？

【答】

　借主が民事再生になった場合、相手方である貸主は借主の民事再生を理由に
解除はできない（もちろん家賃滞納なら解除はできる）。

　破産法と同様、民事再生を助けるために、民事再生になった借主は民事再生
法による解除ができるが、民事再生のための整理の便宜のため認めれるもので
あるから、民事再生になった借主側からしか解除できない（借主は、再生のた
め、テナント契約を続ける必要がある場合には、解除せず賃貸借契約を継続で
きる）。

　ただし、借主側からテナント契約を解除するか継続するか、ハッキリとした
態度を示さないときは、貸主側から民事再生になった借主に対して、賃貸借契

294

約を解除するか否について、相当な期間を定めて回答を催告することができる（民事再生法第49条第2項）。

【ポイント】破産法では、期間内に回答がない場合には、破産管財人が契約を解除したものとみなされるが、民事再生では逆、つまり、**賃貸借契約を継続する（解除しない）ものとみなされる**。破産では整理清算（解除）が原則であるのに対し、民事再生では、継続（解除しない）が原則だからである（民事再生法第49条第2項双務契約）。

会社更生の場合も民事再生と同じで貸主から「賃貸借契約を続けるのか、解除するのか」と催告され更生管財人が回答しなければ、継続したものとみなされる（会社更生法第61条第2項）。

民事再生法 第49条（双務契約）
1　双務契約について再生債務者及びその相手方が再生手続開始の時において共にまだその履行を完了していないときは、再生債務者等は、契約の解除をし、又は再生債務者の債務を履行して相手方の債務の履行を請求することができる。
2　前項の場合には、相手方は、再生債務者等に対し、相当の期間を定め、その期間内に契約の解除をするか又は債務の履行を請求するかを確答すべき旨を催告することができる。この場合において、再生債務者等がその期間内に確答をしないときは、同項の規定による解除権を放棄したものとみなす。
4　第1項の規定により再生債務者の債務の履行をする場合において、相手方が有する請求権は、共益債権【(注) 破産の財団債権とほぼ同様で優先的に支払える】とする。
5　破産法第54条の規定は、第1項の規定による契約の解除があった場合について準用する【(注) 解除されたことによる貸主の損害は共益債権となる】。

第10部　借主・貸主の倒産と退去・精算　　295

Ⅲ　民事再生になった借主が貸主に差し入れた敷金・保証金

> **問 146**　店舗を借りている借主会社が民事再生開始決定を受けた。民事再生になった借主が貸主に差し入れた敷金・保証金はどのように取り扱われるのか？　借主が会社更生になった場合はどうか？

【答】

　民事再生になった借主が貸主に差し入れた敷金・保証金は、賃貸借契約が継続される限り、再生債務者（借主）の資産であるから変更を受けない（貸主は、賃貸借の担保として預り続ける）。

　民事再生になった借主は、テナント契約を解除し退店するときに、民法第622条の2に従い、賃貸建物の明渡しと借主側に未払金がないことを条件に返還を受けることができる（通常の敷金・保証金の返還条件と同じ）。

民法　第622条の2（敷金）
1　賃貸人は、敷金（いかなる名目によるかを問わず、賃料債務その他の賃貸借に基づいて生ずる賃借人の賃貸人に対する金銭の給付を目的とする債務を担保する目的で、賃借人が賃貸人に交付する金銭をいう。以下この条において同じ。）を受け取っている場合において、次に掲げるときは、賃借人に対し、その受け取った敷金の額から賃貸借に基づいて生じた賃借人の賃貸人に対する金銭の給付を目的とする債務の額を控除した残額を返還しなければならない。
　一　賃貸借が終了し、かつ、賃貸物の返還を受けたとき。
　二　賃借人が適法に賃借権を譲り渡したとき。
2　賃貸人は、賃借人が賃貸借に基づいて生じた金銭の給付を目的とする債務を履行しないときは、敷金をその債務の弁済に充てることができる。この場合において、賃借人は、賃貸人に対し、敷金をその債務の弁済に充てることを請求することができない。

借主が民事再生になったことで契約を解除した場合、貸主が契約の違約条項を使い、違約金の請求や敷金・保証金を没収できるか否かは破産の場合と同様、違約条項の適用を制限され、貸主は実損程度しか没収できない。

　また、破産の説明のとおり、違約金の請求や敷金・保証金を没収できるか否か判例が対立しているが、民事再生・会社更生は会社を継続させることを優先しているので、破産の場合より貸主が不利（＝違約金の請求や敷金・保証金を没収しにくい）と判断される可能性が高い。

　会社更生の場合も民事再生と同じである。

第 10 部　借主・貸主の倒産と退去・精算　　297

第3章 貸主破産時の借主・管理業者の対応

I 貸主破産時の借家権

問 147

借主である当社（B社）は貸主A社が所有する店舗・事務所用のビルの1階店舗を借りている。

① 賃貸借の形態　普通借家契約
② 賃　　　料　月額100万円（消費税別）
③ 期　　　間　2023年8月1日から2025年7月31日までの2年間
④ 保　証　金　1,000万円

ところが、2024年6月1日、貸主A社は破産手続開始決定を受け、破産管財人Cが選任された。

なお、この店舗・事務所用ビルには、貸主A社が15年前に建築時に建築資金を借り入れた際のX銀行の抵当権（残債務2億円）が設定されている。

借主B社の社長は、顧問弁護士に以下の相談をした。

相談1

貸主A社の破産管財人Cは、破産を理由に借主である当社（B社）とのテナント契約を解除できるか？

相談2

貸主A社の破産管財人Cが、本件ビルを任意売却した場合、借主

である当社（B社）は立ち退く必要があるか？　将来当社（B社）が自己都合で退去した場合、保証金は返してもらえるか？

相談3

　貸主A社が破産したため、X銀行への返済ができない。破産手続中に、X銀行が抵当権を実行し、競落された場合、借主である当社（B社）の借家権はどうなるか？

相談4

　借主である当社（B社）は、貸主A社の破産を理由にテナント契約を解除して退店できるか？　その場合の保証金はどうなるか？

【答】

1　総論

　借主が破産した場合には、借主の借家権は破産整理の中で、解除するのが通常であるが、貸主が破産した場合には、正常な営業を続ける借主の借家権を保護する必要がある。

　そのため、破産手続の中では、借主の破産と貸主の破産では、借家権の処理が違ってくる。

　一方、破産した貸主の賃貸建物に抵当権等の担保権（破産手続とは別に競売ができる別除権）があれば、抵当権者は競売ができる。借家権付き建物が競売されると、通常、借家権より抵当権登記が先に備わるので、競落されてしまうと、借家権は消滅し、テナントは退去せざるを得なくなる（敷金・保証金も競落人からは返還されない）。

　ところが、破産管財人により、テナント付きで任意売却されると、抵当権は実行されることなく、抹消されるので、テナントの借家権は消滅することなく継続し、退去の必要がなくなる。

　このように、状況によりテナントの借家権が消滅するか、存続するかが分かれるので、貸主が破産した場合には、テナント側は弁護士と相談しながら、状況を判断する必要がある。

第10部　借主・貸主の倒産と退去・精算　　299

2 　相談 1 の答

> 　貸主Ａ社の破産管財人Ｃは、破産を理由に借主である当社（Ｂ社）とのテナント契約を解除できるか？

　本件は普通借家契約で、借地借家法（又は借地法、借家法）の適用のある建物賃貸借契約だから、破産した貸主Ａ社の破産管財人Ｃは、貸主が破産したことを理由に賃貸借契約を解除することはできない（破産法第56条第1項）。破産した貸主Ａ社の破産整理より、借主の借家権保護が優先される。

　破産法の原則では、破産管財人は財産関係の整理のため、例えば、破産会社が売買契約をして、決済前だと、買主の代金支払債務及び売主の移転登記義務が共に未了の場合であれば、売買契約等は破産管財人の権限で破産したことを理由に解除できる（破産法第53条「双方未履行の双務契約の解除」）。破産法第53条はもともと破産した会社の契約を整理するために破産管財人に契約の解除を認めたものだからである。

　借家契約も、貸主が将来にわたって建物を使用させる義務を負い、借主がその対価として将来にわたって賃料を支払う義務を負うので、破産整理のためには、「双方未履行の双務契約」として破産した貸主の管財人が破産法第53条による解除をできてもよいはずである。

　しかし、貸主側の破産管財人からは、例外的に借家契約・借地契約は解除できないとされている。なぜなら、借主に責任のない貸主の破産という事情で、一方的に契約を解除され、立退きを迫られるというのでは、借主に著しく酷で、借家人保護の考え方に反するためである。

　破産法第56条第1項では、対抗力ある借家権・借地権については、貸主側の破産管財人は例外的に貸主の破産管財人による解除権を制限している。借主側が破産した場合には、借主側の破産管財人が自由に借家契約を解除できるとする結論と反対になるので注意されたい。

　理論的には、貸主の破産管財人は、対抗力ある借家権の解除をすることはできず、借家権は財団債権(注)となり、借家契約は貸主が破産しても継続する、と

300

説明される。

（注）財団債権とは、破産手続の中で最優先で保護される債権。現実的には、解除されずにテナント契約は継続できる。

　借家の対抗力は、「借家人が賃貸建物の引渡し」（借地借家法第31条）を受けていれば備わるから通常の借家では、貸主 A 社が破産しても、貸主の破産管財人は借家契約を例外的に解除ができない。

破産法 第53条（双方未履行の双務契約の解除）
1　双務契約について破産者及びその相手方が破産手続開始の時において共にまだその履行を完了していないときは、破産管財人は、契約の解除をし、又は破産者の債務を履行して相手方の債務の履行を請求することができる。
2　前項の場合には、相手方は、破産管財人に対し、相当の期間を定め、その期間内に契約 の解除をするか、又は債務の履行を請求するかを確答すべき旨を催告することができる。この場合において、破産管財人がその期間内に確答をしないときは、契約の解除をした ものとみなす。
3　前項の規定は、相手方又は破産管財人が民法第631条 前段の規定により解約の申入れをすることができる場合又は同法第642条第1項 前段の規定により契約の解除をすることができる場合について準用する。

破産法 第56条（賃貸借契約等）
1　第53条第1項及び第2項の規定（破産管財人による双方未履行の双務契約の解除）は、賃借権その他の使用及び収益を目的とする権利を設定する契約について破産者の相手方が当該権利につき登記、登録その他の第三者に対抗することができる要件を備えている場合には、適用しない。
2　前項に規定する場合には、相手方の有する請求権は、財団債権とする。

法　第31条（建物賃貸借の対抗力）

　建物の賃貸借は、その登記がなくても、建物の引渡しがあったときは、その後その建物について物権を取得した者に対し、その効力を生ずる。

3　相談2の答

　　貸主A社の破産管財人Cが、本件ビルを任意売却した場合、借主である当社（B社）は立ち退く必要があるか？　将来当社（B社）が自己都合で退去した場合、保証金は返してもらえるか？

　破産管財人が本件ビルを任意売却できれば、借主B社は立ち退く必要はなく（いわゆるオーナーチェンジになる）、将来は借主B社が退去した場合、保証金は本件ビルの買主（新しい貸主）から返してもらえる。

　貸主の破産管財人は、抵当権が設定された破産会社の不動産を抵当権者等の担保権者の同意・協力を得て任意売却することも多い。

　ただ、破産会社が保有する抵当権等の担保権がついた不動産（担保不動産）については、抵当権者は破産手続を無視して競売して、優先的に貸金を回収することもできる。

　しかし、実務では、破産管財人が抵当権者の同意を得て、担保の付いた不動産を任意売却し、売却代金から抵当権の被担保債権を優先的に支払う場合が多い。破産管財人は、抵当権者等の同意を得て、売却代金で抵当権の被担保債権を全額払えなくても、3％～10％の「財団組入金」を優先的に受領し、破産債権者に配当する。抵当権者等は、破産管財人に財団組入金を払っても、早く売却できるし、競売の費用（予納金）を出さずに済むので、破産管財人に売却させることも多い。

302

（注）この財団組入金は、破産管財人が競売に代わり、担保不動産を売却して抵当権者に返済するので、抵当権者から見れば、競売に代わる売却手続を破産管財人が行ってくれたことへの報酬の意味がある。

　貸主の破産管財人が任意売却する場合、借家契約を破産法で解除できないので、賃貸ビルを任意売却する場合は借家人（テナント）付きで売却する場合が多い。

　任意売却する場合は、通常の「オーナーチェンジ」になるので、保証金返還義務は借家契約の貸主の地位と共に、建物の買主に引き継がれ、将来借主B社が退去した場合、保証金は買主（新しい貸主）から返してもらえる。

　まれに、貸主の破産管財人は、例外的に立退料を借家人に支払い、借家契約を合意解除して、任意売却することもある。

　ただ、本件のように保証金が1,000万円と多額で、オーナーチェンジで買う買主が保証金の返還義務を引き継ぐため、高い代金で売れないと、抵当権者の銀行が任意売却に同意しないため、任意売却ができない場合もある（破産したA社が、預かり保証金を現実に買主に引き継ぐことはできないので、買主は引き継ぐべき保証金額を売買代金から差し引いて買うため、破産管財人が銀行に渡せる金額が少なくなってしまう）。

　その場合、破産管財人は任意売却を諦め、次の抵当権者による競売が行われることもある。その場合には、銀行の抵当権登記が借家権より先に備わっているので、抵当権は借家権を無視することができ、借主B社の借家権が消滅する為、テナントには退去義務が発生する。借家契約が競落人に承継されないので、競落人から保証金も返還されない。

（注）通常賃貸ビルの建築資金を銀行から借りて、賃貸ビルに抵当権等を設定すると、銀行の抵当権設定登記がテナントの入居前についてしまい（銀行は空家の状態で担保を取れる）、テナントの借家権は抵当権に後れたものになる。銀行が競売を実行した場合、テナントの借家権は、銀行の抵当権等に優先できないので、競落と同時に借家権はなくなり、競落人からテナントは退去を求められてしまう。

第10部　借主・貸主の倒産と退去・精算　　303

4 相談3 の答

貸主 A 社が破産したため、X 銀行への返済ができない。破産手続中に、X 銀行が抵当権を実行し、競落された場合、借主である当社（B 社）の借家権はどうなるか？

抵当権者による競売が行われ、競落された場合、以下の関係が発生する。

抵当権の登記は、15 年前に設定されており、借主 B 社の借家権は 2 年程前に成立している（2 年前に対抗要件が備わった）にすぎないので、15 年前の抵当権で競売されると、借家権は対抗できない（借家権の継続を競落人に主張できず、退去しなければならない）。

なお、抵当権の設定登記よりあとに入居した借家人は、競落すると立退き義務が発生するが、借家人保護のため、競落後直ちに退去する必要はなく、6 ヶ月の明渡猶予が与えられる（民法第 395 条）。

民法 第 395 条（抵当建物使用者の引渡しの猶予）
1　抵当権者に対抗することができない賃貸借により抵当権の目的である建物の使用又は収益をする者であって次に掲げるもの（次項において「抵当建物使用者」という。）は、その建物の競売における買受人の買受けの時から 6 箇月を経過するまでは、その建物を買受人に引き渡すことを要しない。
　一　競売手続の開始前から使用又は収益をする者
　二　強制管理又は担保不動産収益執行の管理人が競売手続の開始後にした賃貸借により使用又は収益をする者
2　前項の規定は、買受人の買受けの時より後に同項の建物の使用をしたことの対価について、買受人が抵当建物使用者に対し相当の期間を定めてその 1 箇月分以上の支払の催告をし、その相当の期間内に履行がない場合には、適用しない。

さらに、場合によっては、競落人は現在のテナントを立ち退かせて、次のテ

ナントを募集するより、立ち退く義務があるテナントに、新たな家賃や保証金の支払を条件に新規賃貸借契約を締結することもある。

B社は借家権を競落人に主張できないため、貸主の地位は競落人に承継されず（オーナーチェンジにならない）、保証金1,000万円は競落人が返還義務を負わない。借主B社は、破産したA社へ保証金1,000万円の返還請求はできるものの、破産したA社には支払能力がないので、返還してもらえない。

このように、破産管財人が任意売却した場合と、競売された場合で、借主B社の借家権の保護は全く逆の結論になる。

そのため、当職は、借主B社に対し、「本件ビルの買主に対しては、保証金1,000万円の返還は請求しないので、破産管財人はなるべく抵当権者の要求する（任意売却を承認するような）値段で高く売却して欲しい」と破産管財人の任意売却に協力した方が借家権を維持できるとアドバイスをしている。

上記担保不動産の任意売却・競売と借家権の関係は非常に難しいので、貸主が破産した場合、弁護士と相談しながら、対応を協議する必要がある。

5　相談4 の答

> 借主である当社（B社）は、貸主A社の破産を理由にテナント契約を解除して退店できるか？　その場合の保証金はどうなるか？

借主B社は、貸主A社の破産を理由に解除できない。先に説明した、破産法第53条の双方未履行の双務契約の解除権は、破産整理のために破産管財人に一方的に認められるものだから、破産法による解除権は破産管財人側からしか解除できない（ただし、借家・借地につき対抗力があると破産管財人さえも破産法で解除できない）。

貸主A社の破産は解除理由にならないが、貸主A社に債務不履行（契約違反）があったり、特約で借主B社に中途解約権が認められていたりすれば（通常、借家契約の中に借主からの中途解除権の定めがある）、貸主A社の契約違反を理由に借主B社が解除権を行使したり、借主B社が中途解除権を使用して

第10部　借主・貸主の倒産と退去・精算　305

解除ができる。ただ、貸主は、借主に使わせておくだけで債務を履行したことになるから、貸主の破産によって当然に貸主の債務不履行（契約違反）となるわけではない。

貸主の破産手続中に、借主テナントの側から、借家契約の借主の中途解除権行使による解除がなされた場合、保証金 1,000 万円の返還請求権は、単なる一般の破産債権にしかならず、配当がされない場合もあり、配当されても通常数％しか配当されないことが多い。

Ⅱ　貸主破産時の寄託による保証金の回収

> **問 148**
>
> 前問と同様であるが、借主である当社（B 社）は貸主 A 社が所有する店舗・事務所用のビルの 1 階店舗を借りている。
>
> ①　賃貸借の形態　普通借家契約
> ②　賃　　　　料　月額 100 万円（消費税別）
> ③　期　　　　間　2023 年 8 月 1 日から 2025 年 7 月 31 日までの 2 年間
> ④　保　　証　　金　1,000 万円
>
> ところが、2024 年 6 月 1 日、貸主 A 社は破産手続開始決定を受け、破産管財人 C が選任された。
> 破産手続きは長くかかるので、借主である当社（B 社）は破産開始後、約 1 年ほど、状況を見ながら破産管財人に家賃を払いながら、破産した A 社から店舗を借り続けるつもりである。
> ただ、破産が問題になる前から、店舗の移転を検討していた。この状況の下でどのような対応をとるのがよいか？

【答】

　破産が始まったら、破産管財人に家賃を払うが、その前に、「寄託」を請求する。その後、約10ヶ月以上家賃を払って店舗を使い続け、破産が終了する前に、借家契約を解除して立ち退くと、保証金1,000万円は優先的に全額返還される。

　この、破産管財人に寄託請求する制度は破産法第70条に定めがある。

破産法　第70条（停止条件付債権等を有する者による寄託の請求）

停止条件付債権又は将来の請求権を有する者は、破産者に対する債務を弁済する場合には、後に相殺をするため、その債権額の限度において弁済額の寄託を請求することができる。敷金の返還請求権を有する者が破産者に対する賃料債務を弁済する場合も、同様とする。

　この、破産管財人に寄託請求する制度は、次のような趣旨から認められている。

　テナントの保証金返還請求権は、「借家契約が終了し、建物（店舗）が明け渡されること」を停止条件として発生する。

　本来、破産前から保証金1,000万円の返還請求権を有する借主は、破産後発生する家賃と保証金1,000万円の返還請求権を相殺できてもよいはずであるが、保証金返還請求権は停止条件付き債権なので、停止条件が成就する（条件がととのう）までは、相殺ができない（相殺できれば、貸主が破産しても預けた保証金1,000万円は全額回収できる）。

　退去して停止条件が成就するまでは家賃との相殺が全くできないとするのは、借主に不公平である（一度家賃を払ってしまうと相殺ができない）。

　そこで、借主は保証金返還請求権の停止条件が成就するまで、本来相殺を認めてもよいはずの家賃について、とりあえず破産管財人に払い、同時に払った家賃を借主のために預かってもらう（寄託を受けてもらう）。

　借主テナントが借家契約を終了させ、明渡しをすると、破産管財人は本来相殺されてもよかった家賃を借主に返還する。

　ただ、この寄託請求、家賃の支払、退去明渡しは、破産手続が終了する前に

第10部　借主・貸主の倒産と退去・精算　307

しないと（破産終了前に停止条件が成就しない）、破産管財人は寄託分の返還をする必要はない。正確に言えば、借主は、「破産手続の最後配当に関する除斥期間満了時点」までに、借家契約を終了させて退去すれば、破産管財人に寄託した家賃は、保証金1,000万円分の返還として支払ってもらえる。

　ところが、破産管財人がテナント付きで任意売却できれば、テナントの借家権も保証金返還請求権も保護される。

　そのため、一番テナント側に賢い選択は、破産手続が始まったら、直ちに寄託請求をする。

　様子を見て、破産管財人がテナント付きで任意売却でき、テナント側も店舗を移転しなくてよいなら、退去しないという選択肢を取る。

　テナント側が店舗を移転したいというなら、保証金が1,000万円になるまで、店舗を使い続けて家賃を払い、破産終了前に退去して寄託分を返してもらう。

　抵当権者の競売により、競落されるなら、借家権が優先的に保護されない限り、破産終了前に退去して寄託分を返してもらう。

　このように、多額の敷金・保証金を差し入れていた貸主が破産した場合、状況により、ケースバイケースで対処を判断しなければならない。

Ⅲ　寄託制度の盲点

問149

　前問と同様であるが、借主である当社（B社）は貸主A社が所有する店舗・事務所用のビルの1階店舗を借りている。

① 賃貸借の形態　普通借家契約
② 賃　　　料　月額100万円（消費税別）
③ 期　　　間　2023年8月1日から2025年7月31日までの2年間
④ 保　証　金　1,000万円

ところが、2024 年 6 月 1 日、貸主 A 社は破産手続開始決定を受け、破産管財人 C が選任された。

　破産手続は長くかかるので、借主である当社（B 社）は破産開始後、約 1 年ほど、状況を見ながら破産管財人に家賃を払いながら、破産した A 社から店舗を借り続けるつもりである。

　ところが、破産が始まって、2 ヶ月後、抵当権者の銀行が、物上代位で借主である当社（B 社）は貸主 A 社の破産管財人に払っていた家賃を差し押さえて、抵当権者の銀行に払うよう請求された。このような状況になっても、借主は破産管財人に寄託請求した上で家賃を払い続け、破産手続終了前に退去すれば、寄託した家賃を返してもらえるのか？

【答】

　このような、状況になると、寄託請求は無意味になり、借主は破産手続終了前に退去しても、寄託した家賃を返してもらえない。保証金の回収は諦めて、店舗の移転を優先的に検討すべきである。

　抵当権者の銀行は、破産手続中でも、抵当権等の担保権（別除権）があれば自由に使える。抵当権は、目的土地建物を競売して貸金を回収できる権利であるが、目的不動産の競売以外に、目的不動産の価値が変わったもの（価値代位物）があれば、抵当権者はその代位物を差し押さえて回収できる（民法第 372 条による第 304 条の準用）。

民法 第 372 条（留置権等の規定の準用）

　第 296 条、第 304 条及び第 351 条の規定は、抵当権について準用する。

民法 第 304 条（物上代位）

1　先取特権は、その目的物の売却、賃貸、滅失又は損傷によって債務者が受けるべき金銭その他の物に対しても、行使することができる。ただし、先取特権者は、その払渡し又は引渡しの前に差押えをしなければならない。

第 10 部　借主・貸主の倒産と退去・精算　　309

2 債務者が先取特権の目的物につき設定した物権の対価についても、前項と
同様とする。

　例えば、抵当権を付けていた建物が焼失したため、保険金請求権が発生すれ
ば、保険金請求権は担保に取った建物の価値代位物であるから、抵当権者は、
保険金請求権を差し押さえて、回収することができる。

　借主が払う家賃も、建物使用の対価であり（建物の価値が減っていく代わり
に家賃をもらっている）、価値代位物になる。そのため、抵当権者は、借主の払
う家賃を差し押さえて、取立をすることができる（民法第304条第2項）。

　抵当権者が物上代位で借主である当社（B社）が貸主A社の破産管財人に
払っていた家賃を差し押さえて、回収してしまうと、家賃は破産管財人に払う
ことができなくなるので、寄託請求は無意味になってしまう。

　このような、抵当権者による家賃差押えがなされた場合、借主は寄託請求に
よる敷金・保証金の回収ができなくなってしまうので、破産物件を借り続けて
家賃を払い続ける意味がなくなってしまう。もし、店舗の移転を考えているの
であれば、移転計画を優先すべきである。

310

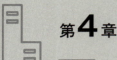

第4章 貸主民事再生・会社更生時の借主・管理業者の対応

I 貸主民事再生時の借家権

 問 150

借主である当社（B社）は貸主A社が所有する店舗・事務所用のビルの1階店舗を借りている。

① 賃貸借の形態　普通借家契約
② 賃　　　　料　月額100万円（消費税別）
③ 期　　　　間　2023年8月1日から2025年7月31日までの2年間
④ 保　証　金　1,000万円

ところが、2024年6月1日、貸主A社は民事再生手続開始決定を受け、民事再生が始まった。
なお、この店舗・事務所用ビルには、貸主A社が15年前に建築時に建築資金を借り入れた際のX銀行の抵当権（残債務2億円）が設定されている。
借主B社の社長は、顧問弁護士に以下の相談をした。

相談1
　民事再生手続中の貸主A社は、民事再生が始まったことを理由に借主である当社（B社）とのテナント契約を解除できるか？

相談2
　借主である当社（B社）は、貸主A社の民事再生を理由にテナン

第10部　借主・貸主の倒産と退去・精算　　311

ト契約を解除して退店できるか？ 店舗の賃貸借契約では、「相手方が破産・民事再生・会社更生になったら解除できる」という特約があるが、この特約で解除できないか？ B社から解除した場合、保証金1,000万円はどうなるのか？

相談3

　民事再生手続中の貸主A社が、本件ビルを任意売却した場合、借主である当社（B社）は立ち退く必要があるか？将来当社（B社）が自己都合で退去した場合、保証金は返してもらえるか？

相談4

　民事再生手続中に、X銀行が抵当権を実行し、競落された場合、借主である当社（B社）の借家権はどうなるか？

相談5

　貸主A社の民事再生がうまく成功し（再生計画認可決定がされて再生計画に従った再生が行われている）、賃貸建物が任意売却も競売もされず、借主である当社（B社）が賃貸借契約を継続し家賃を払い続けた場合、保証金1,000万円はどうなるのか？

【答】

1 相談1の答

　民事再生手続中の貸主A社は、民事再生が始まったことを理由に借主である当社（B社）とのテナント契約を解除できるか？

　貸主が民事再生になった場合、民事再生になった貸主が再生するため、不要な双方未履行の双務契約の解除権は、破産と同様民事再生でも認められている（民事再生法第49条）。

　しかし、貸主が民事再生になった場合、破産と同様、対抗力ある借家人の保護のために例外的に契約解除はできない（民事再生法第51条による破産法第56条の準用）。

2 相談2 の答

> 借主である当社（B社）は、貸主A社の民事再生を理由にテナント契約を解除して退店できるか？店舗の賃貸借契約では、「相手方が破産・民事再生・会社更生になったら解除できる」という特約があるが、この特約で解除できないか？ B社から解除した場合、保証金1,000万円はどうなるのか？

貸主が民事再生になった場合、相手方である借主は民事再生を理由に解除はできない。

破産と同様、民事再生法第49条第1項の双方未履行契約の解除権は、貸主である再生債務者の再生のために、再生債務者等に一方的に認められたものであるからである。

もちろん、借家契約の中に、借主からの中途解除権が定められていれば、この特約による借主からの中途解除は認められる。例えば、賃貸借契約で借主は3ヶ月前の予告でテナント契約を解除できるという特約がある場合、借主B社は、民事再生が始まってすぐ中途解約権を行使すれば、3ヶ月後に退去できる。

借主からの中途解除以外に、賃貸借契約では、「相手方が破産・民事再生・会社更生になったら解除できる」という特約がある。この解除特約を倒産解除特約という。

倒産解除特約は、破産で解説したが、合理性がある特約ではないので無効と解されている。

また、貸主が民事再生（破産・会社更生）になった場合でも、借主からの中途解除権は合理性のある特約として有効になるので、中途解除権が認められていれば、倒産解除特約を使う必要がない。

借主が借家契約による中途解除をした場合、借家人の保証金（敷金）返還請求権のうち、最大、再生手続開始後の家賃の6ヶ月分は保証金となる。破産のように、寄託請求したあと10ヶ月分（1,000万円と消費税）家賃を払って、破産手続終了前に退去すれば、保証金1,000万円を回収できるのに対し、民事再生では、最大6ヶ月分しか返還されない。これは、家賃を払い続ければ寄託し

第10部 借主・貸主の倒産と退去・精算 313

た全額を保証金分として優先的に返還させると、再生会社（A社）の負担が重すぎて再建が困難になるからである。

上記のように借主B社が、民事再生が始まってすぐ中途解約権を行使して3ヶ月分の家賃しか払っていなければ、退去時に保証金300万円（消費税30万円も加える）は、優先的に払ってもらえる債権（共益債権）になる。

民事再生法　第92条（相殺権）

3　前項に規定する場合において、再生債権者が、<u>再生手続開始後にその弁済期が到来すべき賃料債務</u>について、再生手続開始後その弁済期に弁済をしたときは、<u>再生債権者が有する敷金の返還請求権は、再生手続開始の時における賃料の6月分に相当する額</u>（同項の規定により相殺をする場合には、相殺により免れる賃料債務の額を控除した額）<u>の範囲内におけるその弁済額を限度として、共益債権とする。</u>

民事再生法による共益債権とは、一般の再生債権より優先して返済される債権ではあるが、保証金が借家契約終了、立退きという停止条件付き債権なので、保証金が返還される時期・条件は本来の敷金・保証金と同じで、借家契約終了、立退き時になる。具体的には以下のようになる。

借家契約終了後、賃貸目的物が返還されてから、保証金（敷金）返還請求権が発生する。

保証金（敷金）返還請求権が発生するには、賃貸建物の明渡しと借家人側に未払金がないことが条件となる。

上記のとおり、民事再生では、再生開始後の6ヶ月分（100万円×6ヶ月＝600万円＋消費税60万円）を上限として払った賃料分だけ共益債権になる。破産は、破産開始後、破産終了まで（ただし、保証金返還額が上限）となる。民事再生では、返還額が破産と異なる。

上記の3ヶ月分330万円を払って退去した場合、保証金の残りの670万円については、再生計画に従い一般の再生債権として配当が10年分割で行われるのが普通である。例えば、再生計画で10年間の分割で債権額の合計30％配当

（201万円）が行われる（70％カット）場合、この30％配当（201万円）の一般の再生債権としての配当も、保証金（敷金）返還請求権の性質を持つから、上記のとおり、返還は契約終了・明渡し後であるし、借家人側に未払金がないことが条件となる。

（注）民事再生は、裁判所が再生手続開始決定を出すと、民事再生になったA社の側で、再生計画案を作成し、監督委員・裁判所の監督の下、再生計画が裁判所により認可される、その後再生計画に従って分割弁済等が行われる。また、分割弁済はせず、スポンサー（再生会社を会社買収する者）により、再生計画に従って一括弁済をして会社が譲渡されることもある。いずれにしても、一般の再生債権者は一部弁済しか受けられない。共益債権化された330万円分は債権カットされず全額支払の対象になる。

　保証金（敷金）返還請求権の共益債権分（払った3ヶ月分330万円）は将来借家契約終了・明渡しが完了した後に、一括して返還される。
　保証金（敷金）返還請求権の共益債権としての返済計画も、民事再生計画案の中で定められることが多い。
　民事再生における保証金保護のための共益債権化は、破産のように寄託請求しなくても同然に行われる。

3　相談3の答

> 民事再生手続中の貸主A社が、本件ビルを任意売却した場合、借主である当社（B社）は立ち退く必要があるか？　将来当社（B社）が自己都合で退去した場合、保証金は返してもらえるか？

　民事再生手続中の貸主A社が、本件ビルを任意売却した場合、通常のオーナーチェンジと同様であるから、貸主の地位は保証金返還義務と共に買主に引き継がれるので、借主である当社（B社）は立ち退く必要がないし、将来当社（B社）が自己都合で退去した場合、買主（新しい貸主）から保証金は返してもらえる。

言い換えると、保証金返還請求権は、民事再生上の債権ではなくなるので、
A社には返還請求できない。

4　相談4 の答

> 民事再生手続中に、X銀行が抵当権を実行し、競落された場合、借主である
> 当社（B社）の借家権はどうなるか？

抵当権・根抵当権等の担保権は、民事再生になった場合でも、自由に行使で
きる。

民事再生手続中に、X銀行が抵当権を実行し、競落された場合、借主である
当社（B社）の借家権が、抵当権設定後に対抗要件を備えたものであれば、競
売により、競落人に対抗できず立ち退く必要がある（借家権は競落と同時に消
滅する）。ただし、民法第395条により借家人は6ヶ月の立退き猶予を与えられ
る。

再生手続中のA社に対する保証金返還請求権は残る。

例えば、B社が再生開始後12ヶ月家賃を払い続けた時点で競落されれば、
12ヶ月分の家賃の内6ヶ月分（消費税を入れて660万円）は、共益債権として、
競落された時点で返還される。

保証金1,000万円の残り、340万円は、再生計画により通常一部カットされ残
りが分割返済される。

5　相談5 の答

> 貸主A社の民事再生がうまく成功し（再生計画認可決定がされて再生計画に
> 従った再生が行われている）、賃貸建物が任意売却も競売もされず、借主であ
> る当社（B社）が賃貸借契約を継続し家賃を払い続けた場合、保証金1,000万
> 円はどうなるのか？

実務では、このパターンが多い。

上記のとおり、6ヶ月分の家賃（660万円）は共益債権化され、全額払われるが、借家契約の終了・借主の明渡し後に支払が行われる。

残り、340万円は一般再生債権となり、再生計画により弁済される。

B社が退去しない場合は、競落による所有権移転がない限り、借家権は保護され、営業は継続できる。

なお、民事再生においても抵当権等の担保権は別除権とされ、再生手続中でも自由に競売の申立てができるので、民事再生になったA社は、抵当権者と協定を結び、優先的に弁済したり、当該賃貸建物が事業の継続に欠くことのできない再生債務者A社の財産である場合には、裁判所の手続で決定された担保目的物の価格（債権額より安くなることがある）を金銭納付することで、担保を消滅させ（民事再生法第148条以下）、賃貸建物を維持することができる。

Ⅱ　貸主会社更生時の借家権

問151

借主である当社（B社）は貸主A社が所有する店舗・事務所用のビルの1階店舗を借りている。

・賃貸借の形態：普通借家契約

・賃　　　料：月額100万円（消費税別）

・期　　　　間：2023年8月1日から2025年7月31日までの
　　　　　　　　2年間

・保　証　金：1,000万円

ところが、2024年6月1日、貸主A社は会社更生手続開始決定を受け、会社更生の手続が始まった。

なお、この店舗・事務所用ビルには、貸主A社が15年前に建築時に建築資金を借り入れた際のX銀行の抵当権（残債務2億円）が設定

第10部　借主・貸主の倒産と退去・精算　　317

されている。

　借主B社の社長は、顧問弁護士に以下の相談をした。

> 相談1
>
> 　会社更生手続中の貸主A社は、会社更生が始まったことを理由に借主である当社（B社）とのテナント契約を解除できるか？
>
> 相談2
>
> 　借主である当社（B社）は、貸主A社の会社更生を理由にテナント契約を解除して退店できるか？　借主B社から解除した場合、保証金1,000万円はどうなるのか？
>
> 相談3
>
> 　会社更生手続中の貸主A社が、本件ビルを任意売却した場合、借主である当社（B社）は立ち退く必要があるか？　将来当社（B社）が自己都合で退去した場合、保証金は返してもらえるか？
>
> 相談4
>
> 　会社更生手続中に、X銀行が抵当権を実行することはあるか？

【答】

1　相談1の答

> 　会社更生手続中の貸主A社は、会社更生が始まったことを理由に借主である当社（B社）とのテナント契約を解除できるか？

　会社更生の場合も、会社更生になったA社からの双方未履行の双務契約の解除権が一応認められている。

　しかし、家主が会社更生になった場合、破産・民事再生と同様、対抗力ある借家人の保護のために双方未履行であっても、例外的に契約解除はできない。会社更生法第63条は、破産法第56条を準用しており、破産法の場合と同様の趣旨から、会社更生になった貸主による借家契約の解除を認めていない。

2 相談2の答

借主である当社（B社）は、貸主A社の会社更生を理由にテナント契約を解除して退店できるか？　B社から解除した場合、保証金1,000万円はどうなるのか？

会社更生の場合も、会社更生になったA社からの双方未履行の双務契約の解除権は、A社の更生手続のため認められているものであるから、会社更生になっていない借主B社からは行使できない。

B社から解除した場合、保証金1,000万円は民事再生と同様6ヶ月分（660万円）は共益債権になる。詳しくは前問の民事再生を参照されたい。

会社更生法 第48条（相殺権）
3　前項に規定する場合において、更生債権者等が、更生手続開始後にその弁済期が到来すべき賃料債務について、更生手続開始後その弁済期に弁済をしたときは、更生債権者等が有する敷金の返還請求権は、更生手続開始の時における賃料の六月分に相当する額（同項の規定により相殺をする場合には、相殺により免れる賃料債務の額を控除した額）の範囲内におけるその弁済額を限度として、共益債権とする。

3 相談3の答

会社更生手続中の貸主A社が、本件ビルを任意売却した場合、借主である当社（B社）は立ち退く必要があるか？　将来当社（B社）が自己都合で退去した場合、保証金は返してもらえるか？

この点についても、民事再生と同様、テナントB社は立ち退く必要はない。
会社更生になったA社から本件ビルが譲渡された場合、貸主の地位は買主に

移転するので、買主から保証金を返還してもらえる。詳しくは前問の民事再生を参照されたい。

4 相談4 の答

> 会社更生手続中に、X銀行が抵当権を実行することはあるか？

原則、会社更生手続が開始されると抵当権・根抵当権等の担保権は、「更生担保権」として扱われ、担保権の実行が会社更生法で禁止される（会社更生法第123条）。破産や民事再生では、抵当権・根抵当権等の担保権が「別除権」として扱われ、担保権者は自由に競売等担保権の実行ができるのと異なる。このような違いがあるのは、会社更生は大規模な会社の再建を行うものであり、担保権を実行されると、大規模な会社では、影響が大きく再建が困難になるからである。

したがって、原則会社更生では、B社は競落で立退きを強制されることはない。

更生手続中のA社に対する保証金返還請求権は相談2と同様になる。

① 競落がないので、B社が更生開始後家賃を払い続ければ、家賃の内6ヶ月分（消費税を入れて660万円）は、共益債権として、将来、B社が退店したときに優先的に全額返還される。

② 保証金1,000万円の残り、340万円は、通常一部カットされ残りは更生計画により返済される。

索引

【特約等】

＜あ行＞

オーナーの転借人に対する敷金返還義務は、サブリース会社から現実に移管を
受けた敷金額に限定するとの特約 …… 242

＜か行＞

会社分割・役員の変更にも貸主の承諾が必要とする特約 …… 62

貸主からの中途解約ができない特約 …… 50

貸主からの中途解約は違約金が発生する特約 …… 51

貸主からの中途解約も認める特約 …… 48

貸主が原状回復工事を明渡し期日前に行う特約 …… 216

貸主による残置物処分の特約 …… 234

貸主の償却費の収入計上時期 …… 150

原状回復工事を借主側で行う場合 …… 218

原状回復工事を貸主側で行う場合 …… 218

更新拒絶期間短縮特約 …… 20

更新後の連帯保証責任継続の特約 …… 202

更新時償却の特約 …… 151

個人根保証人の極度額の定め …… 178

＜さ行＞

サブリース会社と転借人との貸主の地位移管と特約 …… 249

サブリース会社の免責特約 …… 255

次回の更新はしない特約 …… 16

敷金の返還時期の特約 …… 142

自動更新の特約 …… 39

自動更新特約 …… 4

図面・仕様書による原状回復特約 …… 135

＜た行＞

　　　立退き合意書　……　17

　　　建替えまでの定期借家再契約　……　80

　　　中途解約の特約　……　45

　　　次のテナントの入居日に余裕を持たせる特約　……　219

＜ら行＞

　　　連帯保証人への合意解約・明渡しの代理権附与の特約　……　227

【コラム】

　　解約と解除　……　33

　　清算と精算　……　138

　　「保証」と「補償」と「保障」　……　163

【著者紹介】

立川 正雄 (たちかわ まさお)

弁護士法人 立川・及川・野竹法律事務所　弁護士

　　昭和27年 5月 7日　　出生（出身：神奈川県）
　　昭和46年 3月　　　　神奈川県立湘南高校卒業
　　昭和50年 3月　　　　中央大学法学部卒業
　　昭和52年10月　　　　司法試験合格
　　昭和55年 4月　　　　弁護士開業　中村・立川法律事務所
　　昭和62年 4月　　　　立川・山本法律事務所
　　平成14年 9月　　　　立川法律事務所として現所在地に移転
　　平成19年 1月　　　　立川・及川法律事務所と改称
　　令和 2年 4月　　　　立川・及川・野竹法律事務所と改称
　　令和 6年 1月　　　　弁護士法人 立川・及川・野竹法律事務所設立

1　委員・事件・受託案件実績等
　・一般財団法人不動産適正取引推進機構紛争処理委員（平成21年～平成27年）
　・社団法人神奈川県宅地建物取引業協会顧問弁護士
　・厚木市公平委員会委員長（平成15年～現在）
　・茅ヶ崎市開発審査会委員
　・横浜地裁平成13年清川カントリークラブ　会社更生事件　更生管財人
　・横浜地裁平成17年厚木テレコムパーク再生手続開始申立事件　再生債務者代理人
　・横浜地方裁判所平成23年　検査役（新株発行）選任申立事件　検査役
　・東京地裁平成17年農地賃貸借契約解除不許可処分取消訴訟事件　原告代理人
　・東京地裁平成19年農事調停事件　申立代理人
　・東京地裁八王子支部平成20年農事調停事件　申立代理人
　・横浜地裁平成20年破産事件　破産管財人
　・横浜地方法務局平成22年～25年乙号事務包括的民間委託評価委員
　・横浜市自転車駐車場管理運営業務評価委員
　・神奈川県弁護士会神奈川住宅紛争審査会指名紛争処理委員
　・神奈川県開発審査会委員

2　主要著書
　「賃貸建物管理におけるトラブル予防と処理百科」（1995年　株式会社環境企画）
　「賃貸トラブル110番」（1998年　株式会社にじゅういち出版　監修）
　「実践コインパーキング事業」（2008年　株式会社にじゅういち出版）
　「居住用建物賃貸借契約の書式と実務」（2014年 学陽書房）

「不動産業者のためのマイナンバーQ＆A」（2016年8月 株式会社にじゅういち出版）

「宅建業者のための民法改正ガイドブック」（2019年3月 株式会社にじゅういち出版）

「事業用ビルの賃貸借における法的対処と契約書式集」（2011年 綜合ユニコム株式会社）

＜寄稿＞

『中小企業における企業回収の手続と問題点』「税理」1987年3月号（1987年 ぎょうせい）

『「厚木テレコムパーク」の民事再生事件』「事業再生と債権管理」22（1）（2008年 金融財政事情研究会）

「専門実務研究」（創刊号〜12号 2007年〜2018年 横浜弁護士会）

　　　『登記法の改正と実務上の諸問題』、『借地の諸問題Ⅰ、Ⅱ』、『不動産売買と破産・民事再生・会社更生』、『不動産賃貸借と破産・民事再生・会社更生』、『地震災害における不動産法務』、『サブリース契約による賃貸管理』、『消費者契約法と不動産取引（その1、その2)』、『マイナンバーと不動産取引』、『宅地建物取引業法の諸問題（その1、その2)』

他多数

3　講演会（抜粋）

宅建業者相手の仲介業務に関する講演会　／　賃貸管理業者向けの管理・賃貸業務に関する講演会　／　定期借地権・定期借家権に関する講演会　／　神奈川県の外部団体の依頼による会社設立・運営講演会　／　TBSテレビ「賃貸住宅トラブル解決法」　／　フジテレビ「賃貸トラブル1・2」　／　不良債権処理に伴う担保不動産売却仲介実務講座　／　入居・退去の法務セミナー　／　賃貸トラブル法務エキスパート養成実践講座　／　不動産売買仲介専門講座　／　アパート経営の法律諸問題　／　貸家立退・賃貸借管理契約　／　請負契約の諸問題　／　個人情報保護法と実務の対応　／　底地・借地専門講座　／　駐車場事業をめぐる法律問題解決セミナー　／　住宅瑕疵担保履行確保法と品確法　／　売主・買主の倒産と相手方の対応策　／　貸主・借主の倒産と相手方の対応策　／　更新料判決の分析と対応　／　担保不動産売却・仲介セミナー　／　消費者契約法の宅建業への適用と対策　／　請負契約約款の解説　／　実務で使える定期借地・定期借家　／　事業用ビル賃貸借契約の法務と実務　／　賃借人の居住安定確保法・賃貸管理業務の登録制・家賃保証契約　／　アスベスト・耐震診断の重要事項説明　／　最高裁更新料・敷引有効判決と対応　／　売買契約・借家契約における暴力団排除条項　／　住宅瑕疵担保履行確保法について　／　事業用ビル賃貸借契約書作成講座　／　地震等災害に関する法律問題　／　原状回復ガイドラインの再改訂　／　高齢者・後見人・任意後見人との契約　／　老朽化アパート建替セミナー　／　中間省略登記に代わる登記の実務　／　宅建業者のための民事信託　／　民法改正が賃貸借・仲介・管理の実務に与える影響　／　民法改正が売買・仲介の実務に与える影響　／　借地に関する宅建業者の業務受託と処理方法（その1．その2．その3）　／　仲介業者の調査・説明義務（人の死の告知に関するガイドライン）　／　デジタル化法による宅建業法・民法・借地借家の改正（IT重説・電子署名法）　／　宅建業者の所有者不明土地・建物への対処法（民法・不動産登記法の改正・国庫帰属法の制定）　／　【一般管理業者向け】賃貸住宅管理適正化法の理解と対処法　／　【サブリース業者向け】賃貸住宅管理適正化法の理解と対処法　／　共有不動産のトラブル解決法

法律相談のご案内

本書の読者の方には以下の要領で法律相談をお受けします。
ご希望の方は当法律事務所に直接お申し込みください。

【法律相談受付要領】

1　1回1時間以内 1万円（消費税別）

1)　1時間に満たない場合でも最低料金は1万円（消費税別）になります。

2)　1時間を超える場合は、1時間あたり1万円（消費税別）を加算します（追加時間が1時間に満たない場合でも1万円（消費税別）単位で加算します）。

3)　当事務所では事前に相談内容について資料をいただき、相談前にその資料をまとめおき、相談時に内容の確認と回答を相談メモにしてお渡ししていますので、あらかじめ資料をご提供ください。

4)　相談は、御来所、Zoom、お電話、メールでお受けします。ただし、メールについては、回答作成時間1時間以内で作成して返信させていただきます。

5)　Zoom、お電話、メールでの相談は、請求書をお出ししますので、お支払いを頂いた上での相談実施になります。

＜事務所情報＞

弁護士法人 立川・及川・野竹法律事務所

〒231-0005　神奈川県横浜市中区本町1丁目3番地　綜通横浜ビル8階

　TEL：045-664-9115

　FAX：045-664-9118

　Email：tachilaw@rg8.so-net.ne.jp

　HP　　https://www.tachilaw.com

事業用ビル賃貸借の
退去・精算時のトラブル予防と解決法

2025年4月15日　初版発行

著　者	立川正雄
発行者	大坪克行
発行所	株式会社 税務経理協会 〒161-0033東京都新宿区下落合1丁目1番3号 http://www.zeikei.co.jp 03-6304-0505
印　刷	美研プリンティング株式会社
製　本	牧製本印刷株式会社
デザイン	原宗男（イラスト）
	中濱健治（カバー）
編　集	野田ひとみ

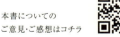

本書についての
ご意見・ご感想はコチラ

http://www.zeikei.co.jp/contact/

本書の無断複製は著作権法上の例外を除き禁じられています。複製される場合は、そのつど事前に、出版者著作権管理機構（電話03-5244-5088、FAX03-5244-5089, e-mail: info@jcopy.or.jp）の許諾を得てください。

JCOPY ＜出版者著作権管理機構 委託出版物＞

ISBN 978-4-419-07237-7　C3034

© 立川正雄　2025 Printed in Japan